Der große
EUROPA
AUTOKENNZEICHEN
ATLAS mit Deutschland-Spezial

UNTERWEGS VERLAG GmbH
Postfach 426 – D-78204 Singen (Hohentwiel)
Telefon 07731/63544, Fax 07731/62401
E-Mail: info@unterwegs.com, Internet: www.reisefuehrer.com

Redaktion/Recherche: Thomas Schlegel
Herstellung/Gestaltung: Miriam Jäger
Fotos/Kennzeichen: Peter Jablanofsky, www.shutterstock.com,
www.wikipedia.de (Vehicle licence plate from Monaco as seen in 2008;
Urheber: Krokodyl), Mario Blum
Schrift, Auto-Kennzeichen: „Cargo" von Anke Arnold, www.anke-art.de

Wir danken allen, die uns Tipps und Infos bei Irrtümern oder
Neuerungen geben. Lesermeinungen sind uns herzlich willkommen!

ISBN-Nr. 978-3-86112-291-3
Display ISBN-Nr. 978-3-86112-292-0

Speziell für Deutschland auch lieferbar:
Das große Autokennzeichenbuch (Preis € 3,95) mit
ausklappbarer Deutschlandkarte

Haftungsausschluss

Alle in diesem Buch enthaltenen Angaben, Daten usw. wurden von den Autoren und
dem Verlag nach bestem Willen erstellt und mit größter Sorgfalt überprüft. Gleichwohl
sind inhaltliche Fehler nicht vollständig auszuschließen. Daher erfolgen die Angaben
usw. ohne jegliche Verpflichtung oder Garantie des Verlages oder der Autoren. Beide
übernehmen keinerlei Verantwortung und Haftung für etwaige inhaltliche Unrichtig-
keiten.

Bibliografische Information der Deutschen Nationalbibliothek

Die Deutsche Nationalbibliothek verzeichnet diese Publikation in der Deutschen
Nationalbibliografie; detaillierte bibliografische Daten sind im Internet
über http://dnb.d-nb.de abrufbar.

Europa auf ganz neue Art entdecken

Europa hat viele interessante Gesichter – und mit diesem Buch können Sie sie entdecken. Stockender Verkehr und Staus sind ab heute für Sie und Ihre Beifahrer eine willkommene Abwechslung!

Das europäische „Schwergewicht" Deutschland bildet die detaillierte Ouvertüre zum Autokennzeichen Atlas – und wird in vielen Extrakapiteln minuziös und komplett vorgestellt. Stadt- und Landkreise mit ihren wichtigsten Highlights, ihre Kennzeichen, bisher auslaufende Kennzeichen, aber auch Sonderkennzeichen von Regierung und kommunalen Behörden, Diplomatenkennzeichen und von wichtigen Organisationen, dazu grüne, rote oder Saisonkennzeichen – es ist definitiv das Buch, das keine Frage zu den Autokennzeichen unbeantwortet lässt.

Unser Land und Europa sind im Wandel begriffen. Dies gilt auch für die Autokennzeichen. So wurden in Deutschland durch die Kreisreformen in Sachsen und Sachsen-Anhalt oder jüngst in Mecklenburg-Vorpommern ganz neue Landkreise geschaffen – und somit auch neue Kfz-Kennzeichen. In Frankreich wurde bereits 2009 ein komplett neues Kennzeichensystem eingeführt und in Belgien 2010, als letztes EU-Land, das Euro-Kennzeichen. Und es gibt neue „junge" Staaten, z.B. Montenegro, das inzwischen von Serbien getrennt ganz eigene Wege geht, oder der Kosovo der jetzt seine eigenen Kennzeichen vergibt.

Mit dem großen Europa Autokennzeichen Atlas mit Deutschland-Spezial knacken Sie jeden Landes- und Regional-Code in Europa. Dazu lernen Sie viele Besonderheiten der Länder und Regionen Europas kennen.

Für Wissen und Unterhaltung unterwegs ist also gesorgt. Dann bleibt uns nur noch, Ihnen allzeit „Gute Fahrt" zu wünschen.

Ihr Redaktionsteam des Unterwegs Verlages

ROM ⟶ Paris

1106 km

DEUTSCHE AUTOKENNZEICHEN

Von A–Z nach Verwaltungsbezirken

Zum Text:

Die Jahreszahl in Klammern bezieht sich auf die Gründung des Landkreises bzw. dessen letzte Veränderungen zu seiner heutigen Form. Wenn es sich um einen Stadtkreis, Freie Stadt respektive Bundesland oder anderen Verwaltungsbezirk handelt, ist dies jeweils aufgeführt.

Für die Bundesländer wurden folgende Abkürzungen verwendet:

B	Berlin
Bay	Bayern
BW	Baden-Württemberg
BBG	Brandenburg
HB	Freie Hansestadt Bremen
He	Hessen
HH	Freie und Hansestadt Hamburg
MV	Mecklenburg-Vorpommern
NdS	Niedersachsen
NRW	Nordrhein-Westfalen
RP	Rheinland-Pfalz
Sa	Sachsen
SaAn	Sachsen-Anhalt
Saar	Saarland
SH	Schleswig-Holstein
Th	Thüringen

Das Comeback der alten Zeichen

Autokennzeichen – sie sind nicht nur willkürliche Buchstaben und Zahlen auf Blech. Vielmehr definieren sie Herkunft und Identität des Fahrzeughalters. Schon lange kann dieser mit dem Wunschkennzeichen die Ziffernfolge anhand seiner persönlichen Daten frei bestimmen: „Das bin ich, an diesem Tag wurde ich geboren, da hatte ich den größten Triumph meines Lebens – graduiert, verliebt, verheiratet..."
Doch nicht nur ein bestimmter Moment, auch der Ort definiert Identität und persönliche Eigenschaften. „Von hier komme ich, das ist meine Lebenswelt ..." So verwundert es nicht, dass für viele Bewohner in aufgelösten Kreisen – also mit auslaufenden oder bereits ausgelaufenen Kennzeichen auf ihrem (oder eben nicht mehr auf ihrem) Nummernschild – der sehnliche Wunsch besteht, ihr altes Kennzeichen, ihre vertraute Identität wieder zu bekommen. Und Städte und Kommunen sehen darin eine Möglichkeit, ihr Marketing ohne großen Aufwand zu verbessern.

Bürger, Städte und Minister wollen sie – die Wiedereinführung der alten Kennzeichen. Die Verkehrsministerkonferenz beschloss am 4. April 2012 in Potsdam die Liberalisierung der Kennzeichenvergabe und dass die alten Kennzeichen wieder verwendet werden dürfen. Dürfen, nicht müssen! Zur Umsetzung in die Praxis fehlt nur noch die Zustimmung des Bundesrats zur Änderung der Kfz-Zulassungsverordnung.
Dies in die Tat umzusetzen, ist die Chance, dass für einmal Bund und Länder, Landkreise und Kommunen an einem Strang ziehen – ganz im Sinne der Bürger, ohne dass dafür irgendwelche Opfer abverlangt würden. Denn der notwendige Verwaltungsaufwand wird von Experten als vernachlässigbar eingeschätzt, mehr noch, es ist ein Schritt hin zur Entbürokratisierung.

So oder so – wann immer der letzte Schritt vollzogen wird, hat sich der Unterwegs Verlag – und dies als erster – dafür entschieden, die „alten" Kennzeichen hier ausführlich vorzustellen. Ganz nach dem Motto: „Für ein neues Heimatgefühl – zu Hause, aber auch in der Ferne auf den Straßen!"

> **Die „alten" Kennzeichen der aufgelösten Kreise**
>
> **sind in diesem Buch mit einem ☆ markiert.**

A   **Augsburg** (Stadtkreis, 1972 Bay). Augsburg mit über 2000-jähriger Geschichte ist eine der ältesten Städte Deutschlands. Hier wurde 1516 die erste Sozialsiedlung unter Jakob Fugger gegründet (Fuggerei).

A   **Augsburg** (1972 Bay). Der Kreis liegt im Alpenvorland und wird von der Wertach durchflossen, im Osten grenzt er an den Lech. Er umfasst die stark industrialisierten Randbereiche der Stadt Augsburg.

AA   **Ostalbkreis** (Sitz in Aalen, 1973 BW). Römerstadt am Fuß der Schwäbischen Alb. Limes-Thermen, -Museum und Besucherbergwerk „Tiefer Stollen".

AB   **Aschaffenburg** (Stadtkreis, 1972 Bay). Nach Behebung schwerer Kriegszerstörungen ist die heute moderne Industriestadt im Westen des Spessarts der tradit. fränk.-bayerischen Vorposten im Rhein-Main-Gebiet.

AB   **Aschaffenburg** (1972 Bay). Die reizvolle Landschaft von der Mainebene bis zum waldigen Naturpark Spessart (u.a. mit dem Wasserschloss Mespelbrunn) birgt einen hohen Freizeitwert. Der Kreis Aschaffenburg ist ländlich-industriell und sehr katholisch geprägt.

ABG **Altenburger Land** (Sitz in Altenburg, 1995 Th). Residenz-, Spielkartenstadt. Sitz des Skatgerichts. Die Landschaft ist landwirtschaftlich geprägt mit vielen verstreuten, winzigen Bauerndörfern.

ABI **Anhalt-Bitterfeld** (Sitz in Köthen, 2007 SaAn). Die sichelförmige Form des Landkreises resultiert aus der Vereinigung der Landkreise Bitterfeld, Köthen und Teilen von Anhalt-Zerbst. Der Süden ist eher industriell, so z.B. Metall- und Chemische Industrie in der Region Wolfen und Bitterfeld oder das Thalheimer Solarvalley, während den Norden künstliche Seen in stillgelegten Braunkohlewerken und Landwirtschaft prägen.

AC   **Aachen** (Stadtkreis, 1972 NRW). Seit Karl dem Großen wurden in Aachen u.a. 32 deutsche Könige und Kaiser gekrönt. Berühmter Dom (als Kulturdenkmal Teil des UNESCO-Welterbes, jährliche Karlspreisverleihung), gemütliche und schicke Altstadt, viele Kneipen.

Aachen (Sitz in Würselen, 1972 NRW). Ganz im Westen **AC** Deutschlands, im Dreiländereck von Aachen gelegen, trotz der jetzt stillgelegten deutsch-belgischen Vennbahn heute ein prosperierendes Aufschwunggebiet.

Auerbach (seit 1996 **V**, Sa). Auerbach, kleinstädtisches **AE** Zentrum des östlichen Vogtlandes, ist wegen seiner ☆ Silhouette auch als „Drei-Türme-Stadt" bekannt. In der Umgebung viel Wald, vor Ort eine Burdenski-Fuß-ballschule.

Ahaus (seit 1975 **BOR**, NRW). Zwischen Baumbergen **AH** und Hoher Mark ist das Westmünsterland von kleinen ☆ Dörfern, Hochmooren, Heidelandschaft und sandigen Böden geprägt.

Bad Aibling (seit 1974 **RO**, Bay). Der Name des Ortes **AIB** Kolbermoor und Bad Aiblings Moorbad belegen, dass ☆ Moorgebiete den Westen von Rosenheim prägen.

Aichach-Friedberg (Sitz in Aichach, 1939 Bay.) Im **AIC** Osten von Augsburg präsentiert der histor. Stadtkern (Spätmittelalter) Stadttore, Kirchen und den Burgplatz mit Kirche am Stammsitz der Wittelsbacher.

Altenkirchen (1816 RP). Wenige Einwohner und wenige **AK** Autos gibt's im Westerwald, der ein sehr reizvolles Na-turgebiet ist. Im ehemaligen Bergwerkskreis wird nun das Bergbau-Museum besucht (A 3 Köln-FFM).

Altena (seit 1969 **MK**, NRW). Hoch über Altena an der **AL** Lenne thront wehrhaft eine der malerischsten Burgen ☆ des Landes, weiter unten zeugt das Deutsche Drahtmu-seum von der Geschichte der Drahtzieherstadt.

Alfeld (seit 1978 **HI**, NdS). Zwischen der Leine im **ALF** Westen und den Sieben Bergen erblühte Alfeld im ☆ späten Mittelalter durch Hopfen- und Leinenhandel. Damit reich geworden, gehörte sie zu den kleinsten Städten in der Hanse.

Alsfeld (seit 1979 **VB**, He). Alsfeld im größten Vulkan- **ALS** gebiet Mitteleuropas, dem Vogelsberg, besticht mit ☆ pittoreskem Fachwerk (u.a. sehr schönes Rathaus).

ALZ ⭐ **Alzenau** in Unterfranken (seit 1974 **AB**, Bay). An den Ausläufern des Spessarts und Rhein-Main-Gebiets wird Frankenwein angebaut, eine lange Tradition, die auf Mönche des Klosters Seligenstadt zurückgeht.

AM **Amberg** (Stadtkreis, 1972 Bay). Viele Bauten aus der Renaissance und dem Barock finden sich hinter mittel-alterlichen Stadtmauern in diesem historischen Zentrum der Oberpfalz im Osten von Nürnberg.

AN **Ansbach** (Stadtkreis, 1972 Bay). Hohenzollernresidenz. Geschlossenes, barockes Stadtbild. Hier ging es 1833 tragisch mit Kaspar Hauser zu Ende. Kulturelle High-lights: Rokokofestspiele, Bach-Wochen u.a.

AN **Ansbach** (1972 Bay). Im Südosten Würzburgs. Mit Anteilen an Schwaben und Mittelfranken; berühmt durch die mittelalterlich erhaltenen Stadtkleinode Din-kelsbühl und Rothenburg ob der Tauber.

ANA ⭐ **Annaberg** (seit 2008 **ERZ**, Sa). Hier im Oberen Erz-gebirge rechnete im 16. Jh. schon Adam Ries, während der Silberbergbau Annaberg zur zweitgrößten Stadt Sachsens machte (Silberstraße). Ebenfalls eine lokale Tradition: das Klöppeln.

ANG ⭐ **Angermünde** (seit 1994 **UM**, MV). Westlich der Oder und der Grenze zu Polen liegt die einstige Ackerbürger-stadt Angermünde in der südöstlichen Uckermark.

AÖ **Altötting** (1939 Bay). Zurück bis ins 8. Jh. geht die Gründung der Kreisstadt mit der berühmten Marien-wallfahrt (seit 1498) zur Schwarzen Madonna. In Marktl wurde Papst Benedikt XVI. geboren. Imposant ist die Salzach- und Grenzstadt Burghausen.

AP **Weimarer-Land** (Sitz in Apolda, 1952 Th). Bereits im 13. Jh. hat Apolda das Stadtrecht erhalten; berühmt durch Glocken, Strickwaren, Dobermannzucht.

APD ⭐ **Apolda** (seit 1995 **AP**, Th). Skurril: Das einzige Dober-mann-Denkmal Europas erinnert seit 1999 an Karl Dobermann, den Züchter und Namensgeber der Hun-derasse „Dobermann".

Arnsberg (seit 1975 **HSK**, NRW). Von der Frühzeit **AR** von Arnsberg im Sauerland, dem Schloss und der Alten Burg, sind nur noch Ruinen erhalten, doch die Altstadt in der Ruhrschleife besticht mit Fachwerk und Glockenturm, dem Wahrzeichen der Stadt.

Arnstadt (seit 1995 **IK**, Th). Festival, Bachkirche und **ARN** eine Bronzefigur des Meisters erinnern daran, dass hier Johann Sebastian Bach im 18. Jh. wirkte. Weit profaner widmet sich das Deutsche Bratwurstmuseum dem Thüringer Speiseklassiker.

Artern (seit 1995 **KYF**, Th). Das Kyffhäusergebirge im **ART** Westen und die Flüsse Helme und Unstrut prägten den Kreis. Der selbständige Kreis ging verloren, dafür gibt's nun hier die zentrale Bußgeldstelle Thüringens.

Amberg-Sulzbach (Sitz in Amberg 1972 Bay). Kaum **AS** mehr bekannt: Hier lag die Wiege des europäischen Bergbaus, die „Eisenschmiede des Reiches" (Hammerherren von 1325) mit vielen Hammerwerken.

Aschendorf-Hümmling (seit 1978 **EL**, NdS). Das moor- **ASD** trächtige Emsland und der Hümmling sind typische Landschaften östlich der niederländischen Grenze.

Aschersleben-Staßfurt (seit 2007 **SLK**, SaAn). Zwi- **ASL** schen Harz und Magdeburger Börde mit der Kreisstadt Aschersleben und ihrer gut erhaltenen mittelalterlichen Stadtbefestigung und malerischen Altstadt.

Aue-Schwarzenberg (seit 2008 **ERZ**, Sa). Im Westen **ASZ** des Sächsischen Erzgebirges ist der Name „Städtebund Silberberg" Indiz, dass hier alles mit dem Abbau und Verarbeitung von Silber- und Eisenerzen begann.

Altentreptow (ab 1994 **DM**, MV). Nach der Wende **AT** wurde der historische Stadtkern Altentreptows restauriert und der Kleine Tollensee renaturiert.

Aue (ab 1995 **ASZ**, Sa). Am sächsischen Erzgebirgsrand **AU** fuhren Pkw bis 1995 mit AU, danach bis 2008 mit ASZ, heute ist das Kennzeichen des noch relativ jungen Erzgebirgskreises ERZ.

AUR **Aurich** (1977 NdS). Wer es immer mal wissen wollte: Hier ist Ostfriesland! Mit tief liegendem Land und den Inseln Juist, Norderney und Baltrum erstklassig.

AW **Ahrweiler** (Sitz in Bad Neuenahr-Ahrweiler, 1970 RP). Im Bonner Süden. Einer der ältesten Kreise in Deutschland (1816) und ein feines Getränkegebiet: Der Wein im Ahrtal und das Mineralwasser im Brohltal.

AZ **Alzey-Worms** (Sitz in Alzey, 1969 RP). Weithin bekannt durch das fruchtbare Alzeyer Hügelland und seine hervorragenden Weinbaulagen in Rheinhessen (größter Weinbaukreis in Deutschland).

AZE **Anhalt-Zerbst** (seit 2007 **ABI**, SaAn). Ohne männlichen Erben erlosch die Linie Anhalt-Zerbst des altehrwürdigen Fürstentums 1793, worauf die Stadt Zerbst bei der Zerbster Teilung Gegenstand einer Verlosung war.

B **Berlin** (Stadt, 1990 B). Die Bundeshauptstadt mit avantgardistischer Kultur und regem Szeneleben ist der unbestrittene Brennpunkt der Republik. Historische und moderne Architektur gibt's in Hülle und Fülle, dazu Theaterbühnen und Konzertsäle vom Feinsten.

BA **Bamberg** (Stadtkreis, 1972 Bay). Von Kaiser Heinrich II. gegründetes Bistum mit dem einzigen Papstgrab diesseits der Alpen. 1993 von der UNESCO zum Weltkulturerbe erklärt. Historisches, sehr gut erhaltenes Stadtbild, bekannt sind die Feste („Bamberger Jahr").

BA **Bamberg** (1931 Bay). Historisch vom Bistum Bamberg (Ost) und von der Zisterzienser-Abtei Ebrach (West) geprägt, im Fränkischen Jura am Steigerwald, durchquert vom Rhein-Main-Donau-Kanal.

BAD **Baden-Baden** (Stadtkreis, 1973 BW). Internationale Festspielstadt. Kurhaus, Thermalbäder. Viele preisen Baden-Badens Spielbank als weltweit schönste.

BAR **Barnim** (Sitz in Eberswalde, 1993 BBG). Vom nordöstlichen Rand Berlins bis an den Oderberg und die Grenze zu Polen reichend. Beliebt sind vor allem Wandlitz und die hübschen Seen.

Böblingen (1938 BW). Im Stuttgarter Südwesten ist **BB** Böblingen eine der wirtschaftsstärksten Regionen im Land mit weltbekannten Firmen. Kultur-, Kongressmetropole. Malerisch: Leonberg, Herrenberg.

Bernburg (seit 2007 **SLK**, SaAn). Süß ist's im ehemaligen **BBG** Kreis an der Magdeburger Börde. Hier im Schwarzerdegebiet, werden Zuckerrüben angebaut, in Könnern befindet sich eine der größten Zuckerfabriken Europas (Diamant Zucker KG).

Biberach/Riß (1973 BW). Ehemalige freie Reichsstadt **BC** mit historischer Altstadt. Weitläufiger Kreis, landwirtschaftlich geprägt, mit gepflegten Gemeinden und kleinen Städtchen in Oberschwaben.

Buchen (seit 1973 **MOS**, BW). Mit Anteilen am Oden- **BCH** wald und westlichen Bauland. Im Bauernkrieg erkor man hier Götz von Berlichingen zum Hauptmann.

Beckum (seit 1975 **WAF**, NRW). Im südöstlichen Mün- **BE** sterland bis zur Lippe reichend, war eine Besonderheit der exklusive Abbau von Strontianit (Melasse-Entzuckerung in der Zuckerindustrie).

Brand-Erbisdorf (seit 1994 **FG**, Sa). Kleiner Kreis im **BED** Osterzgebirge. Vom früheren Silberbergbau zeugen noch Bergbauanlagen, Abraumhalden und Kunstteiche.

Beilngries (seit 1974 **EI**, Bay). Landschaftlich vom Alt- **BEI** mühltal und dem Main-Donau-Kanal geprägt, hat hier der Bayer. Zwiebelmarkt (inkl. Wahl der Zwiebelkönigin) am Fuße des Barockschlosses Hirschberg Tradition.

Belzig (seit 1994 **PM**, BBG). Im Hohen Fläming ist Belzig **BEL** Mitglied der Arbeitsgemeinschaft „Städte mit historischen Stadtkernen". Imposant die Burg Eisenhardt, romanisch die Marienkirche, rekonstruiert inzwischen das Rathaus.

Bernau (seit 1994 **BAR**, BBG). Im Nordosten Berlins durch **BER** Bier und Tuchproduktion im Mittelalter bedeutend, zeugt das historische Hussitenfest mit Jahrmarkt und Heerlager von der erfolgreichen Verteidigung der Stadt.

BF
Steinfurt (seit 1975 **ST**, NRW). Mit Anteilen am Münsterland im Westen und Tecklenburger Land im Osten, höchste Erhebung: der Westerbecker Berg (236 m).

BGD
Berchtesgaden (seit 1974 **BGL**, Bay). Mit dem imposanten Watzmann, dem Hintersee und Königssee mit St.-Bartholomä-Kirche sind hier Klassiker unter den Landschaftsmotiven der Republik zu Hause.

BGL
Berchtesgadener Land (Sitz in Bad Reichenhall, 1974 Bay). Für manche der gar allerschönste Winkel der Republik, der in der äußersten Südostecke Bayerns liegt und sich malerisch unterm Watzmann und am pittoresken Königssee mit St.-Bartholomä-Kirche bis kurz vor die Tore Salzburgs erstreckt.

BH
Bühl (seit 1973 **RA**, BW). Der Kreis reichte von der Oberrheinischen Tiefebene bis zum Schwarzwald. Im ganzen Land bekannt sind die Bühler Zwetschgen.

BI
Bielefeld (Stadtkreis, 1973 NRW). Die Universitätsstadt ist Wirtschafts-, Einkaufs- und Kulturmetropole der Region Ostwestfalen-Lippe. Wahrzeichen der ehem. „Stadt des Leinens" ist die 750 Jahre alte Sparrenburg.

BID
Biedenkopf (seit 1974 **MR**, He). Medial im Schatten von Marburg, dafür mit liebenswertem Brauchtum wie dem „Brott" (Kartoffelbraten) und Grenzgang.

BIN
Bingen/Rhein (seit 1969 **MZ**, RP). Ehemals dem Großherzogtum Hessen, dann dem Volksstaat Hessen angehörend, wurde der Kreis 1946 Rheinland-Pfalz zugeteilt. Bekannt: der Binger Mäuseturm und die Geschichte von Bischof Hatto.

BIR
Birkenfeld/Nahe (1937 RP). Östlich Triers im Hunsrück-Gebiet. Besuchenswert: das Birkenfelder Land (Hunsrück-Ferienpark Hambachtal) und Idar-Oberstein, die Stadt der glitzernden Edelsteine.

BIT
Bitburg-Prüm (Sitz in Bitburg, 1970 RP). In „aller Munde" ist der westliche Eifelkreis und Nachbar Luxemburgs durch die gleichnamige Brauerei. Nicht zu vergessen: die Bärenschlucht und der Luftkurort Prüm.

Bischofswerda (seit 1994 **BZ**, Sa). Das „Tor zur Oberlausitz" glänzt mit historischem Altmarkt samt Rathaus, Paradiesbrunnen und modernem Mediaturm. **BIW** ☆

Börde (Sitz in Haldensleben, 2007 SaAn). Um Haldensleben mit Stendaler Tor und spätgotischer Marienkirche kontrastieren der „Magdeburger Speckgürtel" mit florierender Industrie/Gewerbe, Kaliförderung, Zuckerrübenanbau mit der Colbitz-Letzlinger Heide mit ausgedehntem Lindenbestand. **BK**

Backnang (seit 1973 **WN**, BW). Die industriellen Wurzeln der Gerberstadt Backnang liegen in der Textilbranche. Heute vor Ort: das Deutsche Zauerzentrum. **BK** ☆

Bernkastel (Sitz in Bernkastel-Kues, seit 1969 **WIL**, RP). Im Moseltal, vor allem als Geburtsort von Nikolaus von Kues und durch Weinanbau (Riesling) bekannt. **BKS** ☆

Zollernalbkreis (Sitz in Balingen, 1973 BW). Die westliche Seite des ehemaligen Landes Hohenzollern ist berühmt durch die Hohenzollernburg und landschaftlich ein schöner Teil der Schwäbischen Alb. **BL**

Wittgenstein (Bad Berleburg, seit 1975 **SI**, NRW). Im Siegerland ist der Name bekannt durch das Adelsgeschlecht der Grafen bzw. Fürsten von Sayn-Wittgenstein. **BLB** ☆

Burgenlandkreis (Sitz in Naumburg, 2007 SaAn). Burgen- und Weinregion „Saale-Unstrut", Denkmäler in Naumburg: Dom- und Stifterfiguren Uta und Ekkehard, historisches Stadtbild, Stadtbefestigung. 2007 um den bisherigen Landkreis Weißenfels erweitert. **BLK**

Erftkreis (Sitz in Bergheim, 1975 NRW). Wirtschaftsstarker Kreis im Westen von Köln, geprägt vom größten westdeutschen Braunkohleabbau und den großen Chemie- und Energiebetrieben. **BM**

Bonn (Stadtkreis, 1972 NRW). Den Wegzug des Bundestags in den 1990er Jahren kompensiert Bonn mit einer einzigartigen Museumsmeile, deren illustre Häuser zum Großteil zur Spitzenklasse gehören. **BN**

BNA
☆
Borna (seit 1994 **L**, Sa). Der Kreis in der Leipziger Tiefland-bucht wurde wirtschaftlich durch Braunkohleabbau und dessen weiterverarbeitenden Industrie bestimmt.

BO
Bochum (Stadtkreis, 1975 NRW). Kultur, Freizeit und Lebensqualität – drei Begriffe, die kaum eine Stadt im Ruhrgebiet so gut miteinander verbindet.

BÖ
☆
Bördekreis (seit 2007 **BK**, SaAn). In der Magdeburger Börde ist die Kreisstadt Oschersleben heute fester Bestandteil des DTM-Kalenders (Motorsport Arena).

BOG
☆
Bogen (seit 1974 **SR/DEG**, Bay). Die Donauauen, der Gäuboden und Ausläufer des Bayerischen Waldes kenn-zeichnen die Landschaft. Der Bogenberg ist ein klas-sischer Wallfahrtsort („Maria in der Hoffnung").

BOH
☆
Bocholt (seit 1975 **BOR**, NRW). Im westlichen Münster-land an der Grenze zu den Niederlanden ist Bocholt eine traditionelle Industriestadt und Einkaufsstadt.

BOR
Borken (1975 NRW). Die Kreisstadt Borken liegt in der weiten Parklandschaft des westlichen Münsterlandes in direkter Nachbarschaft zu Holland.

BOT
Bottrop (Stadtkreis, 1975 NRW). Im Norden des Ruhr-gebiets profiliert sich Bottrop heute u.a. als Hollywood Deutschlands, im Wandel von der Bergbau- und Öl-industrie zu High-Tech und moderner Entwicklung.

BR
☆
Bruchsal (seit 1973 **KA**, BW). In der Oberrhein. Tief-ebene am Kraichgau ist Bruchsal bekannt durch Europas größten Spargelmarkt, berüchtigt durch die Justizvoll-zugsanstalt und ganz barock durch sein Schloss.

BRA
Wesermarsch (Sitz in Brake/Unterweser, 1933 NdS). Die wasserreiche, grüne Marschlandschaft liegt hübsch zwischen dem Jadebusen, der Weser, der Nordsee und ist ein weitbekanntes Naherholungsgebiet.

BRB
Brandenburg (Stadtkreis, 1993 BBG). Mittelalterlicher Stadtkern, viele Sakral- und Profanbauten inmitten einer Landschaft, die westlich Potsdams von der Havel, ihren Seen, von Wäldern und Wiesen bestimmt ist.

Burg (seit 1994 **JL**, SaAn). „Stadt der Türme" nennt sich **BRG** ⭐
Burg im Norden Magdeburgs an der Straße der Romanik
mit über 1060-jähriger Geschichte und dem Niegripper
See und Parchauer See als Naherholungsgebiet.

Brilon (seit 1975 **HSK**, NRW). In Brilon im Sauerland, der **BRI** ⭐
waldreichsten Stadt Deutschlands, bekräftigt das Denk-
mal der Eselin Huberta süffisant, dass man hier früher
zum Transport ungewöhnlich viele Esel hielt.

Bad Brückenau (seit 1974 **KG**, Bay). Sieben Mineral- **BRK** ⭐
quellen machten Bad Brückenau zum bay. Staatsbad
und Kurort, den auch schon Ludwig I. mit Lola Montez
besuchte.

Braunlage (Blankenburg, seit 1972 **GS**, NdS). Bergbau **BRL** ⭐
und Hüttenwesen (u.a. Tanner Hütte) prägten den Kreis,
der vom Harzvorland bis zum Oberharz reichte.

Bremervörde (seit 1978 **ROW**, NdS). Zentral im Elbe- **BRV** ⭐
Weser-Dreieck an der Oste gelegen, ist Bremervörde
Ausgangspunkt der Dt. Fährstraße (führt bis Kiel).

Braunschweig (Stadtkreis, 1974 NdS). Stadt Heinrichs **BS**
des Löwen (ca. 1129–1195). Mittelpunkt der Region
Südostniedersachsens mit rund 250.000 Einwohnern.
Zentrum für Forschung und Entwicklung.

Bersenbrück (seit 1972 **OS**, NdS). Tradition und Moderne **BSB** ⭐
verbindet Bersenbrücks ehemaliges Zisterzienserinnen-
kloster. Die Klosterpforte ist Wahrzeichen der Stadt,
der Klostergarten Ort des jährlichen Reggaefestivals
Reggae Jam.

Beeskow (seit 1994 **LOS**, BBG). Am Nordrand der Nie- **BSK** ⭐
derlausitz, von der Spree durchflossen. Hübsch restau-
rierte Innenstadt um den Marktplatz von Beeskow.

Bayreuth (Stadtkreis, 1972 Bay). Weltberühmt durch **BT**
die Richard-Wagner-Festspiele im Bayreuther Festspiel-
haus auf dem Grünen Hügel; besonders schön das Alte
Schloß mit seinen 50 Bildmedaillons und das barocke
Markgräfliche Opernhaus, museal das Haus Wahnfried,
Richard Wagners Domizil.

BT **Bayreuth** (1972 Bay). Oberfränk. Kreis mit Anteilen an der Fränkischen Schweiz und Fichtelgebirge (höchster Gipfel im Kreis: der Ochsenkopf mit 1.028 m).

BTF **Bitterfeld** (seit 2007 **ABI**, SaAn). Chemie- und Metallindustrie, Braunkohlebergbau und viele Stilllegungen (u.a. wegen Umweltverschmutzung), aber auch Renaturierung (Wald, Seen) sind Synonym für Bitterfeld.

BU **Burgdorf** (seit 1974 **H**, NdS). Im Nordosten von Hannover sind Pferdezucht (Hannoveraner) und Spargelanbau weit über die ehemaligen Kreisgrenzen hinaus bekannt.

BÜD **Büdingen** (seit 1972 **FB**, He). Im Osten der Wetterau und am Fuße des Vogelbergs. Büdingens helle Gegenwart: historisches Fachwerk und die gut erhaltene mittelalterliche Altstadt samt Schloss. Seine dunkle Vergangenheit: Hexenprozesse und -verbrennungen (über 400).

BÜR **Büren** (seit 1975 **PB**, NRW). Das Bürener Land erstreckt sich großteils über die Paderborner Hochfläche. Topografischer Höhepunkt: der „Totenkopf" (498 m), trutziger Höhepunkt: die dreieckige Wewelsburg in Büren.

BÜS **Büsingen am Hochrhein** (Kreis Konstanz, BW). Die deutsche Insel in der Schweiz. Einzige dt. Exklave, daher Schweizer Zollgebiet und eigenes Kennzeichen für das kleine Dorf zum Landkreis Konstanz gehörend.

BÜZ **Bützow** (ab 1994 **GÜ**, MV). Im Norden der Mecklenburger Seenplatte reichte der Kreis vom Bützower Becken bis zum Rugberg (Fernsehturm Schlemmin).

BUL **Burglengenfeld** (seit 1974 **SAD**, Bay). Lengenfeld wurde zu Burglengenfeld dank der größten Burg der Oberpfalz, die einst gegen anstürmende Ungarn gebaut wurde.

BZ **Bautzen** (2008 Sa). Die jahrtausendalte Stadt Bautzen ist Mittelpunkt von Sachsens ausgedehntestem Landkreis, in dem Deutschlands größtes Teichgebiet, Zweisprachigkeit (sorbisch), Lessings Geburtsstadt Kamenz und die Berge der Oberlausitz markant sind.

Bergzabern (seit 1969 **SÜW**, RP). Zwischen Oberrheinischer Tiefebene und Pfälzerwald, die Dt. Weinstraße führte durch den Kreis. Pittoreskes Kleinod in Bad Bergzabern: das renacentistische Gasthaus „Zum Engel". **BZA** ☆

Chemnitz (Stadtkreis, 1952 Sa). Alter Industriestandort und Verkehrsknoten, berühmt durch den „Karl-Marx-Kopf" aus der DDR. Heute auf dem Weg zum modernen Wirtschafts- und Handelszentrum. **C**

Calau (seit 1994 **OSL**, BBG). Niederlausitzer Kreis mit dem industriellen Senftenberg (Braunkohle) im Süden und Calau im Norden, der vermeintlichen Heimat der Kalauer („aus Calau wird berichtet ..."). **CA** ☆

Castrop-Rauxel (seit 1975 **RE**, NRW). Im Emscherland im nördlichen Ruhrgebiet erinnern heute Industriedenkmale in der Stadt an die Vergangenheit des Bergbaus. **CAS** ☆

Cottbus (Stadtkreis, 1993 BBG). Aufstrebendes Wirtschaftszentrum mit schmuckem Altstadtkern und Park Branitz der hiesigen Fürstenlinie Pückler. Vorposten der Lausitz und des sorbischen Gebiets. **CB**

Celle (1973 NdS). Ehemalige Residenz der Herzöge Braunschweig-Lüneburgs und des Kgr. Hannover. Verbindet Tradition und Moderne: 450 Fachwerkhäuser in der Altstadt, Tagungs- und Kongresszentrum. **CE**

Cham (1972 Bay). Stadt am Regenbogen (der Fluss heißt Regen). Das Kreisgebiet deckt sich nahezu mit dem Naturpark Oberer Bayerischer Wald. **CHA**

Cloppenburg (1938 NdS). Zwischen Oldenburg und Osnabrück gelegen, von ausgedehnten Moorzonen geprägt. Ältestes Freilichtmuseum Deutschlands. **CLP**

Clausthal-Zellerfeld (seit 1972 **GS**, NdS). Vom Bergbau- zum Luftkurort. Das Oberharzer Wasserregal (dient der Wasserkrafterzeugung) ist Teil des UNESCO-Weltkulturerbes. **CLZ** ☆

Coburg (Stadtkreis, 1972 Bay). Gründerort vieler Vereine und Bünde unterhalb der Veste Coburg. **CO**

CO   **Coburg** (1920 Bay). Herzogtum, das 1920 zu Bayern kam; in drei Himmelsrichtungen von Thüringen umgeben und landschaftlich sehr schön.

COC   **Cochem-Zell** (Sitz in Cochem, 1969 RP). Beidseitig der Mosel vereinigt der Kreis Teile der Voreifel mit dem Hunsrück. Schöne, fremdenverkehrs- und weinbaugeprägte Kleinstädte und Gemeinden im Moseltal.

COE   **Coesfeld** (1975 NRW). Im westlichen Münsterland, an den Ausläufern der Baumberge typisch grüne Parklandschaft. Schul-, Einkaufs- und Behördenstadt mit guter Verkehrsanbindung an das Ruhrgebiet.

CR   **Crailsheim** (seit 1973 **SHA**, BW). Bekannt durch Verpackungsindustrie und Bürger-Maultaschen, liebenswert durch die deftige Horaffen(=Hörnchen)-Legende.
☆

CUX   **Cuxhaven** (1977 NdS). An der Elbmündung mit schönen Nordseestränden. Der nördlichste Kreis Niedersachsens liegt zwischen Elbe und Weser.

CW   **Calw** (1938 BW). Mit weiteren reizvollen Bergstädtchen wie Nagold, Altensteig, Wildbad ist der Fremdenverkehr im Nordschwarzwald gut platziert.

D   **Düsseldorf** (Stadtkreis, 1975 NRW). Heute ist das „Dorf an der Düssel" die modernste Metropole am Rhein. Internationale Kunst-, Mode- und Medienstadt, stark verflochtenes Wirtschafts- und Politikzentrum. Berühmt sind Königsallee, Altstadt und Karneval.

DA   **Darmstadt** (Stadtkreis, 1977 He). Der frühmoderne Hochzeitsturm ist das moderne Wahrzeichen. Zu Recht: Die Stadt besitzt eine Technische Universität mit einem hervorragenden Fachbereich Architektur.

DA   **Darmstadt-Dieburg** (Sitz in Darmstadt, 1977 He). Zwischen Odenwald und Rheinebene. Landwirtschaftliche Nutzung am Rand der Oberrheinebene.

DAH   **Dachau** (1972 Bay). Ein Ort bei München mit 1200-jähriger Geschichte. Schloss Dachau mit Renaissance-Festsaal, KZ-Gedenkstätte (Museum, Archiv).

Lüchow-Dannenberg (Sitz in Lüchow, 1935 NdS). **DAN**
Lange Zeit in der fast „vergessenen" Ecke zur DDR gelegen, blieb an der Elbe viel Natur erhalten.

Daun (1817 RP). Die Hohe Eifel, die etwa 60 erlosche- **DAU**
ne Vulkane und 9 Maarseen birgt, prägt diesen Kreis.
Hier trifft man auf die „Deutsche Wildstraße" mit dem
Hirsch- und Saupark „Drei Dauner Maare".

Bad Doberan (seit 2012 **LRO**, MV). Ursprung der Stadt **DBR**
ist ein 1186 gegründetes Zisterzienserkloster. Im 18. Jh. ☆
erkor der Herzog sie zur Sommerresidenz und gründete
1793 das erste deutsche Seebad Heiligendamm.

Dresden (Stadtkreis, 1952 Sa). Zu Recht als das „Elb- **DD**
Florenz" betitelt, bietet vor allem die Altstadt hervor-
ragende Kulturschätze (Schloss, Zwinger, Semperoper,
Museen) und die Neustadt Kultur. Schön: Elbschlösser,
Radebeul und das Wasserschloss Moritzburg

Dessau-Roßlau (2007 SaAn). Durch den deutschen **DE**
Flugzeugbau (Junkerswerke) und das Bauhaus (Archi-
tektur-Avantgarde) bekannt. Die kreisfreie Stadt ent-
stand aus der Fusion von Dessau mit Rosslau, vormals
dem Landkreis Anhalt-Zerbst angehörend.

Deggendorf (1972 Bay). Kreisstadt in Niederbayern an **DEG**
der Donau. Der Kreis zeichnet sich durch die Klöster-
perlenkette und ausgedehnte Waldgebiete aus.

Delmenhorst (Stadtkreis, 1977 NdS). Moderne Indus- **DEL**
trie- und Dienstleistungsstadt mit namhafter Architektur (Industriedenkmal Nordwolle) und Kultur im Schnittpunkt des Oldenburger und Bremer Landes.

Dingolfing-Landau (Sitz in Dingolfing, 1972 Bay). Nie- **DGF**
derbayerischer Kreis an der Isar. In Dingolfing bekamen
Deutschlands erste Fußball-Weltmeister 1954 bei der
Rückkehr einen Goggo-Roller der Firma Glas.

Diepholz (1977 NdS). Weitläufiger „Erdöl-Kreis" zwi- **DH**
schen Westfalen und Bremen. In der ehemaligen Grafschaft Hoya findet man die schöne Stadt Syke und die
1. Museumseisenbahn Bruchhausen-Vilsen.

DI
☆

Dieburg (seit 1977 **DA**, He). Landkreis im Osten von Darmstadt. Dieburg ist ein Standort der Hochschule Darmstadt. Reizvolles Stadtzentrum durch viele Fachwerkhäuser. Schaurig: die Hinrichtung, von Lorenz Drach, des „Drachens von Dieburg" (1603) des Glöckners, der gegen Hexenprozesse protestierte.

DIL
☆

Dillkreis (seit 1977 **LDK**, He). Das Tal der Dill gab dem Kreis seinen Namen mit der Kreisstadt Dillenburg an der Deutschen Fachwerkstraße. Im Dillenburger Schloss wurde der spätere Prinz von Oranien und Stammvater des Niederländischen Königshauses geboren.

DIN
☆

Dinslaken (seit 1975 **WES**, NRW). Am Niederrhein, bekannt durch Trabrennbahn und als Geburtsort von Hape Kerkelings Kunstfigur Uschi Blum.

DIZ
☆

Unterlahnkreis (seit 1969 **EMS**, RP). Am Rheinischen Schiefergebirge mit der Kreisstadt Diez. Dort markantes Grafenschloss und das Barockschloss Oranienstein mit dem Museum Nassau-Oranien (zeigt u.a. die Verflechtung des Adelsgeschlecht der Oranier zum heutigen niederländischen Königshaus).

DKB
☆

Dinkelsbühl (seit 1974 **AN**, Bay). Die prächtig erhaltene spätmittelalterliche Architektur (mit Türmen, Stadttoren und -mauer) machte Dinkelsbühl zum wichtigen bayerischen Tourismusort an der Romantischen Straße.

DL
☆

Döbeln (seit 2008 **FG**, Sa). Die „Stiefelstadt" Döbeln feiert regelmäßig mit Stiefelfesten und der Wahl der Stiefelkönigin, dass 1925 hier die Schuhmacher der Stadt den weltweit größten Stiefel geschustert haben (4,60 m hoch, heute im Rathaus zu sehen).

DLG

Dillingen a.d. Donau (1972 Bay). Abwechslungsreiche Landschaft, geprägt vom Donauried und der Schwäbischen Alb. Viele Kunstdenkmäler, insbesondere in der Kreisstadt (ehemals Universitätsstadt).

DM

Demmin (seit 2011 Teil des LK Mecklenburgische Seenplatte, MV). Am Zusammenfluss von Tollense und Peene, norddeutscher Backstein-Barock, auf dem Land Gutsanlagen mit repräsentativen Herrenhäusern.

Düren (1972 NRW). Als Bindeglied zwischen Köln und **DN** Aachen mit interessanter Wirtschaftsszene, ohne die Großindustrie „erdulden" zu müssen.

Dortmund (Stadtkreis, 1975 NRW). Hauptzentrum im **DO** Osten des Ruhrgebietes. Das traditionelle Industriezentrum ist mit über 30 Forschungseinrichtungen stark in der Modernisierung begriffen. Im ganzen Land bekannt: Schwarz-Gelb, die Farben des BVB 09.

Donau-Ries (Sitz in Donauwörth, 1972 Bay). Geologisch einmalig: das Ries (gigantischer Meteoritenkrater). **DON** Bekannte Städte: Donauwörth (Käthe-Kruse-Puppen) und Nördlingen (begehbare Stadtmauer).

Donaueschingen (seit 1973 **VS**, BW). Berühmt durch **DS** den Zusammenfluss von Brigach und Breg („... bringen ☆ die Donau zuweg"/Donauquelle) und die avantgardistischen Donaueschinger Musiktage.

Detmold (seit 1990 **LIP**, NRW). In der Region Ostwest- **DT** falen-Lippe am Rand des Teutoburger Waldes mit dem ☆ Hermannsdenkmal (Arminius) bei Hiddesen.

Duisburg (Stadtkreis, 1975 NRW). Der „Größte Hafen **DU** der Welt"!? Stimmt nicht ganz, aber der „Größte Binnenhafen"! Früheres „Herz der Stahlindustrie", heute Konzentration auf Hightech-Produkte.

Duderstadt (seit 1973 **GÖ**, NdS). Der Kreis umfasste **DUD** den größten Teil des Untereichsfeldes im südlichen Harz- ☆ vorland mit der „Goldenen Mark" (fruchtbare Böden).

Bad Dürkheim/Weinstraße (1969 RP). Am schönen **DÜW** Osthang der Pfalz, mit günstigen Weinlagen, liegt die Weinbau-Ortschaft und Kreisstadt.

Dippoldiswalde (seit 2008 **PIR**, Sa). Im nordöstlichen **DW** Erzgebirge. Die Talsperren Lehnmühle und Klingenberg ☆ dienen u.a. Dresdens Trinkwasserversorgung.

Delitzsch (seit 2008 **TDO**, Sa). Im Norden von Leipzig **DZ** besitzt Delitzsch eine gut erhaltene Altstadt mit vielen ☆ Stadttürmen, Patrizierhäusern und Barockschloss.

E   **Essen** (Stadtkreis, 1975 NRW). Von Essens bewegter Geschichte als ehemalige größte Bergbaustadt Europas sind bedeutende Industriemonumente mit interessanten neuen Kultur- und Erlebniswelten geblieben.

EA   **Eisenach** (Stadtkreis, 1998, Th.) Am Nordwestrand des Thüringer Waldes. Historische Gebäude: Wartburg – hier übersetzte Martin Luther das Neue Testament ins Deutsche –, Lutherhaus, Bachhaus, Stadtschloss. Früher Produktionsort des Wartburgs.

EB   **Eilenburg** (seit 1994 **TDO**, Sa). Kräftige industrielle Ent-
☆   wicklung im 19. Jh. Die 1850 in Eilenburg gegründete „Eilenburger Lebensmittelassociation" gilt als Wiege des deutschen Genossenschaftswesens.

EBE   **Ebersberg** (1939 Bay). Im östlichen Einzugsgebiet Münchens, sehr naturgeprägt mit hügeliger, teils fast archaisch anmutender Möränenlandschaft.

EBN   **Ebern** (seit 1974 **HAS**, Bay). Ehem. Handelsstation auf
☆   der Route Bamberg–Sachsen. Eberns Altstadt zeugt noch von seiner früheren merkantilen Bedeutung.

EBS   **Ebermannstadt** (seit 1973 **FO**, Bay). Im Norden Nürn-
☆   bergs das westl. „Tor zur Fränkischen Schweiz"

ECK   **Eckernförde** (seit 1970 **RD**, SH). Seebad mit Fischerei-
☆   tradition an der Ostsee, dahinter die Landschaften Schwansen, Dän. Wohld und Hüttener Berge.

ED   **Erding** (1939 Bay). Viel Flachland, durch Kreisstadt, ihr Weißbier (auch Weizenbier) und im Erdinger Moos den Münchner Flughafen Franz Josef Strauß bekannt.

EE   **Elbe-Elster** (Sitz in Bad Liebenwerda, 1993 BBG). Gebildet aus den ehem. Kreisen Herzberg, Bad Liebenwerda und Finsterwalde im inerdeutschen Dreiländereck Brandenburg, Sachsen und Sachsen-Anhalt.

EF   **Erfurt** (Stadtkreis, 1952 Th). Die Hauptstadt Thüringens war Schauplatz des legendären Treffens von Willy Brandt und Willi Stoph 1970. Sehenswert: Erfurter Dom, Krämerbrücke, Altstadt (Bürgerhäuser)

Eggenfeld (seit 1974 **PAN**, Bay). Alter Marktplatz der **EG** Wittelsbacher im niederbayer. Hügelland an der Rott. ✮ Später Rastplatz von Napoleon (1809 im Gasthaus „Zur Post"), noch später Wohnort von Lisa Fitz.

Eisenhüttenstadt (seit 1994 **LOS**, BBG). Früheres **EH** Schwerindustriekombinat (Eisenverhüttung) direkt an ✮ der Oder, Laußitzer Neiße und damit Staatsgrenze zu Polen. Heute von ArcelorMittal dominiert.

Ehingen (seit 1973 **UL**, BW). Hier, am Rande der **EHI** Schwäbischen Alb begann die Geschichte der frühe- ✮ ren Drogeriemarkt-Kette Schlecker, ursprünglich eine Fleischwarenfabrik mit Metzgerei-Filialen.

Eichstätt (1972 Bay). Mitten in Bayern ist der Landkreis **EI** Eichstätt das Herzstück des Altmühltales, das parallel zum Kanalausbau zum Naturpark erklärt wurde.

Eichsfeld (Sitz in Heiligenstadt 1995, Th). Mitten im **EIC** Eichsfeld zwischen Harz, Werra, Osthessischem Berg- land und Thüringer Becken. Vielseitige Industrie.

Eichstätt (seit 1979 **EI**, Bay). In der geographischen **EIH** Mitte Bayerns, bis 1979 noch ohne die kreisfreie Stadt ✮ Eichstätt sowie Teilen von Nachbarkreisen.

Eisleben (seit 1994 **MSH**, SaAn). Im östl. Harzvorland **EIL** trägt Eisleben den Zusatz „Lutherstadt". Die Gedenk- ✮ stätten Martin Luthers, der in Eisleben geboren wurde und starb, gehören zum UNESCO-Weltkulturerbe.

Einbeck (seit 1974 **NOM**, NdS). Vom Solling bis zur **EIN** Leine reichend. Die ehemalige Hansestadt Einbeck ✮ besitzt ein herrliches Ensemble spätmittelalterlicher Fachwerkhäuser.

Eisenberg (seit 1995 **SHK**, Th). Zwischen Jena und Gera, **EIS** in der Kreisstadt Thüringens größte Barockkirche mit ✮ Donat-Trost-Orgel und Kräutergarten.

Emsland (Sitz in Meppen, 1977 NdS). Flächenkreis ent- **EL** lang der holländischen Grenze; größer als das Saarland; bekannt durch die Transrapid-Versuchsstrecke.

EM   **Emmendingen** (1939 BW). Vermittler zwischen typischen Schwarzwaldtälern, dem Kaiserstuhl, der Rheinebene und Südbadens Metropole Freiburg. Im Westen ist der Rhein die natürliche Grenze zu Frankreich.

EMD   **Emden** (Stadtkreis, 1977 NdS). Der Geburtsort von Otto Waalkes und Karl Dall an der Emsmündung ist heute die größte Stadt Ostfrieslands. Industriell stark (Hafen am Dollart), kulturell berühmt und interessant: Kunsthalle von Henri Nannen und „Dat Otto Hus".

EMS   **Rhein-Lahn-Kreis** (Sitz in Bad Ems, 1969 RP). Weltberühmt durch die „Emser Depesche", die 1870 den dt.-franz. Krieg auslöste, und die Loreley (St. Goarshausen). Der Kreis erstreckt sich vom Rhein zur Lahn. Auch schön: Burg Lahneck sowie Teile der Altstadt, die inzwischen zum UNESCO-Welterbe gehören.

EMS   **Lahnstein a. Rhein** (Stadtkreis, 1970, RP). Kurzentrum mit kräftig sprudelnden Heilquellen. Berühmtestes Gebäude: Historisches Wirtshaus an der Lahn.

EN   **Ennepe-Ruhr-Kreis** (Sitz in Schwelm, 1929 NRW). Durch Ennepetal, eine (im Osten von) Wuppertal nachgebildete Stadtgründung, und andere gewerblich-industrielle Standorte überregional bekannt.

ER   **Erlangen** (Stadtkreis, 1972 Bay). Vor rund 300 Jahren wurden hier im Norden von Nürnberg aus Frankreich vertriebene Hugenotten aufgenommen, die anschließend Gewerbe, Forschung und Bildung prägten.

ERB   **Odenwaldkreis** (Sitz in Erbach, 1977 He). Im Kerngebiet des Odenwaldes fast bis zum Neckar reichend. Markanter Kontrast zu den Höhenzügen: das Mümlingtal im Kerngebiet des Odenwaldkreises. Naturpark Odenwald, sehr schön: Michelstadt.

ERH   **Erlangen-Höchstadt** (Sitz in Erlangen, 1972 Bay). Der Kreis liegt im Norden des Mittelfränkischen Beckens und wird durch die Regnitz und den Main-Donau-Kanal geteilt. An der Regnitz befinden sich die letzten jahrhundertealten Wasserschöpfräder Europas.

Erkelenz (seit 1972 **HS**, NRW). Niederrheinischer Kreis **ERK** ☆
im Südwesten von Mönchengladbach. Bekannt sind die
Umsiedlungsmaßnahmen durch den Braunkohletagebau Garzweiler II von RWE.

Erzgebirgskreis (Sitz in Annaberg-Buchholz, 2008 Sa). **ERZ**
Markant ist das Westerzgebirge an der deutsch-tschechischen Grenze mit dem Fichtelberg (1215 m), der
höchsten Erhebung Sachsens. Bergbau, Spitzenklöppelei und Holzkunst (u.a. Räuchermännchen) sind traditionelle Wirtschaftszweige.

Esslingen (1938 BW). Praktisch ein engverbundener **ES**
Teil des Zentrums „Ballungsraum Stuttgart/Mittlerer
Neckar". Neben dem industriereichen Neckartal auch
reizvolle Vorberge der Alb (Teck, Neuffen).

Eisenach (seit 1995 **WAK**, Th). Im Nordwesten des Thü- **ESA** ☆
ringer Waldes. Berühmt ist Eisenach durch die Wartburg
(Luthers Bibelübersetzung, Wartburgfest 1817) und als
Geburtsort von Johann Sebastian Bach.

Eschenbach i. d. OPf. (seit 1974 **NEW**, Bay). Über die **ESB** ☆
Kreisgrenze bekannt: der Truppenübungsplatz Grafen-
wöhr. Regional bekannt: der Neckname „Krautbäuch"
für die Eschenbacher (Krautanbau)

Werra-Meißner-Kreis (Sitz in Eschwege, 1977 He). **ESW**
Sehenswerte Kreisstadt Eschwege im Werratal: Fachwerkhäuser, Nikolaiturm, ehm. Landgrafenschloss.

Euskirchen (1972 NRW). Zwischen Bergheim/Bonn **EU**
und Belgien, mit vielen reizvollen Wohnorten. Mit der
Urfttalsperre (um 1900) begann der Tourismus.

Eutin (seit 1970 **OH**, SH). In der Holsteinischen Schweiz **EUT** ☆
mit dem Kurort Eutin (um 1800 war der Eutiner Kreis
eine Verbindung vieler bekannter Schriftsteller) dem
Jodsoleheilbad Bad Schwartau und den Schwartauer
Werken (Konfitüre).

Eberswalde (seit 1994 **BAR**, BBG). Zwischen Berlin und **EW** ☆
poln. Grenze mit viel Wald („Waldstadt" Eberswalde),
Industrie und einem verschwundenen Goldschatz.

F   **Frankfurt am Main** (Stadtkreis, 1977 He). Sitz der Europäischen Zentralbank. Stolze Freie Reichsstadt und wichtige Messestadt (Buchmesse im Oktober). Die „kleinste Metropole der Welt" ist als Banken-Zentrum „Mainhattan" bekannt, aber auch durch Flughafen, Paulskirche, Goethe und Frankfurter Würstchen.

FAL   **Fallingbostel** (seit 1981 **SFA**, NdS). In der südlichen Lüneburger Heide. Im Kreisgebiet Hermann-Löns-Grab, Walsroder Vogelpark und Truppenübungsplatz.

FB   **Wetteraukreis** (Sitz in Friedberg, 1972 He). Wohngemeinde des Großraums Rhein-Main. Bekannt ist der Wetteraukreis durch die berühmten Apfelanbaugebiete („Äppelwoi") und als Kornkammer Hessens.

FD   **Fulda** (1977 He). Die historische Kloster- und Bischofsstadt wird geprägt durch Barockbauten und eine romantische Altstadt: (Dom St. Salvador, Orangerie etc.). Die Mittelgebirgslandschaft der Rhön und Vogelsberg lädt zu Sport und Erholung ein.

FDB   **Friedberg** (seit 1974 **AIC**, Bay). Im Osten Augsburgs neben Aichach die „Wiege Altbaierns" mit Wittelsbacher Schloss (Museum) und malerischem Rathaus.

FDS   **Freudenstadt** (1926 BW). Hauptsächlich im ehemals württembergischen Teil des Nordschwarzwaldes. Einige berühmte Ferienorte (z.B. Baiersbronn).

FEU   **Feuchtwangen** (seit 1974 **AN**, Bay). Mittelfränkisches Städtekleinod, etwas im Schatten von Rothenburg o.d. Tauber, aber mit sehr schöner Altstadt um den Marktplatz („Festsaal Frankens") und Stiftskirche.

FF   **Frankfurt/Oder** (Stadtkreis, 1993 BBG). Die grüne, über 750-jährige Universitäts- und Messestadt mit Hansetradition bietet neben sehenswerter norddeutscher Backsteingotik (Rathaus, Marienkirche) eine moderne Innenstadt zum Shoppen und Bummeln.

FFB   **Fürstenfeldbruck** (1939 Bay). Kleiner Kreis in Münchens Westen, in FFB der Fliegerhorst (Anschlag Olympiade 1972) und erdmagnet. Observatorium.

Mittelsachsen (Sitz in Freiberg, 2008 Sa). Zwischen **FG** Leipziger Tieflandbucht und Erzgebirgskamm, aus den Landkreisen Döbeln, Freiberg und Mittweida gebildet. In der Berg- und Universitätsstadt Freiberg historischer Altstadtkern mit Dom (Silbermannorgel), Silberbergwerk und der ältesten Bergakademie der Welt.

Main-Taunus-Kreis/Frankf.-Höchst (seit 1980 **MTK**, **FH** He). Höchst, damals noch selbständiger Verwaltungs- ☆ sitz, wurde durch die Hoechst AG (Chemie), heute Industriepark Höchst, weltweit bekannt.

Finsterwalde (seit 1994 **EE**, BBG). Die Burleske „Wir **FI** sind die Sänger von Finsterwalde" (1899) mit Pampel, ☆ Knarrig und Strippe schuf den Beinamen „Sängerstadt". Heute findet alle zwei Jahre das Sängerfest in der Nie- derlausitz statt. Die Umgebung ist Radfahrregion (Fürst- Pückler-Radweg) und durch Industriekultur (Besucher- bergwerk F 60) geprägt.

Frankenberg (seit 1974 **KB**, He). Waldreiche Hügelland- **FKB** schaft mit Eder und Ederbergland. 10-türmiges Rathaus ☆ mit gotischen Stilelementen in der Kreisstadt.

Flensburg (Stadtkreis, 1974 SH). Man sollte es nicht nur **FL** mit Blick auf die Verkehrssünderkartei sehen. Von rau- hem nordischem Charme ist die Grenzstadt Vermittlerin zwischen Dänemark und Deutschland.

Flöha (seit 1994 **FG**, Sa). Direkt an den Osten von Chem- **FLÖ** nitz anschließende frühere Industrieregion (Baum- ☆ wollspinnerei Clauß, Textilindustrie) am Nordrand des Erzgebirges.

Bodenseekreis (Sitz in Friedrichshafen, 1973 BW). **FN** Badische und württembergische Teile am Nordufer des Bodensees, berühmt sind Überlingen und Meersburg. Friedrichshafen ist die Wiege des Zeppelinbaus.

Forchheim (1972 Bay). Ländlicher Kreis nördlich der **FO** geschäftigen Zentren Nürnberg und Erlangen. Bekannt durch lokale Biersorten, Forellendelikatessen, das Anna- fest und die schönsten Adventskalender.

FOR **Forst** (seit 1994 **SPN**, BBG). Zwischen Cottbus und der
☆ Lausitzer Neiße entwickelte sich Forst im 19. Jh. dank
mehrerer Tuchfabriken zum „deutschen Manchester".

FR **Freiburg** (Stadtkreis, 1973 BW). Heimliche Sehnsucht
aller Schwarzwald- und Rheintalbewohner, junge Stadt,
aber mit altem Münster (als einziges in Deutschland
während des Mittelalters fertiggestellt).

FR **Breisgau-Hochschwarzwald** (Sitz in Freiburg, 1973 BW).
Reicht vom Rhein bis zum Hochschwarzwald. Touristik
rund ums Höllental, Titisee und Schluchsee.

FRG **Freyung-Grafenau** (Sitz in Freyung, 1972 Bay). In der
Ecke zu Tschechien und Österreich reizen Landschaft
und zackige Gipfel (Dreisesselberg, 1.312 m).

FRI **Friesland** (Sitz in Jever, 1980 NdS). Wo das friesisch
herbe Bier herkommt, ist man zwischen Moor- und
Marschgebieten eigenwillig und sympathisch.

FRW **Bad Freienwalde** (seit 1994 **MOL**, BBG). Brandenburgs
☆ älteste Kurstadt (Gesundbrunnen 1684) konzentriert
sich auch heute auf Kuren, Baden und Tourismus.

FS **Freising** (1972 Bay). „Wer Freising nicht gesehen hat,
der kennt Altbayern nicht." (W. H. Riel). Sehenswert:
Altstadt, Domberg, Weihenstephan und die Rokoko
Klosterkirche Neustift. Im Kreisgebiet liegt der größte
Teil des Münchner Flughafens.

FT **Frankenthal** (Stadtkreis, 1970 RP). Mit ca. 50.000 Einwohnern im pfälzischen Rhein-Neckar-Dreieck.

FTL **Freital** (seit 1994 **PIR**, Sa). Ehem. wichtiger Standort von
☆ Steinkohlebergbau und Stahlindustrie, 2002 durch das
Hochwasser der Weißeritz in den Schlagzeilen.

FÜ **Fürth** (Stadtkreis, 1972 Bay). Die erste deutsche Eisen-
bahn, die berühmte „Adler", fuhr am 7.12.1835 aus der
Nachbarstadt Nürnberg nach Fürth.

FÜ **Fürth** (Sitz in Zirndorf, 1918 Bay). Landkreis im Westen
von Fürth, der viele Kleinstädte mit einschließt.

Füssen (seit 1974 **OAL**, Bay). Die Region um Füssen am Lech wurde dank Ludwigs II. Märchenschloss Neuschwanstein und Schloss Hohenschwangau zum „Königswinkel" Bayerns. Musiker kennen Füssen als Wiege des europäischen Lauten- und Geigenbaus (heute museal dokumentiert). **FÜS**

Fürstenwalde (seit 1994 **LOS**, BBG). Im Berliner Urstromland Teil des „Speckgürtels" der Hauptstadt. Viel Industrie (Reifen, Chemie-, Tankanlagenbau) **FW**

Fritzlar-Homberg (seit 1974 **HR**, He). Im nordhessischen Bergland fällte einst Bonifatius im Jahr 723 die Donareiche und begann die Christianisierung des Norden Deutschlands. **FZ**

Gera (Stadtkreis, 1952 Th). Die große ostthüringische Stadt an der Weißen Elster hat eine malerische Altstadt. Auch bekannt: das Otto-Dix-Haus Gera. **G**

Gardelegen (seit 1994 **SAW**, SaAn). In der südwestlichen Altmark mit Hochflächen und Milde-Tal. **GA**

Gandersheim (seit 1978 **NOM**, NdS). Zwischen Harz und Leinetal mit dem Solebad Bad Gandersheim, das dank der gleichnamigen ersten Dichterin Deutschlands (10. Jh.) auch als „Roswithastadt" bekannt ist. **GAN**

Garmisch-Partenkirchen (1862 Bay). Olympia-Ort (1936) am Fuß des Wettersteingebirges im Werdenfelser Land. Zugspitzbahn zur Zugspitze (2.964 m). **GAP**

Glauchau (seit 2008 **Z**, Sa). An der Zwickauer Mulde und am Rande des Erzgebirgsbecken mit viel Industrie und auf„blühender Landschaft" („Gartenstadt"). **GC**

Schwäbisch Gmünd (seit 1994 **AA**, BW). Die Gold- und Silberstadt (Handwerkstradition seit dem 17. Jh.) gilt als Europas Stadt mit der größten Designerdichte. **GD**

Gadebusch (seit 1994 **NWM**, MV). Landwirtschaft (z.B. Zuckerrüben, Getreide) und Viehhaltung bestimmten seit eh und je diesen Kreis im Nordwesten von Mecklenburg-Vorpommern. **GDB**

GE   **Gelsenkirchen** (Stadtkreis, 1975 NRW). Die frühere „Stadt der 1000 Feuer" – mit unzähligen Fackeln wurde einst während der Stahl-Hausse das Grubengas der Kokereien abgefackelt – ist legendäre wie skandalträchtige Fußballhochburg (FC Schalke 04) und auch eine der wichtigsten Solarstädte Europas.

GEL   **Geldern** (seit 1975 **KLE**, NRW). Am Niederrhein an der
☆ deutsch-niederländischen Grenze mit dem wichtigen Marien-Wallfahrtsort in der Kleinstadt Kevelaer.

GEM   **Gemünden am Main** (seit 1974 **MSP**, Bay). Zwischen
☆ Spessart, Rhön und Fränkischem Weinland, vom uralten Handelsweg Birkenhainer Straße durchkreuzt.

GEO   **Gerolzhofen** (seit 1974 **SW**, Bay). Zwischen Main und
☆ Steigerwald in Unterfranken. Im 17. Jh. wurden hier fast tausend vermeintliche Hexen hingerichtet.

GER   **Germersheim** (1818 RP). Das ehemalige Römerkastell wurde in der Neuzeit industriell geprägt. Der Kreis liegt im Rheingraben und bildet die Ecke der Pfalz zu Baden-Württemberg und dem Elsaß.

GF   **Gifhorn** (1974 NdS). Zwischen Wolfsburg und Braunschweig-Lüneburg reicht der Kreis bis in die Gebiete der Heidelandschaft. Internat. Mühlenmuseum.

GG   **Groß-Gerau** (1977 He). Im Herzen des Rhein-Main-Gebietes mit dem größten Naturschutzgebiet Hessens und den urigen „Spargeltagen Gerauer Land".

GHA   **Geithain** (seit 1994 **L**, Sa). Am Südrand der Leipziger
☆ Tieflandsbucht und im Sächsischen Hügelland.

GHC   **Gräfenhainichen** (seit 1994 **WB**, SaAn). Am Rand der
☆ Dübener Heide mit dem Industriedenkmal der „Eisenstadt" Ferropolis am Gremminer See, das an den früheren Braunkohletagebau erinnert.

GI   **Gießen** (1979 He). Traditionsreiche Universitätsstadt an der Lahn, Zentrum der mittelhessischen Region. Ideale Einkaufsmöglichkeiten und ein sehr vielfältiges Kulturangebot (u.a. Liebig-Museum).

Geilenkirchen-Heinsberg (seit 1972 **HS**, NRW). Der **GK** Zusatz „Selfkantkreis" Geilenkirchen-Heinsberg bekräftigte die Rückgabe des von den Niederlanden nach dem II. Weltkrieg annektierten Gebietes.

Rheinisch-Bergischer Kreis (Sitz in Bergisch Gladbach, **GL** 1938 NRW). Die Kreisstadt Bergisch Gladbach liegt im malerischen Naturpark Bergisches Land.

Gladbeck (seit 1975 **RE**, NRW). Im nördlichen Ruhr- **GLA** gebiet gehörte Gladbeck zur Emscherzone, in der erst Ende des 19. Jh. Bergbau und Kohleförderung began- nen. Schließung der letzten Zeche „Graf Moltke" 1971.

Oberbergischer Kreis (Sitz in Gummersbach, 1975 **GM** NRW). Die Erholungslandschaft mit Fachwerkdörfern, Wäldern und Talsperren ist eine bekannte Freizeitregion. Noch bekannter: der VfL Gummersbach.

Grimmen (ab 1994 **NVP**, MV). Im nordvorpommer- **GMN** schen Flachland dominierte Landwirtschaft (Kartoffeln, Roggen, dazu Rinderhaltung), marginale Erdölförde- rung in Reinkenhagen.

Gelnhausen (seit 1974 **MKK**, He). Als Stadtgründung **GN** Friedrichs I. nennt sich Gelnhausen „Barbarossastadt", hat die besterhaltene Kaiserpfalz der Stauferzeit und viel Fachwerk um Ober- und Untermarkt.

Genthin (seit 1994 **JL**, SaAn). Östlich der Elbe, auf hal- **GNT** ber Strecke zwischen Magdeburg und Berlin, führte der Elbe-Havel-Kanal durch das Kreisgebiet.

Sankt Goar (seit 1969 **SIM**, RP). Zwischen Rhein und **GOA** Hunsrück im Oberen Mittelrheintal, Teil des UNESCO- Welterbes und Durchbruch durch das Rheinische Schiefergebirge. Hoch über Sankt. Goar die trutzige wie malerische Burg Rheinfels.

Göttingen (Stadtkreis, 1972 NdS). Bekannte norddeut- **GÖ** sche Universitätsstadt mit wichtigen Forschungsstätten (u.a. vier Institute der Max-Planck-Gesellschaft) und mit der berühmten Gänseliesel, die jeder frisch gebackene Doktor küssen darf.

GÖ   **Göttingen** (1972 NdS). Landkreis zwischen Harz und Weser, u.a. von dt. Fachwerkstraße, dt. Märchenstraße und Straße der Weser-Renaissance durchquert.

GOH   **Sankt Goarshausen** (seit 1969 **EMS**, RP). Hieß von 1962 bis 1969 Loreleykreis, schließlich liegt die Kreisstadt St. Goarshausen am Fuße der Loreley – oder mit anderen Worten: Nirgendwo anders im Land ist die Landschaft deutscher – romantischer? – als hier.

GP   **Göppingen** (1938 BW). Die Märklinstadt (Modelleisenbahnen) beherrscht den Stauferkreis, mit Bad Überkingen, Bad Boll, Bad Ditzenbach (Mineralwasser).

GR   **Görlitz** (2008 Sa). Der östlichste Landkreis Deutschlands mit der geteilten Grenzstadt Görlitz (Baudenkmäler; polnischer Teil „Zgorzelec") liegt im Osten der Oberlausitz und Westen Niederschlesiens. Von kulturhistorischer Bedeutung: Fürst-Pückler-Park in Bad Muskau, Zittauer Fastentücher (15./16. Jh.), Oberlausitzer Umgebindehäuser und in Weißwasser das Jagdschloss.

GRA   **Grafenau** (seit 1974 **FRG**, Bay). Im Bayerischen Wald an der deutsch-tschechischen Grenze mit Verwaltungssitz und Anteilen am Nationalpark Bayerischer Wald.

GRH   **Großenhain** (seit 1995 **MEI**, Sa). Im Nordwesten von Dresden. 1918 gab es hier den ersten Arbeiter- und Soldatenrat Sachsens, 2010 Verwüstungen der „freundlichen Stadt im Grünen" (Landesgartenschau 2012) durch einen Tornado.

GRI   **Griesbach i. Rottal** (seit 1974 **PA**, Bay). Wegen seiner drei Thermalquellen („Dreiquellenbad") gehört Bad Griesbach zum Niederbayerischen Bäderdreieck.

GRM   **Grimma** (seit 1995 **L**, Sa). Im Süden von Leipzig im Nordsächsischen Platten- und Hügelland.

GRS   **Gransee** (seit 1994 **OHV**, BBG). Zwischen Prignitz und der Uckermark. Die Region erhielt 1995 in einer Untersuchung zur Lebensqualität in Deutschland den 1. Platz. Originelle Statuen: „Anna und Otto" vor dem Ruppiner Tor, dem Wahrzeichen von Grafenau.

Greiz (1952 Th). Südlich von Gera an der Weißen Elster, **GRZ** im thüringischen Winkel zu Sachsen. Hübsche Schlösser und im Oktober der Webermarkt.

Goslar (1977 NdS). Tausendjährige Kaiserstadt am **GS** Nordrand des Naturparkes Harz mit mittelalterlichem Stadtbild (seit 1992 UNESCO-Weltkulturerbe).

Gütersloh (Sitz in Rheda-Wiedenbrück, 1973 NRW). **GT** Die Stadt in der Emssandebene im Südwesten des Teutoburger Waldes ist bekannt durch einen großen deutschen Verlag, der Kreis als „Genussgebiet" zwischen „Steinhäger", „Wurstküche" und „Hühnerhof".

Gotha (1952 Th). „Das Tor zum Thüringer Wald" liegt **GTH** 310 m über NN. Sehenswert: Schloss Friedenstein mit dem Ekhof-Theater, die historische Altstadt.

Guben (seit 1994 **SPN**, BBG). Seine Randlage – sowohl **GUB** an der Lausitzer Neiße zur deutsch-polnischen Grenze ☆ als auch im sorbischen Gebiet – bestimmte über die Jahrhunderte hinweg die Geschichte des Kreises.

Güstrow (seit 2012 **LRO**, MV). Landschaftlich reizvolles **GÜ** „Paradies des Nordens" mit viel Sehenswertem: Ernst- ☆ Barlach-Museum, Schloss, Dom, hist. Altstadt

Gunzenhausen (seit 1974 **WUG**, Bay). Im fränkischen **GUN** Seenland mit der Kreisstadt am Altmühlsee. ☆

Grevenbroich (seit 1975 **NE**, NRW). Gewaltige Braun- **GV** kohlekraftwerke machten die „Bundeshauptstadt der ☆ Energie" zu einer der dreckigsten Städte Europas, doch Hape Kerkeling hat ihr durch die Kultfigur Horst Schlämmer ein mediales Denkmal gesetzt.

Grevesmühlen (ab 1994 **NWM**, MV). Fruchtbares **GVM** Ackerland hin zur Ostseeküste dominiert im Westen von ☆ Wismar die Nordwestecke von MV. Traditionsreichstes Gewerbe ist hier das Müllerhandwerk.

Greifswald (ab 1994 **OVP**, MV). Nordvorpommersches **GW** Flachland um Greifswald (die Hansestadt wurde 1974 ☆ dem Landkreis ausgegliedert) nördlich der Peene.

GZ   **Günzburg** (1939 Bay). Günzburg an der Donau, zwischen Ulm und Augsburg. Historische Altstadt aus dem 17. Jh. mit Schloss, Hofkirche und Torturm. Legoland Deutschland befindet sich seit 2002 in Günzburg.

H   **Hannover** (Region Hannover, 2001 NdS). Hervorgegangen aus dem Großraum Hannover und dem Landkreis Hannover als bisher einmaliges Verwaltungsmodell in Deutschland. Neben führender Industrie und Binnenhafen am Mittellandkanal vor allem als Messestadt bedeutend (INDUSTRIE, CeBit, EXPO 2000). Moderne Verkehrserschließung: Flughafen Langenhagen, öffentlicher Personennahverkehr. Reizvoll: Maschsee, Herrenhäuser Gärten, Stadtwald Eilenriede. In der Umgebung Erholungsgebiete Steinhuder Meer und Deister.

HA   **Hagen** (Stadtkreis, 1975 NRW). Südlich des Ruhrgebiets in altindustrieller Region (Westfälisches Museum technischer Kulturdenkmale), Jugendstilgebäude, überregional bekannt ist auch die Fernuniversität.

HAB   **Hammelburg** (seit 1974 **KG**, Bay). Unterfränkischer Kreis zwischen der bayerischen Rhön und der Fränkischen. Saale.

HAL   **Halle** (Stadtkreis, 1952 SaAn). Größte Stadt im Land Sachsen-Anhalt. Ist mit herausragender Forschungs- und Bildungslandschaft ein attraktiver Wirtschaftsstandort. Gilt auch als Kulturhauptstadt des Landes.

HAM   **Hamm** (Stadtkreis, 1975 NRW). Die Stadt ist zentraler Wirtschaftsstandort der Region. Öko-Zentrum Nordrhein-Westfalens, Maximilianpark, Waldbühne.

HAS   **Haßberge** (Sitz in Haßfurt/Main, 1972 Bay). In den Naturparks Haßberge und Steigerwald zeigt sich „Franken Besuchern von der schönsten Seite".

HB   **Hansestadt Bremen** (Freie Stadt, 1952, HB). An der Weser, 60 Kilometer vor deren Nordseemündung kleinste Freie Stadt Deutschlands. Berühmt: die Bremer Stadtmusikanten, der Roland, die historische Altstadt mit Marktplatz, Böttcherstraße und Schnoorviertel, die Bremer Baumwollbörse und Beck's Brauerei.

Bremen-Nord (Sitz in Bremen-Vegesack, HB). Nach **HB** dem Untergang der Werft „Bremer Vulkan" weiträumige Umgestaltung in ein Einkaufs- und Freizeitquartier.

Bremerhaven (Stadtkreis, HB). Bremens Tor zur Welt **HB** und nach Übersee an der Mündung der Weser, Deutschlands wichtigster Importhafen für Autos; u.a. Deutsches Schifffahrtsmuseum.

Hildburghausen (1952 Th). Ländlicher Kreis am Süd- **HBN** hang des Thüringer Waldes (Coburg). In Hildburghausen Baudenkmäler, z.B. das Renaissance-Rathaus.

Halberstadt (seit 2007 **HZ**, SaAn). Im nördlichen Harzvor- **HBS** land bis zur Magdeburger Börde im Osten. Bedeutender ☆ Dom in der alten Kreis- und Bischofsstadt.

Hainichen (seit 1995 **FG**, Sa). Nordwestlich Chemnitz' um **HC** die Gellertstadt Hainichen, dem Geburtsort des morali- ☆ sierenden Dichters Christian Fürchtegott Gellert.

Hechingen (seit 1973 **BL**, BW). Eine Landschaft: die **HCH** Schwäbische Alb, ein Berg: der Zoller, eine Burg und ☆ ein Name: Hohenzollern gaben diesem Kreis weit über Preußen hinaus eine deutsche Kaiseraura. Profaner, aber sättigender ist Hechingen als Hauptsitz der Sternenbäck GmbH mit bundesweit über 200 Filialen.

Heidelberg (Stadtkreis, 1973 BW). „Alt-Heidelberg, du **HD** feine …" Dort, wo die Kulisse aus Altstadt, Schloss und Fluss inmitten von Bergen eine der schönsten Städte im Land entstehen ließ, wird kräftig Scheffel zitiert. Älteste Universität (1386) Deutschlands. Das Schloss ist laut DZT neben Neuschwanstein und Kölner Dom die touristische Top-Destination Deutschlands.

Rhein-Neckar-Kreis (Sitz in Heidelberg, 1973 BW). An **HD** Heidelberg zieht sich das verträumte Neckartal mit vielen Flusskehren, -schleifen und steilen Hängen vorbei und teilt den Odenwald und den Kraichgau.

Heidenheim (1938 BW). Auf der Schwäbischen Alb an **HDH** der Brenz. Naturtheater auf dem Schloßberg in Heidenheim und Schäferlauf übers Stoppelfeld.

HDL **Haldensleben** (seit 1994 **BK**, SaAn). Selbstbewusst der Slogan der Kreisstadt an der Ohre: „Wer kommt, bleibt", dazu außergewöhnlich mit Europas einziger reitenden Rolandsfigur vor dem Rathaus.

HE **Helmstedt** (1945 NdS). Landkreis im Naturpark Elm-Lappwald gelegen, ehemalige Universitätsstadt, hübsche Altstadt und neueres Zonengrenzmuseum.

HEB **Hersbruck** (seit 1974 **LAU**, Bay). Mittelfränkischer Kreis im Osten Nürnbergs. In der Kreisstadt das Deutsche Hirtenmuseum, das einzige zu diesem Thema im Land, und das Schloss Hersbruck.

HEF **Hersfeld-Rotenburg** (Sitz in Bad Hersfeld, 1972 He). Berühmt durch die Bad Hersfelder Festspiele im Sommer und das waldreichste Gebiet in Hessen.

HEI **Dithmarschen** (Sitz in Heide/Holstein, 1970 SH). Vom Nord-Ostsee-Kanal geteilter Westholsteiner Kreis. Etwas karg, aber auch Kartoffel- und Kohlgebiet.

HER **Herne** (Stadtkreis, 1975 NRW). Alter Ort aus dem 9. Jh., in der Neuzeit ursprünglich Bergbaustadt (Kohle), jetzt verarbeitende Industrie. Statistiken weisen sie als verkehrssicherste Stadt Deutschlands aus.

HET **Hettstedt** (seit 1994 **MSH**, SaAn). Im östlichen Harzvorland, von der Wipper durchkreuzt. Früher von Kupferbergbau und -verarbeitung dominiert.

HF **Herford** (Sitz in Kirchlengern, 1832 NRW). Gehört zur Ravensberger Mulde im östlichen Westfalen, auch „Spinn- und Linnenländchen" genannt. Löhne und Vlotho gelten als „Zigarrenkiste Deutschlands".

HG **Hochtaunuskreis** (Sitz in Bad Homburg vor der Höhe, 1972 He). Mit dem schönen Taunus (Großer Feldberg, 880 m), der römischen Saalburg und dem „Kaiserbad". Bad Homburg ist eine bekannte Casino-Stadt.

HGN **Hagenow** (seit 1994 **LWL**, MV). Im Süden Schwerins war der landwirtschaftlich geprägte Kreis derjenige mit der größten Ausdehnung in der DDR.

Hansestadt Greifswald (seit 2011 Teil des Landkreises **HGW** Vorpommern-Greifswald, MV), Am Greifswalder Bodden. Umschlags- und Museumshafen, Yachtzentrum, Universitätsstadt, Klosterruine Eldena, Pommersches Landesmuseum.

Hansestadt Hamburg (Freie Stadt, 1952 HH). Deutsch- **HH** lands zweitgrößte und Freie Stadt ist berühmt durch Hafen und St. Pauli, wunderschön durch Binnenalster, Speicherstadt, Michel (Wahrzeichen Hamburgs) und Vororte, interessant durch den Fischmarkt, seinen Markt- schreiern und die kulturelle Szene. (u.a. nach New York und London der weltweit drittgrößte Musicalstandort.).

Hohenmölsen (seit 1994 **BLK**, SaAn). Im Südwesten von **HHM** Leipzig mit extensivem Braunkohleabbau, besonders ☆ östlich der Kreisstadt im Großtagebau Profen.

Hildesheim (1977 NdS). Seit mehr als 1000 Jahren **HI** bedeutendes kulturelles Zentrum an den „Wegen der Romanik" mit UNESCO-Weltkulturerbe, historischer Marktplatz, Kehrwiederturm und Dom.

Heiligenstadt (seit 1995 **EIC**, Th). Im Zentrum des **HIG** Eichsfelds zwischen Kassel und Harz um die nun offiziell ☆ Heilbad Heiligenstadt lautende Kreisstadt.

Hilpoltstein (seit 1974 **RH**, Bay). Im Süden von Nürn- **HIP** berg machte Hilpoltstein, eine Gründung der Herren ☆ von Stein, über die Jahrhunderte Karriere als Residenz- stadt, war jahrelang an Nürnberg verpfändet, aus dem Bezirksamt (1862) wurde der spätere Kreis.

Heidekreis (Sitz in Bad Fallingbostel, 2011 NdS). Mit **HK** dem Naturpark Lüneburger Heide und den Weiden- und Wiesenflächen des Viehbruchs. Mehrere Tier- und Freizeitparks wie der Heide-Park in Soltau, Serengeti- Park in Hodenhagen und Weltvogelpark Walsrode.

Hansestadt Lübeck (Stadtkreis, 1970 SH). An der Trave- **HL** mündung. Berühmt durch das Holstentor, die Backstein- Altstadt, das Buddenbrook-Haus, das Schabbel-Haus, das Marzipan, den „Rotspon" (französischer Wein) und das Seebad Travemünde.

HM   **Hameln-Pyrmont** (Sitz in Hameln, 1922 NdS). Mit dem Pyrmonter Bad (1668, aus der Antike bekannt) und „Rattenfängerstadt" Hameln (Rattenfängerhaus).

HMÜ   **Hannoversch Münden** (seit 1973 **GÖ**, NdS). An der ☆ Grenze zu Hessen mit dem Zusammenfluss von Werra und Fulda zur Weser in der Kreisstadt. Dort imposantes Welfenschloss und Doktor Eisenbarths Grabstätte.

HN   **Heilbronn** (Stadtkreis, 1973 BW). Oberzentrum der Region Heilbronn-Franken, Wirtschaftszentrum und berühmte Feste (Weindorf, Neckarfest). Grüne Stadt: Goldmedaillenträger Entente florale 2000.

HN   **Heilbronn** (Sitz in Heilbronn, 1973 BW). Hier findet man schöne Teile des Neckartals und den sechstgrößten Binnenhafen im Land. Mit der „Audi-Stadt" Neckarsulm ist der Kreis ein tradit. Automobilbau-Zentrum.

HO   **Hof** (Stadtkreis, 1972 Bay). Einst vorgeschobener Posten für den Transitverkehr in Bayern. Bekannt als Stadt der Spindeln und des Bieres.

HO   **Hof** (1972 Bay). Mit Anteilen am mittelgebirgigen Frankenwald und Fichtelgebirge. An der Grenze zu Tschechien, mit ruhigen Wald- und Höhengebieten.

HÖS   **Höchstadt a.d. Aisch** (seit 1974 **ERH**, Bay). Die lokale ☆ Spezialität Aischgründer Spiegelkarpfen kennen einige, die Sportartikelhersteller adidas und PUMA sowie die Schaeffler Gruppe in Herzogenaurach wohl alle.

HOG   **Hofgeismar** (seit 1972 **KS**, He). Über ein Drittel der ☆ Kreisfläche nahm der sagen- und legendenumwobene Reinhardswald (mit Märchenschloss Sababurg) ein, der auch Kulisse vieler Grimmschen Märchen ist.

HOH   **Hofheim in Unterfranken** (seit 1974 **HAS**, Bay). Um ☆ das geographische Zentrum der westlichen Haßberge. Dort deren Wahrzeichen: die Bettenburg.

HOL   **Holzminden** (1941 NdS). Weserstadt an der Grenze zu NRW. Kurorte Neuhaus im Solling und Silberborn ergänzen das mittelalterliche Bild der „Aromenstadt".

Saarpfalz-Kreis (Sitz in Homburg, 1974 Saar). Saar- **HOM** pfälzischer Kreis im ehemals bayerischen Teil der Pfalz. Homburg ist Bahn- und Straßenknotenpunkt.

Horb am Neckar (seit 1973 **FDS**, BW). Von den öst- **HOR** lichen Ausläufern des Nordschwarzwaldes bis ins Neck- ⭐ artal reichend. Trotz des hist. „Schurkenturms" in der Kreisstadt sollen die Horber ganz nett sein, schließlich haben sie die Stiftkirche zum Heiligen Kreuz neben dem Turm zu ihrem Wahrzeichen erkoren.

Hohenstein-Ernstthal (seit 1994 **Z**, Sa). Ein Landkreis **HOT** im Norden des Erzgebirges mit kleiner Fläche und hoher ⭐ Bevölkerungsdichte, in der Kreisstadt das Geburtshaus von Karl-May und der Sachsenring, ein Austragungsort der Motorrad-WM.

Bergstraße (Sitz in Heppenheim a.d.B., 1945 He). Zwi- **HP** schen Rhein (Reichskloster Lorsch mit Königshalle) und Odenwald. Schon in der Römerzeit wichtige Straßen, z. B. Siegfried- und Nibelungenstraße.

Schwalm-Eder-Kreis (Sitz in Homberg, 1974 He). Mit **HR** der Schwalmniederung, dem Fuldatal und dem Knüll nicht nur für kurvenreiche Autobahnen, sondern auch für seine ausgedehnten Wälder bekannt.

Hansestadt Rostock (Stadtkreis, 1952 MV). Univer- **HRO** sitäts- und Hafenstadt mit Backsteingotik (Rathaus, Marienkirche etc.) und Seebad Warnemünde.

Heinsberg (1972 NRW). Deutschlands westlichster **HS** Kreis bietet abwechslungsreiche Landschaften, hervor- ragende Radwandermöglichkeiten und attraktive Städte wie Heinsberg, Erkelenz und Geilenkirchen.

Hochsauerlandkreis (Sitz in Meschede, 1975 NRW). **HSK** Großer Flächenkreis im touristisch interessanten Sauer- land. Waldreiches „Land der 1000 Berge" (Langenberg 843 m, Kahler Asten 841 m).

Hansestadt Stralsund (seit 2011 Teil des LK Vorpom- **HST** mern-Rügen, MV). Verkehrsnadelöhr zur Insel Rügen für Autos und IC-Züge. Backsteingotik und Meeresaquarium.

HU   **Main-Kinzig-Kreis** (Hanau, 1974 He). Hanau im Nordosten von Frankfurt ist die größte Stadt des Main-Kinzig-Kreises mit viel Industrie (Ursprung: Gold- und Silberschmieden) und bedeutendem Handelshafen.

HÜN   **Hünfeld** (seit 1972 **FD**, He). Hünfeld ist auch – nach dem ☆   Computer-Pionier – als „Konrad-Zuse-Stadt" bekannt, Kreis mit Anteilen am Naturpark Hessische Rhön.

HUS   **Husum** (seit 1970 **NF**, SH). „Graue Stadt am Meer" ☆   nennt man Husum an der Nordseeküste. Drum herum friesisch herbe Landschaft mit Schleswigscher Geest und Nationalpark Schleswig-Holst. Wattenmeer.

HV   **Havelberg** (seit 1994 **SDL**, SaAn). Ganz im Nordosten ☆   von Sachsen-Anhalt, wo die Havel in die Elbe mündet. Von der Schifffahrts- und Fischereitradition ist noch eine Schiffsbauwerft entstanden.

HVL   **Havelland** (Sitz in Rathenow, 1993 BBG). Zwischen der Landesgrenze Sachsen-Anhalts im Westen und Berlins im Osten liegt der Landkreis. Neben Rathenow sind Nauen und Falkensee sehenswert.

HW   **Halle** (seit 1973 **GT**, NRW). Ländliche Region zwischen ☆   Emssandebene und Teutoburger Wald. In Halle befindet sich das Hauptwerk der August Storck KG und dort begann auch deren süße Geschichte.

HWI   **Hansestadt Wismar** (seit 2011 Teil des LK Nordwestmecklenburg, MV). Die kleine Hansestadt ist berühmt für ihren schönen Altstadtkern (Fürstenhof der Renaissance, Rathaus, Marktplatz, repräsentiert noch heute die Blütezeit des Städtebunds im 14. Jh.) und den modernen Hafen.

HX   **Höxter** (1975 NRW). Industriestadt mit Klinik für biophysikalische Therapie. Das Kloster Corvey war als Benediktinerabtei im MA Zentrum des Geisteslebens.

HY   **Hoyerswerda** (seit 2009 **BZ**, Sa). Die Region in der ☆   nördlichen Oberlausitz ist geprägt von Braunkohle-Vergangenheit und Strukturwandel. Die ausländerfeindlichen Ausschreitungen in Hoyerswerda kreierten das Unwort des Jahres 1991: „ausländerfrei".

Harz (Sitz in Halberstadt, 2007 SaAn). Halberstadt, das Tor **HZ** zum Harz, und Quedlinburg glänzen mit Fachwerk (Welt-kulturerbe) und Sakralbauten. Landschaftlich top ist der Harz samt Brocken und Harzer Hexenstieg. Trotz nieder-sächsischen Protesten, wo man auch Harz-Anrainer ist, haben sich Kreisname und Kennzeichen durch-gesetzt, letzteres jedoch unter Verwendung bestimmter Nummerngruppen, um Verwechslungen mit KFZs des früheren Landkreises Herzberg zu vermeiden.

Herzberg (seit 1994 **EE**, BBG). Im Breslau-Magdeburger **HZ** Urstromtal mit der Schwarzen Elster bis zu den Lausitzer ☆ Höhen und dem Rand des Südfläming reichend.

St. Ingbert (Saar-Pfalz-Kreis, 1974 Saar). Stadt mit **IGB** Fraunhofer-Institut, SAP, FESTO. Historisches Stadtbild mit einer alten Pfarrkirche, Museum St. Ingbert und ständige Albert-Weisgerber-Sammlung.

Ilmkreis (Sitz in Arnstadt, 1952 Th). Der Ilm-Kreis liegt in **IK** der Mitte des Bundeslandes beim Kamm des Thüringer Waldes. Kreisstadt ist die Bach-Stadt Arnstadt – auch ältester Ort der östlichen Bundesländer.

Ilmenau (seit 1995 **IK**, Th). Nördlich des Rennsteigs im **IL** Thüringer Wald mit einem Waldanteil von über zwei ☆ Dritteln der gesamten Kreisfläche. In Ilmenau traditions-reiche Glas- und Porzellanindustrie.

Illertissen (seit 1974 **NU**, Bay). Zwischen Ulm und **ILL** Memmingen im bay. Regierungsbezirk Schwaben. ☆

Ingolstadt (Stadtkreis, 1972 Bay). Die eigentliche **IN** „Audi-Stadt". Innovatives Industriezentrum, an einer der Hauptverkehrsachsen in Bayern gelegen.

Iserlohn (seit 1975 **MK**, NRW). Im Nordwesten des Sau- **IS** erlandes ein „Kragenkreis", in dem die kreisfreie Stadt ☆ Iserlohn eine Enklave bildete.

Steinburg (Sitz in Itzehoe, 1888 SH). Kleine Stadt an **IZ** der Stör, südlich des Nord-Ostsee-Kanals gelegen. Hier befindet sich die tiefste Landesstelle Deutschlands (3,54 m u. NN) in Neuendorf bei Wilster.

J   **Jena** (Stadtkreis, 1952 Th). Im mittleren Saaletal mit der historischen Universität seit jeher eine renommierte Stadt des Wissens (Zentralinstitut für Erdbebenforschung) und der Präzisionsoptik (Carl Zeiss, Schott, Jenaer Glas) im Thüringer Städteband.

JB ☆   **Jüterbog** (seit 1994 **TF**, BBG). Inmitten des Flämings besticht die eh. Kreisstadt mit viel historischer Bausubstanz, insbesondere Backsteingotik (z.B. Rathaus).

JE ☆   **Jessen** (seit 1994 **WB**, SaAn). Am Ostufer der Elbe mit Deutschlands nördlichsten kommerziell genutzten Weinbergen und einem Stück der Annaburger Heide.

JEV ☆   **Jever** Friesland (seit 1978 **FRI**, NdS). Jeverland, das ist Marsch, Geest und Moor und für Besucher besonders reizvoll die Insel Wangerooge im Wattenmeer.

JL   **Jerichower Land** (Burg, 2007 SaAn). Burg, die Stadt mit den vielen Türmen, und Jerichow (romanische Klosteranlage) liegen im Elbe-Urstromgebiet nördlich von Magdeburg. Bei der Kreisreform 2007 im Süden um Teile des Landkreises Anhalt-Zerbst erweitert.

JÜL ☆   **Jülich** (seit 1972 **DN**, NRW). Zwischen Historie und Moderne sind der Hexenturm (Stadttor) und der Solarturm Jülich markante Kontraste in der Kreisstadt.

K   **Köln** (Stadtkreis, 1975 NRW). Berühmt durch den Dom, der größte Kirchenbau der Gotik, und den Karneval mit Stunksitzung und Weiberfastnacht – aber auch durch den FC, die Mundartmusik in Kölsch und die kölschen Originale Tünnes und Schäl. Wichtige Messe- und Medienstadt (Media-Park), dazu Deutschlands wichtigster Eisenbahnknotenpunkt.

KA   **Karlsruhe** (Stadtkreis, 1973 BW). Kunst- und Kulturstadt am Rhein mit zahlreichen Museen, u.a. dem Zentrum für Kunst und Medientechnologie/ZKM, Barockschloss mit Badischem Landesmuseum.

KA   **Karlsruhe** (1973 BW). Im Rheintal und am Schwarzwaldrand. Die Albtalbahn nach Bad Herrenalb und die Zweisystembahn nach Bretten begeistern Bahnfreunde.

Main-Spessart (seit 1979 **MSP**, Bay). Main und Spessart **KAR** prägen den gleichnamigen Kreis. Früher war man hier ☆ mit KAR (Kreisstadt Karlstadt) unterwegs.

Waldeck-Frankenberg (Sitz in Korbach, 1974 He). Stadt **KB** im Waldecker Land zwischen Eder-, Diemel- und Twistesee. Mittelalterlicher Stadtkern mit gotischer Hallenkirche und Museum mit fossilen Fundstücken.

Kronach (1939 Bay). Im Frankenwaldwinkel zu Thürin- **KC** gen gelegen, wichtige Bahntrasse durch den Kreis über Ludwigsstadt. Malerisch alte Kreisstadt mit historischer Stadtbefestigung und Industrie.

Kempten (Stadtkreis, 1972 Bay). Das einst römische **KE** „Cambodunum" im Allgäu blickt auf eine über 2000-jährige Geschichte zurück. Jetzt ist die Metropole des Allgäus als „Tor zu den Allgäuer Alpen" bekannt.

Kelheim (1939 Bay). Stadt am Zusammenfluss von **KEH** Donau und Altmühl, dem heutigen Main-Donau-Kanal. Hier befinden sich die Befreiungshalle, der Donaudurchbruch und das Kloster Weltenburg.

Kehl (seit 1973 **OG**, BW). In der Oberrheinischen Tiefe- **KEL** bene mit dem rechtsrheinischen Teil des Hanauer Lan- ☆ des um das Hafenstädtchen Kehl.

Kemnath (seit 1974 **TIR**, Bay). In der Oberpfalz zwischen **KEM** den Naturparks Fichtelgebirge und Steinwald. In Kem- ☆ nath historischer Stadtkern und seit dem 18. Jh. Passionsspieltradition.

Kaufbeuren (Stadtkreis, 1972 Bay). Im Allgäuer Alpen- **KF** vorland. Ehemals freie Reichsstadt. Historische Altstadt, Mode- und Schmuckzentrum Neugablonz.

Bad Kissingen (1972 Bay). Bad Kissingen, Bad Bocklet, **KG** Bad Brückenau und Hammelburg stehen für Gesundheit und gediegene Kultur. Am Südrand der Rhön.

Bad Kreuznach (1970 RP). Gesundheits- und Bäderoase **KH** (Radon-Solbad) an der Nahe mit vielen Sehenswürdigkeiten und großem Freizeitangebot.

KH   **Bad Kreuznach** (Sitz in Bad Kreuznach, 1970 RP). Klimatisch bevorzugt und von Weinbau geprägt.

KI   **Kiel** (Stadtkreis, 1970 SH). Schleswig-Holsteins Hauptstadt mit Kriegshafen. Berühmt in windigen, aber ruhigeren Zeiten: „Kieler Woche" und Kieler Förde.

KIB   **Donnersbergkreis** (Sitz in Kirchheimbolanden, 1969 RP). Kleiner Kreis um den höchsten Berg der Pfalz (Donnersberg: 687 m) mit vielfältigen Spuren der Geschichte (u.a. hübsche Barockbauten und Wasserschloss).

KK ☆   **Kempen-Krefeld** (seit 1975 **VIE**, NRW). Zwischen Krefeld und der dt.-niederländischen Grenze. Im Geburtsort des Mystikers Thomas von Kempen historische Bürgerhäuser und Fachwerkarchitektur.

KL   **Kaiserslautern** (Stadtkreis, 1972 RP). Kaiserpfalz von Friedrich I. Barbarossa. Universitätsstadt. Der Betze, das Terrain der Roten Teufel, ist längst Legende.

KL   **Kaiserslautern** (1972 RP). Eine Landschaft für Naturliebhaber. Viele Kulturdenkmäler und Museen.

KLE   **Kleve** (1975 NRW). Niederrheinischer Kreis an der niederländischen Grenze. Reizvoll sind die historischen Orte Kleve, Kalkar, Kevelaer und Geldern.

KLZ ☆   **Klötze** (seit 1994 **SAW**, SaAn). Im Nordosten von Wolfsburg ist Klötze modern (Mikroalgen-Produktionsanlage) und traditionell (Spargel- und Besenbinderfest).

KM ☆   **Kamenz** (seit 2008 **BZ**, Sa). In der westlichen Oberlausitz, charakteristisch ihre Teiche, Heide und Bergland, gehörte der Kreis zur Euroregion Neiße. Die Lessingstadt Kamenz (Geburtsort des Dichters) mit Lessing-Museum und Lessing-Tagen, ist auch ökonomisch ganz spirituell dank des Abfüllwerks von Jägermeister.

KN   **Konstanz** (1973 BW). Historische, pittoreske Stadt mit Münster, Konzil und imposanter Imperia am Bodensee. Interessante Museen, großes kulturelles Angebot, zudem Universitätsstadt. Alljährlicher Publikumsmagnet: das Seenachtsfest.

Koblenz (Stadtkreis, 1970 RP). Am „Deutschen Eck", **KO**
Zusammenfluss von Rhein und Mosel. Wirtschaftliches
und kulturelles Oberzentrum am Mittelrhein.

Königshofen i. Grabfeld (seit 1974 **NES**, Bay). Unter- **KÖN**
fränk. Kreis an der Saale mit Anteilen an den Haßbergen ☆
und den Naturparks Rhön und Thüringer Wald.

Köthen (seit 2007 **ABI**, SaAn). Im Schwarzerdegebiet **KÖT**
der Magdeburger Börde landwirtschaftlich fruchtbar, ☆
in der Stadt Köthen originell mit dreitägigem Volksfest
der deutschen Sprache und dem „Haus der Deutschen
Sprache".

Kötzting (seit 1974 **CHA**, Bay). Am Nordrand des bay. **KÖZ**
Anteils des Böhmerwaldes. Erst nach Auflösung des ☆
Landkreises erhielt Kötzting den Zusatz „Bad".

Krefeld (Stadtkreis, 1975 NRW). Damals durch Zuwan- **KR**
derung von Hugenotten zur „Samt- und Seidenstadt"
(Seidenweberdenkmal) geworden. Heute interessant für
Besucher und Tagungsgäste.

Krumbach (seit 1974 **GZ**, Bay). Im Zentrum des Regie- **KRU**
rungsbezirks Schwaben im Südwesten von Bayern, ☆
natürlich mit Maria-Hilf-Kirche in der Kreisstadt.

Kassel (Stadtkreis, 1972 He). Stadt mit hervorragenden **KS**
Bauten, überragt vom Herkules und dem Bergpark Wil-
helmshöhe. Alle 5 Jahre die große Kunstschau „docu-
menta". Reiche Museenlandschaft.

Kassel (1972 He). Kreis um Kassel (Fuldatal, VW-Werk **KS**
in Baunatal) bis zum romantischen Reinhardswald im
Norden; Märchenland der Brüder Grimm.

Kitzingen (1972 Bay). Von der Volkacher Mainschleife **KT**
und Marktbreit bis zum Ochsenfurter Gau. Viel Wein-
und Gemüseanbau. In der Stadt findet man gut erhaltene fränkische Bauten wie das Rödelseer Tor.

Kulmbach (1972 Bay). Kreisstadt im Herzen Oberfran- **KU**
kens; bekannt durch die Hohenzollernresidenz Plassen-
burg und als „heimliche Hauptstadt des Bieres".

KÜN   **Hohenlohekreis** (Sitz in Künzelsau, 1973 BW). Ländlich in der Hohenloher Ebene wurden hier schon früh regionale Nahverkehrskonzepte erprobt.

KUS   **Kusel** (1937 RP). Äcker, Wiesen und Hügel bestimmen das Pfälzer Bergland. Einmalig: Draisinentour – Radfahren auf Schienen im Kuseler Musikantenland.

KW   **Königs Wusterhausen** (seit 1994 **LDS**, BBG). Direkt an
☆   den südlichen Stadtrand Berlins angrenzend, mit originellem Namen, der seinen Ursprung in „Wustrow", also Insel, hatte (die Burg lag auf einem Werder).

KY   **Kyritz** (seit 1994 **OPR**, BBG). In der Prignitz. Die volks-
☆   tümliche Bezeichnung „an der Knatter" bezog sich auf die ehem. Wassermühlen an der Jäglitz. Heute gibt's hier allenfalls das Rauschen am Dosse-Speicher Kyritz.

KYF   **Kyffhäuserkreis** (Sitz in Sondershausen, 1995 Th). Am Nordrand des Thüringer Beckens zu finden. Vielbesuchtes Ausflugsziel ist der Kulpenberg (477 m) mit Kyffhäuserdenkmal und Barbarossahöhle.

L   **Leipzig** (Stadtkreis, 1952 Sa). Stadt mit unverwechselbarem Flair, als Messe- und Bachstadt bekannt. Sehenswert sind Passagen und Handelshöfe, das Alte Rathaus, Auerbachs Keller, Völkerschlachtdenkmal.

L   **Leipzig** (Sitz in Borna, 2008 Sa). In der Leipziger Tieflandbucht aus den Kreisen Muldental und Leipziger Land vereint. Viele, teilweise mit Kanälen verbundene Seen im Südwesten entstanden durch Flutungen ehemaliger Braunkohletagebauwerke („Leipziger Neuseenland"), so z.B. der Cospudener See bei Markkleeberg.

L   **Lahn-Dill-Kreis** (seit 1991 **LDK**, He). Für knapp drei
☆   Jahre bestand die auf Verwaltungsebene geschaffene Stadt „Lahn" aus Gießen, Wetzlar und umliegenden Gemeinden samt dem Kreisgebiet um dieses Konstrukt und den Flüssen Lahn und Dill.

LA   **Landshut** (Stadtkreis, 1972 Bay). Von der bewegten Vergangenheit zeugen viele Bauwerke. Mittelständische Industrie mit Maschinenbau, Keramik, Textilien.

Landshut (1972 Bay). Staatliches Kreisgebiet von der **LA** Großen Vils über das Isartal bis zur Kleinen Laaber. Eher landwirtschaftlich geprägt; in den Orten sehr schöne, meist sakrale Barockbauten.

Landau a.d. Isar (seit 1974 **DGF**, Bay). Niederbaye- **LAN** rischer Landkreis im Osten von Landshut, an der Isar. ☆

Lauterbach (seit 1979 **VB**, He). Im Norden des Vogels- **LAT** berges mit dem „Lauterbacher Strolch" in der Kreisstadt, ☆ einem Denkmal nach dem Lauterbacher Strumpflied und das Emblem, das heimische Käseprodukte ziert.

Nürnberger Land (Sitz in Lauf a.d. Pegnitz, 1972 Bay). **LAU** Mittelgebirgiges im Osten Nürnbergs, dort Naturpark „Fränkische Schweiz – Veldensteiner Forst".

Ludwigsburg (1973 BW). Residenzstadt nördlich von **LB** Stuttgart mit Deutschlands größtem Barockschloss und der Gartenschau „Blühendes Barock".

Lobenstein (seit 1995 **SOK**, Th). Im Thüringer Schiefer- **LBS** gebirge zwischen den Ausläufern des Thüringer Waldes ☆ und Frankenwaldes, früher an der dt.-dt.Grenze.

Lübz (ab 1994 **PCH**, MV). Mit der Schwinzer Heide, viel **LBZ** Wald und der Landschaft Ture („Auerochse"), ein Indiz ☆ für traditionelle landwirtschaftliche Nutzung.

Luckau (seit 1994 **LDS**, BBG). In der Niederlausitz, um **LC** Luckau Rekultivierung des ehem. Braunkohlereviers, im ☆ Stadtzentrum viel historische Architektur.

Landau i.d. Pfalz (Stadtkreis, 1970 RP). Die Universitäts- **LD** stadt ist wirtschaftlicher und kultureller Mittelpunkt der Südlichen Weinstraße. Mit rund 2050 ha Reben- baufläche ist Landau die größte weinbautreibende Gemeinde in Deutschland.

Lahn-Dill-Kreis (Sitz in Wetzlar, 1979 He). Mitten **LDK** im romantischen Lahntal liegt die ehemalige Reichs- stadt und heutige Kreisstadt Wetzlar. Reizvolle Alt- stadt mit Dom, mittelalterlichem Marktplatz, Goethe- Erinnerungsstätten.

LDS **Dahme-Spreewald** (Sitz in Königs Wusterhausen, 1995 BBG). Das Kreisgebiet bietet viele Ausflugsmöglichkeiten in das Dahmeland und den Spreewald.

LE ✪ **Lemgo** (seit 1973 **LIP**, NRW). In Ostwestfalen-Lippe. Bundesweit bekannt: der TBV Lemgo (Handball), weniger bekannt, aber berüchtigt: die Hexenverfolgung in „Lemgo, dem Hexennest" (17. Jh.) und das Hexenbürgermeisterhaus in der Alten Hansestadt.

LEO ✪ **Leonberg** (seit 1973 **BB**, BW). Verkehrsknoten westlich Stuttgarts mit pittoreskem Marktplatz in Leonberg und Bausparkassenvergangenheit.

LER **Leer/Ostfriesland** (Sitz in Leer, 1979 NdS). Um die durch Seeschiffe erreichbare Kreisstadt typisches Flachland mit tollen Optionen zum Radwandern.

LEV **Leverkusen** (Stadtkreis, 1975 NRW). Künstliches Stadtgebilde bzw. moderne Stadtgründung des Jahres 1930, die erst 1969 ein Zentrum erhielt. Berühmt durch Chemie (Bayer Leverkusen) und Fotoindustrie.

LF ✪ **Laufen** (seit 1974 **BGL**, Bay). Im Rupertiwinkel (benannt nach dem 1. Salzburger Bischof und „Apostel der Baiern") an der Salzach und Grenze zu Österreich.

LG **Lüneburg** (1927 NdS). Stolzes historisches Kreisgebiet um die einzige völlig unversehrte Stadt deutscher Backsteingotik mit altem Hafen. Jedem ein Begriff ist die dünn besiedelte, durch Holzeinschlag und Waldbrände entstandene Lüneburger Heide mit Naturparks.

LH ✪ **Lüdinghausen** (seit 1975 **COE**, NRW). Im Münsterland um die Dreiburgenstadt Lüdinghausen.

LI **Lindau** (1955 Bay). Pittoreske bayerische Inselstadt im Bodensee mit viel Geschichte und Architektur (mittelalterl. Stadtkern, Rathaus, Haus zum Cavazzen). Wichtige Drehscheibe der Bodensee-Schifffahrt.

LIB ✪ **Bad Liebenwerda** (seit 1994 **EE**, BBG). Einst von Industrie und Landwirtschaft geprägt, setzt Bad Liebenwerda auf den Ausbau als Kur- und Erholungszentrum.

Lichtenfels (1972 Bay). 1142 erstmals erwähnt und **LIF** bekannt als Deutsche Korbstadt (einzige dt. Korbfachschule). Im Kreis ist der Staffelberg mit Aussicht bis zur Veste Coburg. Sehenswert: das Kloster Banz.

Lingen (seit 1978 **EL**, NdS). Im südlichen Emsland mit **LIN** Moorgebieten und Geestrücken grenznah zu den Niederlanden. Standort der dt. Erdölindustrie.

Lippe (Sitz in Detmold, 1973 NRW). Eine Namensgebung zur Erinnerung an das bis 1947 selbstständige Fürstentum Lippe. **LIP**

Lübbecke (seit 1973 **MI**, NRW). Flaches Lübbecker **LK** Land im Norden Ostwestfalen-Lippes zwischen Wiegengebirge, Stemmer Bergen und Großem Torfmoor.

Landsberg am Lech (1939 Bay). Zwischen Lech und **LL** Ammersee; mittelalterl. Stadtkern. Sehenswert: das einzigartige Lechwehr, Barock- und Rokokokirchen.

Limburg-Weilburg (Sitz in Limburg/Lahn, 1974 He). **LM** Berühmt: der Limburger Dom, der sogar von der Autobahn A 3 gut zu sehen ist. Im Kreis: reizvolle hessische Kleinstädte (Bad Camberg/Werlburg).

Lübben (seit 1994 **LDS**, BBG). Im Spreewald war zu **LN** DDR-Zeiten der Rüstungsbetrieb„Spreewerk" zuhause, heute ist es der US-Konzern General Atomics.

Lörrach (1973 BW). In Deutschlands Südwestecke lohnt **LÖ** ein Blick über die Grenze in die Dreiländermetropole Basel. Nett: Wiesental und Museumsbahn.

Löbau (seit 1994 **GR**, Sa). In der Oberlausitz. Skurril **LÖB** ist der Löbauer König-Friedrich-August-Turm (19. Jh.), finanziert vom Bäckermeister Bretschneider, der Vergangenes, Orient und Eisenguss originell verbindet.

Lohr a. Main (seit 1974 **MSP**, Bay). Am Ostrand des **LOH** Spessarts nimmt Lohr für sich in Anspruch, dass Schneewittchen einst im Lohrer Schloss geboren wurde. Fabulogisch belegt, können Schneewittchen samt Zwerge heute gebucht werden.

LOS **Oder-Spree** (Sitz in Beeskow, 1993 BBG). Seengebiet südöstlich Berlins um Oder und Spreewald. Städte: Erkner, Fürstenwalde, Beeskow, Eisenhüttenstadt.

LP ☆ **Lippstadt** (seit 1975 **SO**, NRW). Westfälischer Landkreis zwischen Lippe und Möhne.

LR ☆ **Lahr** (seit 1973 **OG**, BW). Von der Oberrhein. Tiefebene bis zum Westrand des Schwarzwalds reichend.

LRO **Rostock** (2011 MV). Die Hansestadt Rostock umgebend, mit dem an Sehenswürdigkeiten reichen Kreissitz Güstrow und exklusiver Ostseebad-Aura in Heiligendamm, der „Weißen Stadt am Meer."

LS ☆ **Lüdenscheid** (seit 1979 **MK**, NRW). Im Nordwesten des Sauerlands um die Industriestadt Lüdenscheid.

LSZ ☆ **Bad Langensalza** (seit 1995 **UH**, Th). Kreis im Thüringer Becken, vom Fluss Unstrut durchkreuzt.

LU **Ludwigshafen/Rhein** (Stadtkreis, 1969 RP). Die zweitgrößte Stadt der Agglomeration Rhein-Neckar ist durch die Chemische Industrie (BASF) und den Containerhafen zur modernen Industriestadt geworden.

LU ☆ **Ludwigshafen** (RP). Der an die Stadt Ludwigshafen anschließende Landkreis wurde 2003 in Rhein-Pfalz-Kreis umbenannt (ab 2005 Kennzeichen RP).

LÜD ☆ **Lüdenscheid** (1975–1979 **LS**, NRW). Die Kennzeichenfolge war hier LÜD–LS–MK, der Imagewandel von der Bergstadt zur „Stadt des Lichts" (Lampenindustrie).

LÜN ☆ **Lünen** (seit 1975 **UN**, NRW). Am Nordrand des Ruhrgebiets zwischen Münsterland und dem Hellweg.

LUK ☆ **Luckenwalde** (seit 1994 **TF**, BBG). Im Norden des Flämings mit dem westlichen Baruther Urstromtal.

LWL **Ludwigslust** (seit 2011 Teil des LK Ludwigslust-Parchim, MV). Zwischen Elde und Rögnitz, am Verkehrsknoten zwischen Berlin, Schwerin und Hamburg. Ehemalige Residenzstadt mit Schloss.

München (Stadtkreis, 1972 Bay). Heimliche Hauptstadt **M**
und Hoffnung vieler Deutschen; wunderschönes Zentrum mit Marienplatz und Frauenkirche, berühmt durch
die Biergärten an der Isar, Kunstmuseen, das Deutsche
Museum (für Technik) auf der Isarinsel und seine legendären „Originale" (u.a. Karl Valentin).

München (1972 Bay). Umkreis und Speckgürtel Mün- **M**
chens, landschaftlich von der ausgedehnten Münchner
Schotterebene geprägt, Sitz vieler dt. Weltfirmen.

Mannheim (Stadtkreis, 1973 BW). Dienstleistungs- und **MA**
Kulturstadt im Norden Badens an des Neckars Rhein-Mündung. Barockstadt. Wahrzeichen: Schachbrett-straßen („Quadrate") und Wasserturm.

Marienberg (seit 1995 **ERZ**, Sa). Im mittleren Erzgebirge **MAB**
Sachsens mit Automobil-Zulieferindustrie. ☆

Mainburg (seit 1974 **KEH**, Bay). Niederbayer. Landkreis **MAI**
in der Hallertau, dem weltweit größten Hopfenanbauge- ☆
biet. Im Kreisstädtchen Mainburg sind große Hopfenverarbeitungs- und -handelsunternehmen ansässig, im Juli
findet das Hopfenfest statt.

Marktredwitz (seit 1974 **WUN**, Bay). An der Grenze zu **MAK**
Tschechien. Im Egerland-Kulturhaus in der Kreisstadt ☆
eine volkstümliche Ausstellung zur hauptsächlich in
Tschechien um die Stadt Cheb liegenden Region.

Mallersdorf (seit 1974 u.a. **SR**, Bay). Niederbayerischer **MAL**
Kreis mit reichlich Klosterordenstradition. ☆

Marktheidenfeld (seit 1974 **MSP**, Bay). Unterfränk. Kreis **MAR**
am Mainviereck an der Ostseite des Spessarts. ☆

Miesbach (1939 Bay). Südlich von München an den **MB**
Bayerischen Alpen bzw. dem Mangfallgebirge. Beliebte
Ausflugsziele: Tegernsee, Schliersee und das Leitzachtal.
Trad. Zentrum von Trachten und Brauchtum.

Malchin (ab 1994 **DM**, MV). In der Mecklenburgischen **MC**
Schweiz mit dem Kummerower See und neogotischen ☆
Stilelementen an Malchins Stadttoren.

MD   **Magdeburg** (Stadtkreis, 1952 SaAn). Landeshauptstadt Sachsen-Anhalts an der Elbe und berühmt durch den Dom. Im Frühmittelalter Kaiserpfalz von Otto I., im Spätmittelalter eine der größten deutschen Städte und Zentrum der Reformation, heute wichtiger Bahn- und Straßenknoten, Universitätsstadt, Zentrum der Straße der Romanik.

ME   **Mettmann** (1975 NRW). Zwischen Düsseldorf und Wuppertal einer der bevölkerungsreichsten Land- kreise Deutschlands. Mettmannn ist bekannt als die „Neanderthal-Stadt" wegen der Knochenfunde im welt- berühmten Neanderthal. Weitaus Trivialeres bot Kerke- lings Kinofilm „Samba in Mettmann" (2004).

MED   **Meldorf** (seit 1970 **HEI**, SH). Wattenmeer, Geestinsels ☆   und viel karge Landschaft prägten diesen Kreis. Archi- tektonischer Höhepunkt in Meldorf ist der Dom im Stil der Backsteingotik.

MEG   **Melsungen** (seit 1974 **HR**, He). Die ehem. nordhes- ☆   sische Kreisstadt besitzt eine reiche Fachwerkarchitektur und das Rathaus der „Bartenwetzer" (Barte = Axt), wie der Neckname der Melsunger ist, einen Holzfäller, der auf das traditionelle hiesige Handwerk anspielt.

MEI   **Meißen** (2008 Sa). Weltberühmtes Porzellan („Signa- tur": gekreuzte, blaue Schwerter und dem Schriftzug MEISSEN MANUFAKTUR 1710 unter August dem Starken gegründete Manufaktur) und Fachwerk zwischen Elb- ufer und Burgberg. Jünger sind die Reben an den Elb- hängen, Teil der Ferienregion „Sächsisches Elbland".

MEK   **Mittlerer Erzgebirgskreis** (Sitz in Marienberg, seit ☆   2008 **ERZ**, Sa). Im Mittleren Erzgebirge vollzog sich um den Verwaltungssitz Marienberg ein Niedergang des Bergbaus. Originellste Produkte der neueren Erwerbs- quelle Holz sind die Seiffener Nussknacker und die Räuchermännchen. Durch Marienberg führt die Silber- straße, museal ist das Bergmagazin.

MEL   **Melle** (seit 1972 **OS**, NdS). Zwischen Wiehengebirge im ☆   Norden und dem Teutoburger Wald im Süden sowie den Großstädten Osnabrück und Bielefeld.

Meppen (seit 1978 **EL**, NdS). Lange Zeit gab es im zentralen Emsland hauptsächlich Moor und Torf. Inzwischen ist die Region für den Verkehr erschlossen und ein beliebtes (Fahrrad)Touristenziel. **MEP**

Merseburg (seit 1994 **SK**, SaAn). Der Kreis besaß Legendäres (Merseburger Zaubersprüche), Religiöses (Dom, Kloster), Kostbares (Domschatz), Herzögliches (Schloss), Sagenhaftes (Rabe) in Merseburg und Chemisches (Standorte in Schkopau und Leuna). **MER**

Meschede (seit 1979 **HSK**, NRW). Mitten im Sauerland im Norden des Rothaargebirges mit Ruhr und Hennetalsperre. Über die Kreisgrenzen bekannt: die Honsel AG und Veltins in Meschede. **MES**

Mellrichstadt (seit 1974 **NES**, Bay). In der Region Main-Rhön im äußersten Norden von Bayern. **MET**

Mönchengladbach (Stadtkreis, 1975 NRW). 270.000 Einwohner, hervorragende Verkehrsanbindung, Kultur, Sport und die Nähe zum niederländischen Nachbarn prägen die Großstadt am Niederrhein. **MG**

Mergentheim (seit 1973 **TBB**, BW). An der Romantischen Straße, von der Tauber durchflossen, mit Anteilen am Bauland sowie mit Bad Mergentheim das größte Kur- und Heilbad Baden-Württembergs. **MGH**

Meiningen (seit 1995 **SM**, Th). Historisch prägte die innerdeutsche Grenze den Kreis, geographisch das Werratal, die Rhön und das Grabfeld. **MGN**

Mülheim a. d. Ruhr (Stadtkreis, 1975 NRW). Zentral im Ruhrgebiet gelegen. Stadt seit 1808, Großstadt seit 1908, aber mit der Burg Broich (karolingische Wehranlage) sogar auf das Jahr 883 zurückgehend. **MH**

Mühlhausen (seit 1995 **UH**, Th). Im Westen des Thüringer Beckens hat Mühlhausen eine bewegte Vergangenheit – so während des Bauernkriegs im Jahr 1525 mit Thomas Münzer oder bei der Täuferbewegung, Teile der mittelalterlichen Stadtmauer und -tore sind erhalten – und Gegenwart mit der größten Stadtkirmes im Land. **MHL**

MI   **Minden-Lübbecke** (Minden, 1973 NRW). Mit über 1200-jähriger Geschichte ist Minden das kulturelle und wirtschaftliche Zentrum im Kreis. Dort das größte Wasserstraßenkreuz der Welt (Weser, Mittellandkanal).

MIL   **Miltenberg** (1939 Bay). Fast ganz von Baden-Württemberg und Hessen umgeben, im Südspessart, ein traditionelles Urlaubs- und Wandergebiet; Wein-, Winzer- und Volksfeste.

MK   **Märkischer Kreis** (Sitz in Lüdenscheid, 1975 NRW). Einst „künstlicher Name" eines Kreises, der im westlichen Sauerland in einer alten Industriezone (Nähe zum Ruhrgebiet) mit modernen Impulsen liegt.

MKK   **Main-Kinzig-Kreis** (Sitz in Gelnhausen, 1974 He). Von Frankfurts Stadtgrenze bis zum Distelrasen, vom Spessart und Vogelberg über die Rhön bis zur Wetterau. MKK seit Juni 2005, Stadt Hanau weiterhin HU.

ML   **Mansfelder Land** (seit 2007 **MSH**, SaAn). Im östlichen
☆   Harzvorland um die Lutherstadt Eisleben mit jahrhundertelanger Kupferbergbau-Vergangenheit.

MM   **Memmingen** (Stadtkreis, 1972 Bay). Zu Oberschwaben gehörendes hübsches Städtchen am Tor zum Allgäu mit historischer Altstadt, nahe dem Autobahnkreuz A 7/A 96 gelegen.

MN   **Unterallgäu** (Sitz in Mindelheim, 1972 Bay). Umgebung von MM auf der bay. Seite. In Babenhausen: Fuggerschloss, Fuggermuseum, viele Pfarrkirchen.

MO   **Moers** (seit 1975 **WES**, NRW). Mit der Kreisstadt Moers,
☆   der „Drehscheibe am Niederrhein", im Westen des Ruhrgebiets zwischen Xanten und Krefeld.

MOD   **Marktoberdorf** (seit 1975 **OAL**, Bay). Kerngebiet des
☆   heutigen Landkreises Ostallgäu, in den auch die Landkreise Kaufbeuren und Füssen integriert wurden.

MOL   **Märkisch-Oderland** (Sitz in Bad Freienwalde, 1993 BBG). Früher noch mit dem schönen Kennzeichen SEE/Seelow. Grenzt im Osten an Polen (Grenzfluss Oder).

Monschau (seit 1972 **AC**, NRW). Im malerisch mit viel **MON** Fachwerk an die Uferhänge der Rur gebauten Monschau deutet wenig darauf hin, dass das Kreisgebiet von vielen politischen Veränderungen und geographischen Eingriffen geprägt war, am drastischsten der Bau des Westwalls vor dem II. Weltkrieg.

Neckar-Odenwald-Kreis (Sitz in Mosbach, 1973 BW). **MOS** Ehem. badisches Gebiet im Bauland. Außerdem Anteile am Odenwald sowie Neckartal. Geprägt von Hügeln und Tropfsteinhöhlen (z.B. Buchen-Eberstadt).

Merseburg-Querfurt (seit 2007 **SK**, SaAn). Von **MQ** Landwirtschaft geprägt, mit dem größten künstlich angelegten See (Geiseltalsee, 18,42 km^2) Deutschlands.

Marburg-Biedenkopf (Sitz in Marburg, 1974 He). Kreis **MR** mit reizvoller Natur – höchster Berg ist die Sackpfeife (674 m) im Nordwesten – zwischen Lahn und Ohm. Ewig junge, historische Unistadt Marburg.

Münster (Stadtkreis, 1975 NRW). Die alte Hauptstadt **MS** Westfalens vereinigt heute Tradition und Moderne. Zahlreiche Bauwerke verschiedener Epochen – meist nach dem Krieg originalgetreu wiedererrichtet – prägen die Atmosphäre der historischen, 2004 mit dem LivCom-Award als „lebenswert" ausgezeichneten Altstadt. Münster ist auch als Fahrradstadt bekannt.

Mansfeld-Südharz (Sitz in Sangerhausen, 2007 SaAn). **MSH** Das mit Fachwerk gesegnete Stolberg, das Schaubergwerk Röhrigschacht Wettelrode und die Lutherstadt Eisleben samt dessen Geburts- und Sterbehäusern sind beliebte Besucherziele. Die „Berg- und Rosenstadt" Sangerhausen bietet den ultimativen Geruchskontrast zwischen Käsereien und seinem Rosarium, der größten Rosensammlung der Welt.

Main-Spessart-Kreis (Sitz in Karlstadt, 1972 Bay). Den **MSP** Kreis im fränkischen Weinland als „Räuberkreis" zu bezeichnen wäre verwegen, doch in den Wäldern des Spessarts geht so manche Räubersage umher. Ebenso eine Symbolfigur ist die hübsche Winzerin. Die Stadt Karlstadt liegt sehr malerisch am Main.

MST **Mecklenburg-Strelitz** (seit 2011 Teil des Landkreis Mecklenburgische Seenplatte, MV). Sternförmig angelegte, sehenswerte Stadt am Zierker See mit Schloss, Park und Befestigungsanlagen.

MT ☆ **Montabaur** (seit 1979 **WW**, RP). Traditionelles (Schloss, Altstadt, Stadtmauer) und Modernes (ICE-Bahnhof) am ehemaligen Sitz des Unterwesterwaldkreises.

MTK **Main-Taunus-Kreis** (Sitz in Hofheim am Taunus, 1974 He). In Bezug zur Ausdehnung kleinster Landkreis Deutschlands mit bevölkerungsreichen Städtchen und viel Wald um Rhein, Main und Taunushang. Geht im Osten in die Vororte von Frankfurt über.

MTL ☆ **Muldentalkreis** (seit 2008 **L**, Sa). Im Süden von Leipzig benannt nach der Mulde, verwaltet von Grimma und von der Jahrhundertflut 2002 in Mitleidenschaft gezogen (u.a. zerstörte Pöppelmannbrücke, die mit viel Stahl „modern" wieder restauriert wurde).

MÜ **Mühldorf am Inn** (1972 Bay). Ein klassischer Wirtschaftsstandort und Einzelhandelszentrum, in dem die „Feste gefeiert werden, wie sie fallen".

MÜB ☆ **Münchberg** (seit 1974 **HO**, Bay). Oberfränkischer Kreis um die Textilstadt Münchberg, dem verkehrsgeografischen Tor zum Fichtelgebirge und Frankenwald.

MÜL ☆ **Müllheim** (Baden) (seit 1973 **FR**, BW). Im Zentrum des Markgräflerlandes in der Oberrhein. Tiefebebene.

MÜN ☆ **Münsingen** (seit 1973 **RT**, BW). Auf der Schwäbischen Alb zwischen Reutlingen und Ulm, die Kreisstadt lag an der Schwäbischen Dichterstraße.

MÜR **Müritz** (seit 2011 Teil des Landkreis Mecklenburgische Seenplatte, MV). Direkt am Müritzsee, dem größten norddeutschen Binnensee. Dünn besiedelt mit Heide- und viel Seenlandschaft.

MW ☆ **Mittweida** (seit 2008 **FG**, Sa). Im Mittelsächsischen Bergland und im Zschopautal um die Hochschul- und traditionsreiche Textilindustriestadt Mittweida.

Mayen (seit 1973 **MYK**, RP). Im Osten der Eifel bis zum **MY** flach auslaufenden Koblenz-Neuwieder Rheinbecken. Der festliche Höhepunkt Mayens ist der alljährliche Lukasmarkt mit 9-tägigem Volksfest.

Mayen-Koblenz (Sitz in Koblenz, 1970 RP). Landkreis **MYK** um Koblenz entlang des Mittelrheins und der Mosel vom Westerwald bis in die Hohe Eifel. Dort auch: der Laacher See mit dem Kloster Maria Laach und das Refugium Konrad Adenauers im III. Reich.

Mainz (Stadtkreis, 1969 RP). Die Stadt des Buchdruck- **MZ** Erfinders Johannes Gutenberg (gutes Museum) und eine Hochburg der rheinischen Fastnacht („Mainz wie es singt und lacht"). Rheingoldhalle, heute Medienpräsenz: ZDF, 3sat und Südwestrundfunk (SWR).

Mainz-Bingen (Sitz in Bingen, 1969 RP). Umland am **MZ** Rheinknie, geprägt vom rheinhessener Weinanbau; zahllose Weinfeste in Spätsommer und Herbst.

Merzig-Wadern (Sitz in Merzig, 1964 Saar). Im Dreilän- **MZG** dereck Deutschland/Frankreich/Luxemburg im Süden von Trier; berühmt durch die markante Saarschleife bei Mettlach und durch den Wolfspark in Merzig.

Nürnberg (Stadtkreis, 1972 Bay). Internationale Messe- **N** stadt, beeindruckende Altstadt mit Kaiserburg, zahlreichen Sehenswürdigkeiten und Museen, Universität. Weltberühmt: der Nürnberger Christkindlesmarkt und als Weihnachtsgebäck Nürnberger Lebkuchen.

Nabburg (seit 1974 **SAD**, Bay). Die Naab und der Natur- **NAB** park Oberpfälzer Wald prägten landschaftlich diesen ostbayerischen Landkreis.

Naila (seit 1974 **HO**, Bay). Oberfränk. Kreis im Osten des **NAI** Frankenwaldes, früher von der Textilindustrie dominiert, heute sind es Logistik und Einzelhandel.

Nauen (seit 1994 **HVL**, BBG). Im Nordosten des Havel- **NAU** landes um die Kreisstadt Nauen, die viel hist. Bausubstanz, als „Funkstadt" aber auch Industriemonumente wie die skurrile Drehstandantenne besitzt.

NB   **Neubrandenburg** (seit 2011 Teil und Kreissitz des Landkreises Mecklenburgische Seenplatte, MV). Am Nordufer
des Tollensesees, eingebettet in das größte zusammenhängende Seengebiet Mitteleuropas und in eine bezau-
bernde Landschaft von grünen Hügeln und Wäldern.

ND   **Neuburg-Schrobenhausen** (Sitz in Neuburg a.d. Don-
au, 1972 Bay). Nähe Ingolstadt; Kreis als Vereinigung
Oberbayerns mit Schwaben. Anteile am Fränkischen
Jura, Donau-Isar-Hügelland und Donaumoos.

NDH **Nordhausen** (1952 Th). Nördliches Ende Thüringens
am Aufstieg des Harzes, mit Teilen der Goldenen Aue.
Deutschlandweit berühmt durch den „Nordhäuser-Dop-
pelkorn" (natürlich roggenecht).

NE   **Neuss** (1975 NRW). Starker Wirtschaftsstandort am
Rhein zwischen Düsseldorf und Köln, dessen früheste
Wurzeln bis in die römische Zeit reichen. Der Neusser
Hafen ist ein Massengut- und Containerumschlagplatz.

NEA **Neustadt a. d. Aisch-Bad Windsheim** (Sitz in Neustadt
an der Aisch, 1972 Bay). Auf der Verkehrsachse Würz-
burg-Nürnberg. Sehenswert: Altstadt von Neustadt a.d.
Aisch mit Marktplatz und Neptunbrunnen.

NEB **Nebra** (seit 1994 **BLK**, SaAn). Die Ausgrabung der
☆   Himmelsscheibe von Nebra, der ältesten bisher
bekannten Himmelsdarstellung, machte 1999 diesen
kleinen Ort überregional bekannt.

NEC **Neustadt bei Coburg** (seit 1974 **CO**, Bay). Im Süden des
☆   Thüringer Waldes zeugt das Museum der Dt. Spielzeug-
Industrie von der Tradition der Puppen- und Plüschtier-
herstellung in der Bayerischen Puppenstadt.

NEN **Neunburg vorm Wald** (seit 1974 **SAD**, Bay). Wald-
☆   reiche, hügelige Region im östlichen Bayern zwischen
Oberpfälzer Wald und Bayerischer Wald.

NES **Rhön-Grabfeld** (Sitz in Bad Neustadt, 1972 Bay). Nördlichster Kreis des Freistaates Bayern. Bekannt als touris-
tisches und medizinisches Zentrum am Dreiländereck zu
Hessen und Thüringen.

Hochschwarzwald (seit 1973 **FR**, BW). Kreissitz war **NEU** Neustadt, zum Landkreis gehörten die „Schwarzwald-klassiker" Titisee (Kuckucksuhren und gleichnamiger Kurort mit pittoresker Seestraße) und Feldberg (mit 1493 m der höchste Schwarzwaldgipfel).

Neustadt a.d. Waldnaab (1972 Bay). In umgekehrter **NEW** Buchstabenfolge zur umschlossenen freien Kreisstadt Weiden (WEN), landschaftlich schön im Oberpfälzer Wald. Ruine Flossenbürg, Kloster Speinshart.

Nordfriesland (Sitz in Husum, 1970 SH). Das viel **NF** besungene, nordisch karge Husum gebietet über den reizvollen Kreis der Halligen und Inseln mit Marsch, Geest und Wattenmeer an der Grenze zu Dänemark. Sylt gehört zum Kreis dazu.

Neuhaus (seit 1956 **SON**, Th). Im südlichen Thüringen **NH** gibt's viel Wald entlang dem Rennsteig, im oberen Schwarzatal und in der Gräfenthaler Umgebung.

Nienburg (1977 NdS). Zentrum an der Mittelweser mit **NI** Steinhuder Meer. 1000-jährige historische Altstadt (sehr schön das Rathaus und die Pfarrkirche St. Martin), hoher Freizeitwert, dazu reges Kulturleben.

Südtondern (seit 1970 **NF**, SH). Deutschlands nörd- **NIB** lichster Kreis an der dän. Grenze (lange Zeit im Fokus von Grenz-/Gebietszwistigkeiten) mit Sitz in Niebüll und den nordfriesischen Inseln Sylt, Föhr und Amrum.

Neunkirchen (1974 Saar). Altindustrieller Kreis im Zen- **NK** trum des Saarlands (bei Saarbrücken), Regional-Museen in Ottweiler und Römerstein bei Illingen.

Neumarkt in der Oberpfalz (1939 Bay). Sehenswerte **NM** Altstadt, Burgruine Wolfstein, Zentrum des gleichnami-gen Landkreises „Oberpfälzer Juratäler".

Naumburg (seit 1994 **BLK**, SaAn). Mitten im nördlichs- **NMB** ten deutschen Weinanbaugebiet (Saale-Unstrut) mit mildem Klima, alter Handelstradition, dem Dom, seinen berühmten Stifterfiguren und als Kontrast (oder Vollen-dung?) dem Nietzsche-Haus.

NMS **Neumünster** (Stadtkreis, 1970 SH). Dynamische, moderne Stadt nördlich von Hamburg in Schleswig-Holstein. In zentraler Lage, gut angebunden durch die AKN-Bahngesellschaft/HW. Für Familien mit Kindern ist der Heimattierpark ein schönes Ausflugsziel.

NÖ **Nördlingen** (seit 1974 **DON**, Bay). Bekannteste Land-Schaftsformation im Kreis: das Nördlinger Ries, der steinalte Einschlagskrater eines Meteoriten, der nahezu kreisrund die Ausdehnung von 22 mal 24 km ausweist.

NOH **Grafschaft Bentheim** (Sitz in Nordhorn, 1885 NdS). Trotz sich ändernder Zeiten blieb der Namen erhalten. Als großes Kondominium nach Holland eingelagert, neben Textilindustrie besonders Energie-Rohstoffe: Torf, Erdgas, Erdöl. Schloss in Bad Bentheim.

NOL **Niederschlesischer Oberlausitzkreis** (seit 2008 **GR**, Sa). Im Freistaat Sachsen Deutschlands östlichster Land-kreis mit der Verwaltung in Niesky und der einzigen größeren Stadt Weißwasser.

NOM **Northeim** (1977 NdS). Im Solling und Weser-Leine Bergland, durchschnitten von der Nord-Süd-Verkehrs-achse (A 7, ICE-Strecke) gibt es historische Fachwerk-städte (sehr schön: Einbeck mit Neuem und Altem Rathaus, der Häuserzeile Tiedexer Straße, das Eickesche Haus sowie vielen Bürgerhäusern) und eine abwechs-lungsreiche Mittelgebirgslandschaft.

NOR **Norden** (seit 1978 **AUR**, NdS). Die Inseln Norderney und Juist, Deiche und fruchtbares Marschland prägten den Kreis. Das „spirituelle" Aushängeschild Doornkaat gehört nun Berentzen und hat Norden verlassen.

NP **Neuruppin** (seit 1994 **OPR**, BBG). Im Ruppiner Land erhielt Neuruppin erst nach Verlust des eigenen Kreises den Zusatz „Fontanestadt" (Geburtsort des Dichters). Trotz Großbrand 1787 hübscher hist. Stadtkern.

NR **Neuwied/Rhein** (Stadtkreis, 1822 RP). Hugenotten-Stadt am Rhein im Norden von Rheinland-Pfalz. Hier gründete Wilhelm Raiffeisen am 26. Juni 1877 den „Deutschen Raiffeisenverband".

Neuwied/Rhein (1816 RP). Zwischen Koblenz und **NR** Bonn. Naturpark Rhein-Westerwald. Die frühe Besiedlung endete verhängnisvoll: Altsteinzeitliche Siedler wurden durch den gewaltigen Ausbruch des Vulkans bei Maria-Laach unter Bimsstein konserviert.

Neustadt am Rübenberg (seit 1974 **H**, NdS). Nordöst- **NRÜ** lich vom Steinhuder Meer und Totem Moor im weitge- ☆ fassten Speckgürtel von Hannover.

Nürtingen (seit 1973 **ES**, BW). Im Südwesten von Stutt- **NT** gart an den Ausläufern der Schwäbischen Alb, vom ☆ Neckar durchflossen.

Neu-Ulm (1972 Bay). Bayerisches Pendant am rechten **NU** Donauufer zur – wieder an Württemberg abgetretenen – Stadt Ulm. Moderne Bauten, Industrie und Verkehrswege, früher ein US-Stützpunkt.

Nordvorpommern (seit 2012 **VR**, MV). Von Landwirt- **NVP** schaft, Tourismus und Industrie geprägt. Der National- ☆ park Fischland-Darß-Zingst gehörte zum Kreis, ebenso viel Küste entlang der Ostsee. Im Nordosten die kreisfreie Stadt Stralsund umgebend.

Neustadt/Weinstraße (Stadtkreis, 1970 RP). Mitten in **NW** der Pfalz (Pfälzer Wald). Die Stadt bietet neun romantische Weindörfer und im Zentrum eine historische Altstadt. Zahlreiche volkstümliche Weinfeste.

Nordwestmecklenburg (seit 2011 Teil des erweiterten **NWM** Landkreises Nordwestmecklenburg, MV). Der Kreissitz Grevesmühlen war landwirtschaftliches Zentrum im Westen von Wismar, dem heutigen Kreissitz. Ostseebäder, Moränenland.

Niesky (seit 2008 **GR**, Sa). Vor Bildung des Niederschle- **NY** sischen Oberlausitzkreises gleiches Gebiet ohne den ☆ Kreis Weißwasser und Teile von Görlitz-Land.

Neustrelitz (ab 1994 **MST**, MV). Landschaftsprägend **NZ** sind viel Wald und Wasser inmitten der Mecklenbur- ☆ gischen Seenplatte um die frühere Residenzstadt Neustrelitz (in der Umgebung der Stadt fast 30 Seen).

OA   **Oberallgäu** (Sitz in Sonthofen, 1972 Bay). Kreis mit den südlichsten Ausläufern von Deutschland, nahe Kempten und Oberstdorf. Sagenhafte Kulisse der „Milka-Berge" der Allgäuer Alpen. Mit Hochfrottspitze (2649 m) und der pittoresken Breitachklamm.

OAL   **Ostallgäu** (Sitz in Marktoberdorf, 1972 Bay). Allgäuer Vorland unterhalb des Lechtals (Österreich) und des Ammergebirges. Nicht historisch, aber historistisch gelungen ist das bizarre Schloss Neuschwanstein untrennbar mit dem Märchenkönig Ludwig II. verbunden und heute weltberühmte Touristenattraktion.

OB   **Oberhausen** (Stadtkreis, 1975 NRW). An der Nordwestecke des Ruhrgebietes. Die ehemalige Bergbaustadt hat sich zu einer Industrie- und Dienstleistungsmetropole (Filmfestspiele) entwickelt.

OBB ☆   **Obernburg a. Main** (seit 1974 **MIL**, Bay). Die unterfränk. Kleinstadt nennt sich „Römerstadt", denn vor 2000 Jahren gab's hier ein römisches Kastell und Benefiziarstation, heute ein Römermuseum und -spaziergang.

OBG ☆   **Osterburg** (seit 1994 **SDL**, SaAn). Kreisgebiet im Norden von Stendal in der nördlichen Altmark am linken Elbufer um die „Spargelstadt" Osterburg.

OC ☆   **Oschersleben** (seit 1996 **BK**, SaAn). Von der Landwirtschaft geprägter Kreis in der Magdeburger Börde mit Rübenzuckervergangenheit und Motorsport-Arena-Gegenwart (u.a. für die DTM).

OCH ☆   **Ochsenfurt** (seit 1974 **WÜ**, Bay). Unterfränk. Kreis im südlichen Maindreieck mit extensivem Zuckerrübenanbau (Südzucker AG Fabrik n Ochsenfurt).

OD   **Stormarn** (Sitz in Bad Oldesloe, 1867 SH). Zwischen Hamburg und Lübeck, als preußischer Kreis nach der Annexion von Dänemark 1867 gebildet. Berühmt als Verlagsort und durch das Schloss Reinbek.

OE   **Olpe** (1817 NRW). Sauerländische Fachwerkstadt, bekannt durch den Autobahnknoten A 4/A 45. Sehenswert: Biggesee (Stausee), Attendorner Tropfsteinhöhle.

Öhringen (seit 1973 **KÜN**, BW). Von der Hohenloher **ÖHR** Ebene bis zu den Waldenburger Bergen, um die ehemalige Residenzstadt und Oberamtsstadt Öhringen.

Offenbach am Main (Stadtkreis 1938 He). Moderne **OF** Wohn- und Industriestadt im Zentrum von Rhein-Main. Ein beliebter Anlaufpunkt ist die Lederwarenmesse. Lithografie und Steindruck wurden hier entwickelt.

Offenbach am Main (1938 He). Mit Orten wie Dreieich, **OF** Langen, Dietzenbach, Neu-Isenburg Schloss etc. entwickelten sich hier typische Wohnvorstädte.

Ortenaukreis (Sitz in Offenburg, 1973 BW). Reizvoll sich **OG** vom Rhein zum Schwarzwald ziehend, von Flusstälern durchschnitten, mit dem Namen der Burg Ortenau am Taleingang der Kinzig. Schöne Städte: Zell am Harmersbach, Hausach, Gengenbach, Wolfach, Lahr.

Ostholstein (Sitz in Eutin, 1970 SH). Bekannt duch die **OH** Lübecker Bucht und die Holsteinische Schweiz. Von der Ostseeinsel Fehmarn und Puttgarden fahren Fähren der „Vogelfluglinie" nach Dänemark.

Osterode/Harz (1945 NdS). Große Anteile am Natur- **OHA** park Harz; Berge, Bäche, Täler und Stauseen (hist. Stadtbild Osterode); Urlaubs- und Gewerbegebiet.

Oberhavel (Sitz in Oranienburg, 1993 BBG). Bindeglied **OHV** zwischen Berlin und Mecklenburg, erstreckt sich vom nördlichen Umland Berlins bis ins Ruppiner Land im Norden. Die Kreisstadt wurde nach Luise Henriette von Oranien (1665, zuvor Bötzow) benannt und liegt am Oder-Havel-Kanal.

Osterholz (Sitz in Osterholz-Scharmbeck, 1939 NdS). **OHZ** Kreisgebiet nördich von Bremen. Hammeniederung, Wald Geest, Teufelsmoor. Vielfältige (Rad-)Wandermöglichkeiten; norddeutsches Vogelmuseum.

Ohrekreis (seit 2007 **BK**, SaAn). Benannt nach dem den **OK** Kreis durchkreuzenden Fluss Ohre, von der Magdeburger Börde bis zur Colbitz-Letzlinger Heide reichend. Verwaltungssitz war Haldensleben.

OL   **Oldenburg** (kreisfreie Stadt, NdS, 155.000 Einw.). Bis 1937 Zentrum des selbstständigen Landes Oldenburg, heute Dienstleistungszentrum zwischen Weser und Ems. Großherzogliches Schloss mit Schlossgarten, Museen, Theater und viel Stadtgrün.

OL   **Oldenburg** (1977 NdS). Der Landkreis Oldenburg liegt zwischen Oldenburg, Delmenhorst/Bremen und Oldenburger Münsterland im Regierungsbezirk Weser-Ems. Kreissitz ist seit 1988 die Stadt Wildeshausen.

OLD   **Oldenburg** (seit 1970 **OH**, SH). Mit Anteilen an der Lübecker Bucht und Holsteinischen Schweiz. Zum Kreis im Norden Lübecks gehörten die Insel Fehmarn sowie die Seebäder Heiligenhafen und Neustadt (Holstein).

OP   **Opladen** (seit 1975 **GL**, NRW). An den Ausläufern des Bergischen Landes, kurz vor der Mündung der Wupper in den Rhein. Die Geschichte der Opladener Brücke (Holz, Steinbogen, Stahlbeton) über die Wupper samt Nepomukfigur (heute in Bronze) zeugt von der Bedeutung dieses Übergangs seit dem 14. Jh.

OPR   **Ostprignitz-Ruppin** (Sitz in Neuruppin, 1993 BBG). Flächenkreis um Neuruppin, Wittstock und Kyritz. Staatlich anerkannte Erholungsorte: Rheinsberg und Lindow/Mark. Stadt der Pferde: Neustadt/Dosse.

OR   **Oranienburg** (seit 1994 **OHV**, BBG). Louise Henriette von Oranien war Namensgeberin von Schloss, Ort, später dem Kreis. Die wirtschaftliche Karriere reicht vom Aufschwung (Bau des Oder-Havel-Kanals), Kaltwalzwerk (von Krupp verkauft) über die dunkle Vergangenheit (III. Reich) bis zur modernen Gegenwart (Nycomed).

OS   **Osnabrück** (Stadtkreis, 1972 NdS). Auch hier gab's Verhandlungen zum Westfälischen Frieden 1648. Heute moderne, kulturell attraktive Universitätsstadt.

OS   **Osnabrück** (1972 NdS). Weitläufiger Kreis von Quakenbrück bis Bad Laer, vom Emsland bis zum Wiehengebirge. Viele Burgen und Schlösser, Wassersport (Alfsee) und Dinosaurier-Spuren bieten eine Vielzahl von Wander- und Freizeitbeschäftigungen.

Oberspreewald-Lausitz (Sitz in Senftenberg, 1993 **OSL** BBG). Der heute weitgehend gerodete Oberspreewald wird nun überwiegend als Dauergrünland sowie für Obst- und Gemüsebau genutzt.

Land Hadeln (seit 1978 **CUX**, NdS). Südlich der Elb- **OTT** mündung und im Osten Cuxhavens um die Kreisstadt Otterndorf, einem Nordseebad mit viel Fachwerk.

Ottweiler (seit 1974 **NK**, Saar). Einst Grafschaft Ottweiler, **OTW** dann Teil der preußischen Rheinprovinz, kam nach dem I. Weltkrieg zum Saargebiet und ist heute in LK Neun- kirchen umbenannt mit der Kreisstadt Ottweiler.

Oberviechtach (seit 1974 **SAD**, Bay). In der Oberpfalz **OVI** einer der kleinsten und ärmsten Landkreise Bayerns trotz Goldbergbau-Vergangenheit. Bekanntester Sohn Oberviechtachs: der Wundarzt Doktor Eisenbarth

Obervogtland (seit 1996 **V**, Sa). Kurze Zeit führten die **OVL** Landkreise Klingenthal und Oelsnitz das gemeinsame Kennzeichen OVL, was Obervogtland entspricht, heute sind beide u.a. im Vogtlandkreis vereint.

Ostvorpommern (seit 2012 **VG**, MV). An der Ostsee mit **OVP** dem Urlaubszentrum Insel Usedom und der Hansestadt Anklam an der Peene.

Oschatz (seit 1994 **TDO**, Sa). Landkreis im Osten von **OZ** Leipzig. Oschatz, „die Stadt im Herzen von Sachsen, hat einen der schönsten Marktplätze Sachsens.

Potsdam (Stadtkreis, 1993 BBG). Hauptstadt Branden- **P** burgs an der Havel und weltberühmt durch das hohen- zollernsche Schloss Sanssouci von Friedrich dem Groß- en. In der ehemaligen Residenzstadt Preußens sehr schöne Altstadt (Holländer Viertel, Russische Kolonie Alexandrowka und Weberviertel) und vielen, teils histori- rischen Parkanlagen.

Passau (Stadtkreis, 1972 Bay). Dreiflüssestadt an Donau, **PA** Inn und Ilz (schöne Rundfahrten). Hier befindet sich die größte Kirchenorgel der Welt mit 17.388 Pfeifen im St.- Stephans-Dom, großartige Barockbauten.

PA   **Passau** (1972 Bay). Weiträumiger Kreis entlang des Inns und der Donau mit Grenze zu Österreich. Im Norden Ausläufer des Bayerischen Waldes.

PAF   **Pfaffenhofen a.d. Ilm** (1939 Bay). Kreisgebiet im nördlichen Oberbayern zwischen Ingolstadt und dem Raum München. Ein Teil des Kreises liegt im weltweit größten Hopfenanbaugebiet, in der „Hallertau".

PAN   **Rottal-Inn** (Sitz in Pfarrkirchen, 1938 Bay). Zwischen den Landkreisen Passau und Altötting bis zum Inn reichend. Bäuerliches Kulturland mit Bäderdreieck (Birnbach) und „Europäischem Vogelreservat Inn".

PAR   **Parsberg** (seit 1974 **NM**, Bay). Im Oberpfälzer Jura mit ☆   der Schwarzen Laber, einem Donau-Zufluss. Markant in der Kreisstadt: die Burg der Herren von Parsberg, heilsam: das Fachkrankenhaus für Tuberkulosebehandlung.

PB   **Paderborn** (1975 NRW). Schnittpunkt wichtiger Handelswege (Hellweg-Linie), eingerahmt von Teutoburger Wald und Sauerland. Schloss Wewelsburg und Schloss Neuhaus bezeugen die ehemals kirchliche Herrschaft. Bekannt auch durch Karl den Großen, der zu Karolinger Zeiten hier eine Kaiserpfalz hatte.

PCH   **Parchim** (seit 2011 Teil des Landkreises Ludwigslust-Parchim, MV). Bereits 1179 urkundlich erwähnte Altstadt, als Kaufmannssiedlung an einer Eldefurt gegründet, ist vor allem bekannt als Geburtsort des Generalfeldmarschalls Helmuth von Moltke.

PE   **Peine** (1974 NdS). Die Stadt liegt zwischen Hannover und Braunschweig an der A 2. Ehemalige „Ackerbürgerstadt", die 1223 von Günzelin von Wolfenbüttel gegründet wurde (Bronzestatue des Stadtgründers in der Fußgängerzone). Heute gibt Peine als „stahlhart" (bedeutender Standort der Stahlindustrie) und „bittersüß" (Süßwarenproduzent Rausch, Schokoladenmuseum).

PEG   **Pegnitz** (seit 1974 **BT**, Bay). Oberfränkischer Kreis am ☆   Ostrand der Fränkischen Schweiz. Liebenswert in der Kreisstadt, in der der gleichnamige Fluss entspringt: das Denkmal eines Schweinehirten samt dreier Schweine.

Perleberg (seit 1994 **PR**, BBG). Vorwiegend flach- **PER** hügelige Weidelandschaft rechts der Elbe mit extensiver ☆ Landwirtschaft, bekannteste Gewerbeansiedlung war Singer (Nähmaschinen, ab 1904) in Wittenberge.

Pforzheim (Stadtkreis, 1973 BW). Die „Goldstadt" war **PF** ehemals badischer Vorposten und Residenz. Heute moderne Stadt, seit dem 18. Jh. bekannt durch Schmuckhandwerk (etwa drei Viertel der gesamten deutschen Produktion, auch Uhren) und Bildungsstätten.

Enzkreis (Sitz Pforzheim, 1973 BW). Kleiner, dicht besie- **PF** delter Kreis um Pforzheim. Abgelegen, eindrucksvoll: die ehemalige Klosteranlage in Maulbronn.

Pinneberg (1867 SH). Landkreis an der Unterelbe mit **PI** den nordwestlichen schleswig-holsteinischen Vororten Hamburgs. Seit 1932 mit dem „Inselkreis Helgoland" vereinigt. Berühmte Bauten in den Kleinstädten.

Sächsische Schweiz – Osterzgebirge (Sitz in Pirna, **PIR** 2008 Sa). Der Landkreis vereinigt das Elbsandsteingebirge im Süden Dresdens und Teile des Osterzgebirges an der tschechischen Grenze mit dem bergmännischen Brauchtum des „deutschen Weihnachtslandes" Erzgebirge. In Pirna und Dippoldiswalde im Tal der Roten Weißeritz sehenswerter hist. Stadtkern. Sehr schön: Bad Schandau und die „Bastei" (Aussichtsfelsen).

Pritzwalk (seit 1994 **PR**, BBG). In Pritzwalk begann der **PK** Aufstieg einer der schillerndsten und berüchtigtsten ☆ Industriellendynastien Deutschlands: mit Emil Quandts Tuchfabrik (Ende 19. Jh.) und ihre Uniformenproduktion. Zwei Weltkriege sorgten für rasante Expansion. Fruchtig-friedlicher ist die alle zwei Jahre stattfindende Wahl zur Pritzwalker Heidelbeerkönigin.

Plauen (seit 2009 **V**, Sa). Der Landkreis im Vogtland **PL** umschloss kragenförmig die kreisfreie Stadt Plauen. ☆ Heute sind beide im Vogtlandkreis vereint.

Plön (1867 SH). Stadt im Herzen des hügeligen Natur- **PLÖ** parks Holsteinische Schweiz bei Kiel, direkt am Plöner See, dem größten Binnensee Schleswig-Holsteins.

PM   **Potsdam-Mittelmark** (Sitz in Belzig, 2003 BBG). Südwestlich Berlins Deutschlands drittgrößter Landkreis um die Landeshauptstadt Potsdam. Anteile am Hohen Fläming, Baruther Urstromtal und Mittl. Haveltal.

PN   **Pößneck** (seit 1995 **SOK**, Th). Im Osten Thüringens an ☆   der Orla. Pößneck ist medial bekannt durch die innerdeutsche Heißballon-Flucht der Familien Strelzyk und Wetzel und die Bertelsmann-Tochter GGP Media.

PR   **Prignitz** (Sitz in Perleberg, 1993 BBG). Landkreis nordwestlich Brandenburgs, am Zusammenfluss von Havel und Elbe, dort Wittenberge als Umschlagshafen.

PRÜ   **Prüm** (seit 1970 **BIT**, RP). In der Westeifel um den ☆   Luftkurort Prüm, wo aus der „weniger gesunden" Vergangenheit noch ein Explosionskrater aus dem II. Weltkrieg samt Bergkapelle das Kuridyll kontrastiert.

PS   **Pirmasens** (Stadtkreis, 1972 RP). Die Stadt der Schuhe (besonders im 19. Jh. war sie das Zentrum der deutschen Schuhindustrie, heute Schuh- und Schuhmaschinenmuseum vor Ort) und kräftigen Höhenunterschiede liegt etwas abgelegen von Verkehrswegen am Südwestrand des Pfälzer Walds. Etwas in Vergessenheit geraten: der früher besonders in der Regionalliga Südwest erfolgreiche Fußballclub FK Pirmasens.

PS   **Pirmasens** (1972 RP). Talschaften und kleine Orte in der Südwestpfalz, die alle zur geselligen Rast von den langen Wanderungen einladen. Tradition haben hier die guten Beziehungen zu Frankreich.

PW   **Pasewalk** (ab 1994 **UER**, MV). Im Westen der Ueckermünder ☆   Heide bis zur polnischen Grenze mit viel Uckermarker und ein wenig pommerscher Tradition.

PZ   **Prenzlau** (seit 1994 **UM**, BBG). Uckermarker Kernland ☆   mit den Uckermärkischen Seen und Prenzlau mit seinem stimmungsvollen hist. Ensemble durch mittelalterliche Wehranlagen und Kirchen, z.B.. Marienkirche.

QFT   **Querfurt** (seit 1994 **SK**, SaAn). Kreisgebiet im südöst- ☆   lichen Harzvorland im Westen von Halle.

Quedlinburg (seit 2007 **HZ**, SaAn). Mit Anteilen am **QLB** nordöstlichen Harz und dem Fluss Bode. In Quedlinburg ⭐ malerisches Stadtbild um Schlossberg, Stiftskirche, mit viel Fachwerk und verwinkelten Gassen.

Regensburg (Stadtkreis, 1972 Bay). Am nördlichsten **R** Punkt der Donau die Hauptstadt der Oberpfalz mit den reizvollen Donauinseln Untere und Obere Wöhrd. Besterhaltene mittelalterliche Großstadt im Land mit Zeugnissen aus zwei Jahrtausenden (gehört samt dem Stadtteil Stadtamhof zum UNESCO-Welterbe).

Regensburg (1972 Bay). Vom vorderen Bayerischen **R** Wald über das Donautal bis zum Jura reichend. Berühmt ist die „Walhalla" über der Donau. Zahlreiche (Rad-) Wanderwege und beliebtes Naherholungsgebiet.

Rastatt (1973 BW). Berühmt das Barockschloss der **RA** Markgrafen von Baden-Baden in der Kreisstadt im Südwesten Karlsruhes, das von Ludwig Wilhelm I. („Türkenlouis"), im 17. Jh. zunächst als Jagdschloss in Auftrag gegeben wurde. Landschaftsprägend: das Rheintal um Baden-Baden.

Reichenbach (seit 1996 **V**, Sa). Im Norden des Vogt- **RC** landes um die Kleinstadt Reichenbach, bekannt für ⭐ seine Tuchmachertradition und dank August Horch dem ersten sächsischen Automobil (Horch Tonneau).

Rendsburg-Eckernförde (Sitz in Rendsburg, 1970 SH). **RD** Einer der großflächigsten Kreise in Deutschland und bekannt durch den Nord-Ostsee-Kanal.

Ribnitz-Damgarten (ab 1994 **NVP**, MV). An der Grenze **RDG** Mecklenburgs zu Pommern mit 60 Kilometer Ostsee- ⭐ küste, der Halbinselkette Fischland-Darß-Zingst, Bod- dengewässern. Den Namen „Bernsteinstadt" erhielt Ribnitz-Damgarten erst nach Auflösung des Kreises.

Recklinghausen (Zulassungsstelle Marl, 1975 NRW). **RE** Bevölkerungsreichster Kreis Deutschlands. Grüne Lunge des Ruhrgebietes, überregional bekannt sind die Recklinghauser Ruhrfestspiele; Verbindung des Kohle- reviers (kaum noch Zechen) zum Münsterland.

REG **Regen** (1972 Bay). Nicht wegen des Klimas, sondern der Flüsse des Regens so benannt. Großer Arber (1.457 m) „Spitze" des Bayerischen Walds; mit Bayerisch Eisenstein. Touristische Präsentation: ArberLand

REH **Rehau** (seit 1974 **HO**, Bay). Oberfränkischer Kreis an der tschechischen Grenze mit den hügeligen Ausläufern des Fichtelgebirges im Süden.

REI **Bad Reichenhall** (seit 1979 **BGL**, Bay). Landkreis vor den Toren Salzburgs mit stattlichem Solevorkommen und Salzverarbeitung. Weitbekannte Klassiker: Reichenhaller Markensalz und die bayerische kugelsüße Variante: Echte Reber-Mozartkugeln:

RG **Riesa-Großenhain** (seit 2008 **MEI**, Sa). Im Nordosten von Sachsen Beispiel für den Strukturwandel von Industrie (Stahl) zu diversifizierten Mittelstandsbetrieben.

RH **Roth** (1972 Bay). Kreis im Süden Nürnbergs im Fränkischen Seenland am Main-Donau-Kanal und Rothsee mit fachwerkreicher Altstadt und Schloss Ratibor.

RI **Rinteln** (seit 1978 **SHG**, NdS). Landschaftsprägend sind das Weserbergland und Rintelner Becken. In Rinteln um den Marktplatz sehenswerte Fachwerkhäuser.

RID **Riedenburg** (seit 1974 **KEH**, Bay). Im niederbayerischen Altmühltal mit malerischen Burgen (Prunn, Schloss Rosenberg) und Ruinen (Rabenstein, Tachenstein).

RIE **Riesa** (seit 1994 **MEI**, Sa). Viel Stahl- (Riesa, Gröditz) und Chemische Industrie (Nünchritz) bestimmten zu Zeiten der DDR den Kreis linkerhand der Elbe.

RL **Rochlitz** (seit 1994 **FG**, Sa). Mittelsächsisches Hügelland mit der Zwickauer Mulde und am Rochlitzer Berg (höchste Erhebung im Kreis, 348 m) Abbau von Porphyr.

RM **Röbel/Müritz** (ab 1994 **MÜR**, MV). Inmitten der flachen Mecklenburgischen Seenplatte, bis zur Müritz, dem Plauer See und dem Kölpinsee reichend. In Röbel auffallend: viel Fachwerk mit kräftig bunten Popart-Farbfassaden.

Rathenow (seit 1994 **HVL**, BBG). Im westlichen Havelland ist Rathenow seit über 100 Jahren bekannt für seine optische Industrie (Mikroskopbau) und das Zukunftsprojekt der Renaturierung der Unteren Havel. **RN** ☆

Rosenheim (Stadtkreis, 1972 Bay). Oberzentrum der Region. Straßen- und Eisenbahnknotenpunkt im Alpenvorland; „Tor zum Süden". Fachhochschul- und Einkaufsstadt mit gut erhaltenen Gründerzeitfassaden **RO**

Rosenheim (1972 Bay). Gebietsteile am Inn und im Voralpenland: Reicht vom Mangfallgebirge, dem großen Inntal-Grenzübergang, Kiefersfelden-Kufstein über Bad Aibling bis an den Chiemsee mit Prien. **RO**

Roding (seit 1974 **CHA**, Bay). Oberpfälzer Kreis im Norden des Bayerischen Waldes am Fluss Regen, kirchen- und kapellenreiche Region, u.a. mit dem Kloster Strahlfeld St. Dominikus der Missionsdominikanerinnen. **ROD** ☆

Rotenburg an der Fulda (seit 1972 **HEF**, He). Im Nordosten von Hessen, in der Kreisstadt hatte bis zum 19. Jh. die Leineweberei Tradition. Vom früheren Reichtum zeugen noch viele historische Fachwerkbauten. **ROF** ☆

Rotenburg/Wümme (seit 1972 **ROW**, NdS). Im Norden Niedersachsens mit vielen Geestgebieten (z.B. Zevener Geest) und Hochmoorgebieten (z.B. Bauern-, Ekel- und Teufelsmoor), so sind neben der Nahrungsmittelindustrie hier viele Biogasanlagen vertreten. **ROH** ☆

Rockenhausen (seit 1969 **KIB**, RP). Kleiner Landkreis zwischen Kaiserslautern und Bad Kreuznach, so klein, dass Joy Fleming rüber nach „Mannem" machte. **ROK** ☆

Rottenburg a.d. Laaber (seit 1974 **LA**, Bay). Viel Landwirtschaft im und um das Tal der kleinen Laaber prägten den niederbayer. Kreis im Norden Landshuts. Kontrast in der Kreisstadt: Spirituosenproduktion für ALDI. **ROL** ☆

Rostock Land (ab 1994 **DBR**, MV). Umland des Stadtkreises Rostock von der Ostseeküste mit dem Ostseebad Graal-Müritz, Küstenwald über die Gelbsanderheide bis ins nordmecklenburgische Tiefland. **ROS** ☆

ROT **Rothenburg o.d. Tauber** (seit 1974 **AN**, Bay). Mittelfränkischer Kreis mit Anteil an der Tauber und dem Naturpark Frankenhöhe. Die Stadt Rothenburg, Verwaltungssitz des Landkreises, war fast die ganze Zeit kreisfrei. Sie ist heute wegen ihrer prächtig erhaltenen mittelalterlichen Altstadt weltbekannte Touristenattraktion und gern verwendete Filmkulisse.

ROW **Rotenburg/Wümme** (1977 NdS). Großflächiger Kreis zwischen Bremervörde und Visselhövede, Hamburg und Bremen. Gekreuzt von starken Verkehrsachsen.

RP **Rhein-Pfalz-Kreis** (LK, Sitz in der kreisfreien Stadt Ludwigshafen, 1969 RP). Direktes Umland von Ludwigshafen am linken Rheinufer, dank Rettich und Tabak auch als „Gemüsegarten Deutschlands" bekannt.

RS **Remscheid** (Stadtkreis, 1975 NRW). Altindustrielles Gebiet im Bergischen Land (Wasserkraft, Holz und Eisenerz). In Remscheid befinden sich das Deutsche Röntgenmuseum und das Werkzeugmuseum.

RSL **Roßlau** (seit 1994 **ABI**, SaAn). Kreisgebiet nördlich Dessaus und im Süden des Hohen Flämings, das sich rechterhand der Elbe erstreckte.

RT **Reutlingen** (1934 BW). Jüngst sprunghaft gewachsene Stadt und Region südlich Stuttgarts zwischen Schwäbischer Alb (mit Münsingen, Naturreservat Beutenlay, Lautertal etc.) und dem Mittleren Neckar.

RU **Rudolstadt** (seit 1995 **SLF**, Th). Um die ehem. fürstliche Residenz Rudolstadt, an der Saale, mit Anteilen am Thüringer Schiefergebirge und Hinteren Heide.

RÜD **Rheingau-Taunus-Kreis** (Sitz in Bad Schwalbach, 1977 He). Auf der Nordseite des Rheins, aber auf der Südseite des Taunus. Sonniger Rheingau. Empfehlenswerte Sightseeing-Städte sind Rüdesheim und Eltville.

RÜG **Rügen** (seit 2012 **VR**, MV). Deutschlands größte Insel vor der pommerschen Ostseeküste bietet Naturschönheiten en masse, Badeorte und die (noch!) berühmten Kreidefelsen.

Rheydt (seit 1975 **MG**, NRW). Seit der Eingemein- **RY** dung zu Mönchengladbach ist der Landkreis Rheydt ⭐ Geschichte, ebenso wie die Trainertätigkeit von Hennes Weisweiler beim „Spö", dem Rheydter Spielverein.

Ravensburg (1938 BW). Im Zentrum Oberschwabens. **RV** Sehenswert: die stolzen Reichsstädte Ravensburg (das „schwäbische Nürnberg" Marktstraße u.a. mit Mehlsackturm) und Wangen, oberschwäbische Barockstraße. Natur: Hochmoor Wurzbacher Ried

Rottweil (1973 BW). Die älteste Stadt Baden-Würt- **RW** tembergs wurde bereits 73 n. Chr. durch die Römer am Neckar gegründet und ist bekannt durch ihre folkloristische „Fasnet" und den „Rottweiler Hund".

Herzogtum Lauenburg (Sitz in Ratzeburg, 1876 SH). **RZ** Hier hat man sich den Namen ertrotzt, wenn schon die Herrschaft unterging. Schön: Ratzeburg, Mölln

Stuttgart (Stadtkreis, 1973 BW). Die Landeshauptstadt **S** Baden-Württembergs am Neckar ist Kulturzentrum, Exportmetropole und heimliche „Sport"-Hauptstadt der Republik. Talkessel mit vielen Grünflächen wie der Rosensteinpark und der Schlossgarten und Anhöhen, dadurch fünftgrößte Weinbaugemeinde Deutschlands.

Saarburg (seit 1969 **TR**, RP). Mit der Saar und Anteil am **SAB** Naturpark Saar-Hunsrück um die Saarweinmetropole ⭐ Saarburg (Saarwein kommt aus Rheinland-Pfalz).

Schwandorf (1972 Bay). Kerngebiet in der Oberp- **SAD** falz, reicht von Burglengenfeld bis vor Weiden und die tschechische Grenze. Industrie und Landwirtschaft.

Säckingen (seit 1973 **WT**, BW). Zwischen Hochrhein **SÄK** und Hotzenwald. Die Trompeterstadt Säckingen wurde ⭐ berühmt dank Scheffels Versepos „Der Trompeter von Säckingen" (Behüt' dich Gott), das auch vertont (gleichnamige Oper) und verfilmt wurde.

Stadtsteinach (seit 1974 **KU**, Bay). Oberfränkischer **SAN** Kreis im Norden Bayreuths, vom Frankenwald im Nor- ⭐ den und Fichtelgebirge im Osten eingerahmt.

SAW   **Altmarkkreis Salzwedel** (Sitz in Salzwedel, 1994 SaAn). Besonders sehenswert sind die verschiedenen Kirchen und die vielen, gut erhaltenen Fachwerkbauten in Salzwedel. Die westliche Altmark, Teil der Norddeutschen Tiefebene, und ein Teil der Colbiz-Letzlinger Heide gehören zum Kreisgebiet.

SB   **Saarbrücken** (Stadt und Stadtverband außer Völklingen, 1974 Saar). Die Landeshauptstadt bietet eine interessante Verbindung von moderner und klassischer Urbanität. Im Dreiländereck Deutschland/Frankreich/Luxemburg (Römerkastell, Schloss, Dt.-franz. Garten).

SBG   **Strasburg** (ab 1994 **UER**, MV). Strasburg ist eine der ältesten Städte der Uckermark und „jung", denn hier findet das deutsch-polnische Jugendfestival statt.

SBK   **Schönebeck** (seit 2007 **SLK**, SaAn). Einst industriestarke Region im Bezirk Magdeburg (insbesondere Landmaschinenbau im früheren Traktorenwerk), heute sind im kleineren Umfang Spezialfahrzeugbau und Automobilzulieferer vertreten.

SC   **Schwabach** (Stadtkreis, 1972 Bay). Historische Stadt südlich Nürnbergs, war bereits im Jahr 800 Königshof. Preisgekrönte Stadtsanierung (Europa-Nostra-Medaille 1979).

SCZ   **Schleiz** (seit 1995 **SOK**, Th). Im thür. Teil des Vogtlandes, hügelreich, aber auch mit Seen, Teichen und Tälern, wie das der Saale, die den Kreis durchquerte.

SDH   **Sondershausen** (seit 1995 **KYF**, Th). Mit herausragender Musiktradition (Thüringer Schlossfestspiele, Loh-Orchester, Residenzfest) und Bergbauvergangenheit mit dem weltweit ältesten und tiefsten heute noch befahrbaren Kalibergwerk.

SDL   **Stendal** (1952 SaAn). Die Stadt der Backsteingotik. Zum historischen Stadtensemble gehören am Marktplatz das Rathaus, die Marienkirche, eine reckenhafte Rolandfigur sowie der Dom St. Nikolaus und das Uenglinger Tor. Wirtschaftliches und kulturelles Zentrum der Altmark. Haltepunkt der ICE-Strecke Hannover-Berlin.

Schwedt/Oder (seit 1994 **UM**, BBG). Die seenreiche **SDT** Landschaft der Uckermark, Grenze zu Polen sowie ökonomisch die PCK Raffinerie GmbH (Erdölindustrie) dominierten den Kreis zwischen Oder und Havel.

Segeberg (Sitz in Bad Segeberg, 1970 SH). Durch die land- **SE** schaftlichen Vorzüge Holsteins und die Karl-May-Fest- spiele in Bad Segeberg bekannt. Der Kalkberg (91 m) ist Deutschlands nördlichster Felsen mit Burg.

Sebnitz (seit 1994 **PIR**, Sa). Nur noch marginal wird **SEB** in der Stadt der Kunstblumen „geblümelt", doch nach 1900 war es hier an der tschechischen Grenze eine Tra- dition mit ca. 200 Blumen„fabriken" und viel Heimarbeit.

Seelow (seit 1994 **MOL**, BBG). Brachial – hier fand am **SEE** Ende des II. Weltkriegs die verlustreiche Schlacht um die Seelower Höhen statt – und kulinarisch – von hier stammte der Blauschimmelkäse „Blue Master".

Scheinfeld (seit 1974 **NEA**, Bay). Mittelfränkischer Kreis **SEF** mit Anteilen am Narurpark Steigerwald.

Selb (seit 1974 **WUN**, Bay). Im Nordosten des Fichtel- **SEL** gebirges ist Selb der dt. Porzellanklassiker, wo sich ein Porzellanikon dem „weißen Gold" widmet und Rosen- thal, Hutschenreuther und Co. vertreten sind.

Sonthofen (seit 1979 **OA**, Bay). Mit dem Luftkurort **SF** Sonthofen, Deutschlands südlichster Stadt, von den Allgäuer Alpen umgeben. Bekannt ist Sonthofens Haus- berg, der Grünten, als Sendestation des Bay. Rundfunks.

Soltau-Fallingbostel (seit 2011 **HK**, 1977 NdS). Natur- **SFA** park Lüneburger Heide, Heidemuseum (Schnever- dingen). Verkehrsachsen, ehemalige Militärgebiete.

Senftenberg (seit 1994 **OSL**, BBG). An der Magdebur- **SFB** ger Börde mit der Schwarzen Elster und der Pulsnitz.

Staßfurt (seit 1994 **SLK**, SaAn). In der Kreisstadt Staß- **SFT** furt widerspiegelt sich die Geschichte des Kalibergbaus, sein Boom und die Krise, vom Segen und Fluch, inkl. der notwendigen Rekultivierung und Strukturwandel.

SG   **Solingen** (Stadtkreis, 1975 NRW). Die Stadt der Messer und Klingen hat einen „geschliffenen" Ruf in aller Welt (der Name ist markenrechtlich geschützt). Neben Schneidwerkzeug und Besteck großartig: „Schloss Berg" der Grafen von Berg.

SGH   **Sangerhausen** (seit 2007 **MSH**, SaAn). Südwestlich ☆   vom Harz wirtschaftsschwacher Kreis im Nordosten des Kyffhäusergebirges mit dem Osten der agrarwirtschaftlichen Goldenen Aue.

SHA   **Schwäbisch Hall** (1973 BW). Großer Kreis im östlichen Schwäbischen Wald, der bis an die fränkisch-bayerische Grenze reicht. Sehenswert die historische Altstadt von Schwäbisch Hall („auf diese Steine können Sie bauen"?); in Crailsheim eine Fayencen-Sammlung.

SHG   **Schaumburg** (Sitz in Stadthagen, 1977 NdS). Geschickt gewählte Abkürzung für Kreis und Stadt. Niedersächsische Kreisstadt am Nordrand des Naturparks „Weserbergland-Schaumburg".

SHK   **Saale-Holzland-Kreis** (Sitz in Eisenberg, 1995 Th). Gebiet um das Autobahnkreuz A 4/A 9 nahe der Stadt Jena. Aufstrebender, innovativer Wirtschaftsort.

SHL   **Suhl** (1952 Th). Wichtigste Stadt im südlichen Thüringen (Thüringer Wald) mit Tradition in der Jagd- und Sportwaffenherstellung. Übers Jahr über 300 km markierte Wanderwege, im Winter 120 km Loipen.

SI   **Siegen-Wittgenstein** (Sitz in Siegen, 1975 NRW). Zwischen Rothaargebirge und Westerwald im Zentrum wichtiger Verkehrswege durchs Siegerland. Altindustrielle Prägung. Alte Beziehung zu Holland.

SIG   **Sigmaringen** (1973 BW). Südöstlicher Teil des ehemaligen Hohenzollerschen Landes, mit imposantem Schloss in der Kreisstadt. Reizvolle Naturlandschaften auf der Schwäbischen Alb und im Donautal.

SIM   **Rhein-Hunsrück-Kreis** (Sitz in Simmern, 1969 RP). Vom östlichen Hunsrück bis hinunter zum romantischen Rhein. Zahlreiche Burgen, Verkehrsachsen.

SK
Saalekreis (Sitz in Merseburg, 2007 SaAn). Der Saale-kreis umschließt die kreisfreie Stadt Halle und vereinigt den ehem. Saalkreis am Unterlauf der thür.-sächsischen Saale und Straße der Romanik mit dem LK Merse-burg-Querfurt. Merseburg, im Westen von Leipzig mit Residenzschloss und Dom, ist aufgrund der berühmten „Merseburger Zaubersprüche" (10 Jh., althochdeutsches Sprachzeugnis germanisch-heidnischer Religiosität) in der Bibliothek des Domkapitels allseits bekannt.

SL
Schleswig-Flensburg (Sitz in Schleswig, 1974 SH). Grenzregion zu Dänemark; geprägt von der herb-schö-nen Landschaft entlang der fjordartigen Schlei.

SLE ☆
Schleiden (seit 1972 EU, NRW). Mit Anteilen am Natur-park Eifel und der Urfttalsperre, die zu Zeiten ihres Baus, 1905, für Europas größten Stausee sorgte.

SLF
Saalfeld-Rudolstadt (Sitz in Saalfeld, 1994 Th). Burgen- und Schlösser-Region („Grünes Herz Deutschlands") zwischen Rennsteig und Saale/Thüringen.

SLG ☆
Saulgau (seit 1973 SIG, BW). Südwestlich der Schwäbi-schen Alb im Zentrum Oberschwabens mit der Europäi-schen Hauptwasserscheide, die die Entwässerung hin zur Donau oder den Rhein teilt.

SLK
Salzlandkreis (Sitz in Bernburg, 2007 SaAn). Zwi-schen Magdeburg und Halle. Schlösser und historische Sehenswürdigkeiten, Freizeitangebote, „Straße der Romanik", Wanderwege. In Staßfurt früher Kalibergbau, heute Soleabbau, in Schönebeck/Bad Salzelmen das Soleheilbad „Dr. Tolberg" (älteste deutsche Badeanstalt).

SLN ☆
Schmölln (seit 1995 ABG, Th). Von der Textil- und vor allem Knopfindustrie (mit zehn Fabriken), von der im 19. Jh. ca. ein Drittel der Stadtbevölkerung (auch durch Heimarbeit) lebte, ist heute nur noch eine einzige Fabrik erhalten.

SLS
Saarlouis (1974 Saar). Fast schon in Händen Louis XIV., dann doch zu Deutschland gekommen. Im Nordwesten geschlossene Wald- und Kulturlandschaften. Sehens-wert: Ruinen der französischen Festung.

SLÜ ⭐   **Schlüchtern** (seit 1974 **MKK**, He). Im Bergwinkel südwestlich von Fulda mit Burg Steckelberg, dem Geburtsort von Ulrich von Hutten, dem ersten Reichsritter, der reformationsnah seine Fehde gegen die „ungeistlichen Geistlichen" führte.

SLZ ⭐   **Bad Salzungen** (seit 1995 **WAK**, Th). Zwischen Thüringer Wald und Rhön hie heilende Wirkung der Sole („Sauerbrunnen") in Bad Salzungen, da Umweltschäden wie die Versalzung der Werra durch den Kali-Abbau.

SM   **Schmalkalden-Meiningen** (Sitz in Meiningen, 1952 Th). Unter den deutschen Geschichtsdaten berühmt wegen des „Schmalkaldischen Krieges", der zu den Unruhen der Reformationszeit im 16. Jh. gehörte.

SMÜ ⭐   **Schwabmünchen** (seit 1974 **A**, Bay). Südlich Augsburgs am Westrand des Lechfeldes bis zur Wertach.

SN   **Schwerin** (Stadtkreis, 1952 MV). Landeshauptstadt von Mecklenburg-Vorpommern, mit historischer Altstadt, Dom und Schloss. Am Schweriner See gelegen.

SNH ⭐   **Sinsheim** (seit 1973 **HD**, BW). Im nördlichen Kraichgau, heute (auch SAP sei Dank) mit der Heimstätte der TSG 1899 Hoffenheim.

SO   **Soest** (1975 NRW). Das Kreisgebiet ist als Hellweg-Region zugleich Verkehrsachse zwischen Hamm und Paderborn. Mit Solebädern und Möhnesee.

SOB ⭐   **Schrobenhausen** (seit 1974 **ND**, Bay). Die sandigen Auen um Schrobenhausen sind Spargelland. Bis zum Johannitag, dem 24. Juni, wird der Spargel gestochen, ganzjährig in der Kreisstadt geöffnet: das Europäische Spargelmuseum.

SÖM   **Sömmerda** (1952 Th). Ländlicher Kreis im Norden Erfurts mit der „Computerstadt" Sömmerda.

SOG ⭐   **Schongau** (seit 1974 **WM**, Bay). Mit den Klostern Steingaden und Rottenbuch, der Wallfahrtskirche in der Wies (Wieskirche) und dem Wallfahrtsort Hohenpeißenberg gehörte der Kreis zum oberbay. Pfaffenwinkel.

Soltau (seit 1978 **SFA**, NdS). In der Lüneburger Heide mit **SOL** Besucherattraktionen wie dem Heide-Park (Holzachter-bahn, Freifallturm etc.) sowie der Soltau-Therme.

Saale-Orla-Kreis (Sitz in Schleiz, 1994 Th). Gebiet nord- **SOK** östlich des Frankenwaldes mit reizvoller Seenlandschaft (Hohenwartestausee, Bleilochstausee).

Sonneberg (1952 Th). Weit nach Süden vorgelagertes **SON** Stadt- und Kreisgebiet am Thüringer Wald. Hist. Spiel-warenfertigung (Deutsches Spielzeugmuseum).

Speyer (Stadtkreis, 1970 RP). Bischofssitz südlich von **SP** Ludwigshafen mit berühmtem Speyerer Dom. Ausstel-lungen, Weinmuseum, Verwaltungshochschule.

Spremberg (seit 1994 **SPN**, BBG). Im Süden der Nieder- **SPB** lausitz sorbisches Siedlungsgebiet an der Spree. Vor 150 Jahren: geographischer Mittelpunkt des Deutschen Reiches, in Bälde geplant: der Abbau von Kupfererz.

Spree-Neiße (Sitz in Forst/Lausitz, 1993 BBG). Kreis- **SPN** gebiet der südöstlichen Niederlausitz, an der Grenze zu Polen (Autobahn- und Eisenbahnübergang).

Springe (seit 1974 **H**, NdS). Im Süden von Hannover **SPR** zwischen Großem und Kleinem Deister mit viel Buchen- und Eichenwald sowie dem Saupark, heute abgegrenz-tes Wildgehege, früher das königliche Jagdrevier.

Straubing (Stadtkreis, 1972 Bay). Im Zentrum des **SR** fruchtbaren Gäubodens an der Donau wohl erhaltenes Kleinod altdeutscher Städtebaukunst mit zahlreichen Sehenswürdigkeiten wie dem Herzogsschloss. Das all-jährliche Gäubodenvolksfest mit der Ostbayernschau ist Bayerns zweitgrößtes Volksfest.

Straubing-Bogen (Sitz in Straubing, 1972 Bay). Umfasst **SR** Gäuboden, Donauregion und Teile des Bayer. Waldes. Heimat des weiß-blauen bayerischen Rautenwappens, das auf die Grafen von Bogen zurückgeht.

Strausberg (seit 1994 **MOL**, BBG). Seen- und waldreiche **SRB** Landschaft mit der Hochfläche des Barnim.

SRO **Stadtroda** (seit 1995 **SHK**, Th). Kreis zwischen Jena und Gera mit dem Großteil des Thüringer Holzlandes. Im Ort der „Rodschen Möhrenschaber" (so der Spottname seit der misslungenen Stadtverteidigung im Jahr 1450) soll Johann Georg Faust geboren worden sein.

ST **Steinfurt** (1975 NRW). Im nördl. Münsterland zwischen Holland und Osnabrück. Bekannt durch Textilindustrie, Maschinenbau und Wasserschlösser.

ST **Stade** (seit 1956 **STD**, NdS). Das Alte Land zwischen Hamburg und Stade ist Apfelland, außerdem prägen den wirtschaftsstarken Kreis (E.ON, AOS, Airbus etc.) die Landschaft Kehdingen und die Stader Geest.

STA **Starnberg** (1939 Bay). Bekannt als malerisches Fünf-Seen-Land. Das Kreisgebiet erstreckt sich über den Nordwesten des Starnberger Sees, den Weßlinger See, Wörthsee, Pilsensee und den Osten des Ammersees. Landschaftlich schön zwischen München und den Alpen im Süden. In Starnberg bilden die Maximilianstraße und See-Arkaden eine reizvolle Flaniermeile.

STB **Sternberg** (ab 1994 **PCH**, MV). Den kleinen Kreis bei Schwerin mit Seen, Wäldern, den Flüssen Wornow und Mildenitz dominierten Agrar- und Forstwirtschaft.

STD **Stade** (1932 NdS). Schließt den gesamten Bereich südlich Hamburgs ein. Bekannt durch die Obstbaumblüte und als Naherholungsgebiet der Hamburger.

STE **Staffelstein** (seit 1974 **LIF**, Bay). Im „Gottesgarten am Obermain" mit der Wallfahrtsbasilika Vierzehnheiligen, dem Kloster/Schloss Banz und dem Staffelberg.

STH **Stadthagen** (seit 1978 **SHG**, NdS). Markant in Stadthagens Geschichte: die Weserrenaissance, deren Architektur noch heute die Stadt schmückt, und der Steinkohleabbau, heute meist stillgelegte Industrieruinen.

STL **Stollberg** (seit 2008 **ERZ**, Sa). Am Nordrand des Erzgebirges. Burg Hoheneck machte Karriere als Kgl.-sächsisches Weiberzuchthaus, dann politisches Frauengefängnis (DDR) bis hin zum Museum in der Gegenwart.

Stockach (seit 1973 **KN**, BW). Vom Badischen Heuberg **STO** (Schwäbische Alb) bis zum Hegau und Überlinger ☆ See (Bodensee) reichend. Herausragend: das Stockacher Narrengericht am Schmotzigen Dunschtig, einzigartig: der Schweizer Feiertag, der an den vergeblichen Ansturm der Eidgenossen im Jahr 1499 erinnert.

Rhein-Sieg-Kreis (Sitz in Siegburg, 1969 NRW). Im **SU** Osten und Westen die Stadt Bonn umgebend („Halskrause"), landschaftlich reizvoll, viele Verkehrsachsen. Schöne Städte sind Siegburg und Königswinter.

Südliche Weinstraße (Sitz in Landau, 1969 RP). Das **SÜW** Buchstabenkürzel klingt fast wie die Erwerbsquelle. Schon Kaiser und Könige stritten um den „Weinkeller des Hl. römischen Reiches deutscher Nation".

Sulzbach-Rosenberg (seit 1974 **AS**, Bay). Im Oberpfäl **SUL** zer Jura am Ostrand der Fränkischen Alb. ☆

Schweinfurt (Stadtkreis, 1972 Bay). Die ehemalige **SW** Freie Reichsstadt am Main verwandelte sich vor rund 100 Jahren in ein Tüftler- und Industriezentrum. Älteste naturwissenschaftliche Akademie „Leopoldina".

Schweinfurt (1939 Bay). Grüne Lunge um die Indus **SW** triestadt und die Autobahnachsen; schön das Schloss Mainberg, beliebte Genüsse sind Wein, Spargel und die „Schweinfurter Schlachtschüssel".

Bad Schwalbach (seit 1980 **RÜD**, He). Nordwestlich von **SWA** Wiesbaden und Taunus mit erlauchter Kur-/Bädertradi ☆ tion (Sisi, Eugenie, Zarenfamilie) in der Kreisstadt und Räubergerüchten: Gebar hier im Wald doch Katharina Pfeiffer dem Schinderhannes ein Kind.

Grafschaft Hoya (seit 1979 **DH**, NdS). Mit Verwaltungs **SY** sitz in Syke, der Aura einer untergegangenen Grafen ☆ dynastie (Hoya), viel Natur, auch in der Stadt Syke, dem Naturpark Wildeshauser Geest und Westermark.

Salzgitter (Stadtkreis, 1941 NdS). Drittgrößter Indus **SZ** triestandort in Niedersachsen (Stahl, Fahrzeugbau). Hier zu finden: Salzgittersee und Salzgitter-Bad.

SZB **Schwarzenberg** (seit 1994 **ERZ**, Sa). Im westlichen Erzgebirge sind Erzbergbau, Uranabbau, die VEB Waschgerätefabrik (sämtliche Waschmaschinen für die DDR) längst passé, der Imagewandel der Gegenwart setzt auf Tourismus innerhalb des Städtebunds Silberberg.

TBB **Main-Tauber-Kreis** (Sitz in Tauberbischofsheim, 1973 BW). Kreisgebiet mit Anteilen am Bauland sowie Ausläufern des Spessarts. Nette Altstadt im Tauberbischofsheim im „Lieblichen Taubertal" und am Beginn der „Romantischen Weinstraße".

TDO **Nordsachsen** (Sitz in Torgau, 2008 Sa). Torgau, eine der schönsten Renaissancestädte Deutschlands, wurde bereits vor über 1025 Jahren gegründet. Im 16. Jh. war es das politische Zentrum Sachsens und der Reformation. Delitzsch, besticht mit mittelalterlichem Stadtkern, Barockschloss und ist Geburtsort des Genossenschaftsgründers Dr. Schulze-Delitzsch.

TE **Tecklenburg** (seit 1975 **ST**, NRW). Am Teutoburger Wald um das „westfälische Rothenburg" (viele Fachwerkhäuser und mittelalterliche Bausubstanz).

TET **Teterow** (ab 1994 **GÜ**, MV). Kreis am geographischen Mittelpunkt Mecklenburg-Vorpommerns. Auf Europas größter Natur-Grasbahn, dem Bergring, finden spektakuläre Motorradrennen statt.

TF **Teltow-Fläming** (Sitz in Luckenwalde, 1993 BBG). Grenzt an Berlin. Im Norden Großstadt-Randgebiet, im Süden große Waldflächen. Reizvolle Seenlandschaft.

TG **Torgau** (ab 1995 **TO**, Sa). Weltberühmt ist das Foto vom 26.04.1945, an dem sich die alliierten Truppen der USA und Sowjets an der Elbbrücke bei Torgau trafen, um das hist. Ereignis vom Vortag zu dokumentieren.

TIR **Tirschenreuth** (1972 Bay). Land der tausend Teiche (Große Teichpfanne) im Oberpfälzer Wald. Kultur und Natur zwischen Fichtelgebirge und Böhmerwald.

TO **Torgau-Oschatz** (seit 2008 **TDO**, Sa). Der bisherige Kreis Torgau um den Landkreis Oschatz erweitert.

Bad Tölz-Wolfratshausen (Sitz in Bad Tölz, 1972 Bay). **TÖL**
Im oberen Isartal wichtiger Teil der Seen-Perlenkette im
Alpenvorland zwischen München und Karwendel. Sehr
schön dort: Bad Tölz und Benediktbeuern.

Eiderstedt (seit 1970 **NF**, SH). Die Halbinsel Eiderstedt **TÖN**
war das Gebiet, Tönning die Kreisstadt, St. Peter-Ording
das Nordseeheil- und Schwefelbad und der Leuchtturm
Westerheversand das Wahrzeichen des Kreises.

Templin (seit 1994 **UM**, BBG). Viel Wald und Uckermär- **TP**
kische Seen um Templin, in der Kreisstadt mittelalterliche Wehranlagen und drei imposante Stadttore.

Trier (Stadtkreis, 1969 RP). Älteste Stadt in Deutschland, **TR**
16 v. Chr. durch Kaiser Augustus unter dem Namen
Augusta Treverorum gegründet. Mit der Porta Nigra
und anderen römischen Gebäuden (u.a. Amphitheater,
Kaiserthermen, Kostantinbasilika) ist Trier die berühm-
teste Stadt an der Mosel.

Trier-Saarburg (Sitz in Trier, 1969 RP). Das Umland **TR**
der Stadt Trier ist Teil des pfälzischen Saargebietes
mit Anteil am Hunsrück (Hermeskeil, Lokmuseum).
Bedeutender Weinbau Mosel-Saar-Ruwer.

Traunstein (1972 Bay). Seenland vor den Salzburger **TS**
Alpen. Mit dem Chiemsee (Schloss Herrenchiemsee),
Reit im Winkl und der Tiroler Ache.

Tettnang (seit 1973 **FN**, BW). Klassisches Hopfenanbau- **TT**
gebiet im Hinterland des Bodensees. In Tettnang Hop-
fenmuseum, Hopfenpfad bis zur Kronenbrauerei (Motto:
„Vom Bauer zum Brauer") sowie die Hopfensau-Parade.

Tübingen (1934 BW). Die Kreisstadt im Süden Stutt- **TÜ**
garts ist für ihr hist. Stadtbild mit dem Hölderlin-Turm
berühmt, die Lebendigkeit aber kommt aus der ewig
jungen Universität. Im Kreis nette Orte.

Tuttlingen (1938 BW). Südlichster württembergischer **TUT**
Kreis mit Anteilen der Schwäbischen Alb und des
Donautals (Donauversickerung hin zur Aach und Boden-
see), schmucke Kreisstadt, Burgruine Honberg.

UE   **Uelzen** (1885 NdS). Kreisgebiet der östlichen Lüneburger Heide, mit Eisenbahn-Hauptachsen. Schleuse am Elbe-Seitenkanal (die größte Kanalschleuse Deutschlands), Museen in Hösseringen und Suderburg.

ÜB   **Überlingen** (seit 1973 **FN**, BW). Zwischen Hegau und Linzgau am Nordufer des Bodensees. Reizvolle Kreisstadt dank der historischen Bausubstanz aus Zeiten, als Überlingen noch freie Reichsstadt war. Noch (viel, viel) älter: die Pfahlbauten in Unteruhldingen.

UEM **Ueckermünde** (ab 1994 **UER**, MV). Am und südlich vom Stettiner Haff mit dem größten Waldgebiet (bedeutende Forstwirtschaft) Vorpommerns in der Ueckermünder Heide.

UER **Uecker-Randow** (Sitz in Pasewalk, 1995 MV). Kreisstadt in der ländlichen Uckermark im Westen Stettins; Stadtbild in schachbrettartiger Anlage.

UFF **Uffenheim** (seit 1974 **NEA**, Bay). In der mittelfränk. Kreisstadt erfolgt der adidas-Versand nach Europa.

UH   **Unstrut-Hainich-Kreis** (Sitz in Mühlhausen, 1995 Th). An der oberen Unstrut mit vielseitiger Industrie und kernigen Ackerböden. Kurort Bad Langensalza.

UL   **Ulm** (Stadtkreis, 1973 BW). Schwäbische Stadt mit höchstem Kirchturm der Welt (161,80 m, 768 Stufen führen hinauf, Ev. Münster). Von hier gingen früher die Auswanderer nach Südosteuropa auf die Reise.

UL   **Alb-Donau-Kreis** (Sitz in Ulm/Donau, 1973 BW). Landkreis zwischen Alb und Oberschwaben. Reizvoll: Blautopf (Quelle) mit Kloster in Blaubeuren.

UM   **Uckermark** (Sitz in Prenzlau, 1993 BBG). Landschaft, nichts als Landschaft, so weit das Auge reicht. Naturidyllische, seenreiche Lage vor polnischer Grenze. Aber auch hist. Städte wie Prenzlau, Schwedt, Templin.

UN   **Unna** (1930 NRW). Auf der Städte- und Verkehrsachse zwischen Ruhrgebiet und Hamm/Bielefeld. Der Kreis ist wichtiges Warenverteil- und Logistikzentrum.

Usingen (seit 1972 **HG**, He). Im Norden von Frankfurt **USI** im Hintertaunus „Usinger Buchfink" erlebt im „Buchfinkenland" (Messe, Buchpreis etc.) der Heimatbegriff seine Renaissance.

Vogtlandkreis (Sitz in Plauen, 2008 Sa). Ganz im Süd- **V** westen Sachsens prägen die Berge der Vogtländischen Schweiz samt Talsperren sowie die vogtländische Kuppenlandschaft die Geographie. Eine lange Tradition haben die Sächsischen Staatsbäder Bad Brambach und Bad Elster, der Musikinstrumentenbau im „Musikwinkel" und – durch die Eingliederung der kreisfreien Stadt Plauen – die berühmte Plauener Spitze (Museum).

Vaihingen (seit 1973 **LB**, BW). Landkreis im Osten des **VAI** Kraichgaus und am Stromberg um Vaihingen an der Erz, die „Stadt der Rebe und des Weins".

Vogelsbergkreis (Sitz in Lauterbach, 1972 He). Im Zen- **VB** trum des Vogelsberges mit schönen Fachwerkstädtchen wie Alsfeld und Bad Lauterbach.

Vechta (1938 NdS). Vermittler zwischen Münsterland **VEC** und Oldenburg, wichtige Verkehrsachsen (A 1, bekanntes Brückenrestaurant), moderne Industrie.

Verden (Sitz in Verden-Aller, 1939 NdS). Zwischen **VER** Weser und Heide. Im Blick: Künstlerdorf Fischerhude, Lintelner Geest, die Kreisstadt mit Dom.

Vorpommern-Greifswald (Sitz in Greifswald, 2012 MV). **VG** Im Zuge der Kreisgebietsreform von 2011 („Schaffung zukunftsfähiger Strukturen") aus der Stadt Greifswald, den Landkreises Ostvorpommern, Uecker-Randow und Teilen des Landkreises Demmin gebildet. Die Küstenlage zwischen Greifswalder Bodden und Stettiner Haff ist landschaftsprägend.

Vilsbiburg (seit 1974 **LA**, Bay). Typisch niederbaye- **VIB** rischer Landkreis im Südosten von Landshut.

Viersen (1975 NRW). Kleiner, aber recht dicht besie- **VIE** delter Kreis zwischen Krefeld und Venlo, früher bei Geldern. Romantisch: die Burg in Kempen.

VIT
⭐

Viechtach (seit 1974 **REG**, Bay). Heute ist es das Nostalgie-Haus am Marktplatz in der Kreisstadt, früher dort ebenso nostalgisch die Dr.-Eisenbarth-Spiele und das Sittenfest.

VK

Völklingen (Stadtkreis, SA) Als Umland zum Stadtverband Saarbrücken gehörig, behielt die Industriestadt an der Saar (Alte Völklinger Hütte, heute als Weltkulturerbe in die Liste der Kulturdenkmäler der UNESCO aufgenommen) ihr Autokennzeichen.

VL
⭐

Villingen (seit 1973 **VS**, BW). Der badische Teil des heutigen „grenzüberschreitenden" Kreises VS (Baden und Württemberg), größtenteils im Schwarzwald und mit einem Anteil an der Baar.

VOF
⭐

Vilshofen (seit 1974 **PA**, Bay). Hier hatte der Politische Aschermittwoch 1919 zuerst des Bayerischen Bauernbundes, ab 1948 der Bayernpartei, ab 1953 dann der CSU seinen Ursprung.

VOH
⭐

Vohenstrauß (seit 1974 **NEW**, Bay). Im Oberpfälzer Wald nahe der tschechischen Grenze; am alten Handelsweg Via Carolina, heute an der Autobahn A 6.

VR

Vorpommern-Rügen (Sitz in Stralsund, 2012 MV). Das Zusammenwachsen der eh. LK Vorpommern, Rügen und der eh. kreisfreien Stadt Stralsund symbolisiert verkehrstechnisch die neue Rügenbrücke (2007) über den Strelasund. Historischer Kontrast bildet dazu die gotische Backsteinarchitektur die, hervorragend erhalten, die Hansestadt Stralsund zur Welterbestätte macht.

VS

Schwarzwald-Baar-Kreis (Sitz: Villingen-Schwenningen, 1973 BW). Symbolisch ist an der Neckarquelle die Vereinigung gelungen: zwischen Schwenningen und Villingen, Württemberg und Baden. Grandios: die Triberger Wasserfälle. Renommiert: die Uhrenindustrie.

W

Wuppertal (Stadtkreis, 1975 NRW). „Einmal im Leben durch Wuppertal schweben". Die einzigartige Schwebebahn befördert täglich 75.000 Personen in luftiger Höhe durch die bergische Metropole, südlich des Ruhrgebiets als „Großstadt im Grünen" apostrophiert.

Waldeck (seit 1974 **KB**, He). Im Osten des Rothaarge-birges mit dem Waldeckschen Upland und Ausläufern des Sauerlandes. In der Kreistadt und Verwaltungssitz Korbach besitzt der Eisenberg goldhaltige Erze. **WA**

Warendorf (1992 NRW). Der Pferdekreis im Land NRW. Zuhause des Deutschen Olympischen Komitees für Rei-terei und einer Bundeswehrsportschule. **WAF**

Wartburgkreis (Sitz in Bad Salzungen, 1995 Th). An der Werra in einer Senke zwischen Thüringer Wald und Rhön gelegen. Wirtschaftliche Bedeutung hat der Kali-bergbau, schön ist das Jagdschloss Wilhelmstal. **WAK**

Wanne-Eikel (seit 1975 **HER**, NRW). Die kleine, aber bevölkerungsgeballte Großstadt war ein selbständiger Kreis bis zum städtischen Zusammenschluss mit Herne 1975 und ist die Heimat von Adolf Tegtmeier. **WAN**

Warburg (seit 1975 **HX**, NRW). Kreisgebiet in der Warburger Börde im Oberen Weserbergland zwischen Eggegebirge und Westhessischem Bergland. **WAR**

Wattenscheid (seit 1975 **BO**, NRW). Die alten Zechen sind längst geschlossen, geblieben ist Wattenscheids Schutz-Patronin, die Heilige Gertrud. Skurril ist der Kult des besten Null-Sterne-Restaurants im Land beim Profi-Grill in der Bochumer Straße. **WAT**

Wittenberg (2007 SaAn). Mit der Dübener Heide, Deutschlands größtem zusammenhängendem Wald-gebiet, und 52 km der Elbe kann dieser bei der Kreis-reform 2007 um Teile des Landkreises Anhalt-Zerbst erweiterte Landkreis aufwarten. Das wichtigste Ereignis der Geschichte Wittenbergs war 1517 Luthers Anschlag seiner 95 Thesen an die Tür der Schlosskirche. **WB**

Worbis (seit 1995 **EIC**, Th). Im Eichsfeld an der früheren innerdeutschen Grenze mit viel hügeliger Landschaft zwischen Ohmgebirge und Dün. **WBS**

Wiedenbrück (seit 1973 **GT**, NRW). Im Osten von NRW mit starker Handwerkertradition (Gilden). Viele gut erhaltene Fackwerkgebäude mit bebilderten Fassaden. **WD**

WDA **Werdau** (seit 1995 **Z**, Sa). An den Ausläufern des Westerzgebirges im Westen von Zwickau. Früher ein Zentrum der Textilindustrie, in der Kreisstadt historischer Stadtkern um Marktplatz und Rathaus.

WE **Weimar** (Stadtkreis, 1952 Th). „Die" Stadt der deutschen Klassik nördlich des Thüringer Waldes. Viele Sehenswürdigkeiten, Archive und Museen. 1919 fand im Deutschen Nationaltheater die verfassungsgebende Versammlung zur Weimarer Republik statt. Auf dem Theaterplatz zeugt das Goethe-Schiller-Denkmal vom Wirken der beiden Dichterfürsten in Weimar.

WEB **Westerburg** (seit 1974 **WW**, RP). Im Westerwald um die Stadt Westerburg und ihr prägnantes Schloss.

WEG **Wegscheid** (seit 1974 **PA**, Bay). In der Region Donau-Wald am Südende des Bayerischen Waldes.

WEL **Oberlahnkreis** (seit 1974 **LM**, He). Im weiten Tal der Lahn zwischen den Mittelgebirgen Taunus und Westerwald um die Kreisstadt Weilburg.

WEM **Wesermünde** (seit 1978 **CUX**, NdS). Der Ort: an der Wesermündung Richtung Cuxhaven, die Zeit: als das mit Geestemünde vereinte Lehe preußisch wurde, u.a. mit dabei die Orte Langen, Schiffdorf und Loxstedt.

WEN **Weiden i.d. OPf.** (Stadtkreis, 1972 Bay). Historisches Oberpfälzer Städtchen mit sorgsam erhaltenem Stadtbild und guter, moderner Verkehrsanbindung.

WER **Wertingen** (seit 1974 **DLG**, Bay). Im Norden Augsburgs an der Donau. Nicht nur für Fromme gibt's dort noch immer den Wertinger Bischofskuchen – und für Durstige das hefetrübe, prämierte Wertinger Kellerbier.

WES **Wesel** (1975 NRW). Niederrheinischer Kreis mit 13 Städten und Gemeinden. Wirtschaftsstark im Bergbau und Logistik. Schöne Landschaft und viel Natur.

WF **Wolfenbüttel** (1974 NdS). Landkreis und Stadt im nördlichen Harzvorland (bei Braunschweig). Eh. Welfenresidenz (Schloss), Lessing- und Fachwerkstadt.

Wangen (seit 1973 **RV**, BW). Im hügeligen Württember- **WG**
gischen Allgäu, früher mit dem überregional bekannten ✶
Bauernmarkt (Viehmarkt), heute Sitz der Allgäuland
Käsereien GmbH in der „Brunnenstadt".

Wilhelmshaven (Stadtkreis, 1977 NdS). Wichtiger, weil **WHV**
tiefer Umschlaghafen – auch „erster deutscher Kriegshafen an der Jade" (1869) – am Jadebusen (Nordsee),
den mittelalterlicher Sturmfluten geschaffen haben.
Heute der größte Standort der deutschen Marine und
zweitgrößter der Bundeswehr.

Wiesbaden (Stadtkreis, 1972 He). Hessische Landes- **WI**
hauptstadt zwischen Taunus und Rhein. „Tor zum Rheingau", klassizistische Architektur, historisches Kurhaus.

Bernkastel-Wittlich (Sitz in Wittlich, 1969 RP). Kreis **WIL**
zwischen Eifel und Hunsrück. Schmucke kleine Moselor-
te sind Traben-Trarbach und Bernkastel-Kues.

Wismar (ab 1994 **NWM**, MV). Der landwirtschaftlich **WIS**
geprägte Kreis bildete einen weiten Kragen um die ✶
Stadt Wismar, touristisch sind die Insel Poel und die
Strände Eggers Wiek und Wohlenberger Wiek.

Witten (seit 1975 **EN**, NRW). Zwischen unterem Sauerland **WIT**
und Emscherland um die von Stahlindustrie, Maschinen- ✶
bau und Chemie dominierte Kreisstadt Witten.

Witzenhausen (seit 1974 **ESW**, He). Das nordhessische **WIZ**
Witzenhausen ist als „Geburtsort" der Biotonne und – ✶
kulinarischer – als Kirschenanbaugebiet bekannt.

Wittstock (seit 1994 **OPR**, BBG). Landkreis in der öst- **WK**
lichen Prignitz mit dem Fluss Dosse. In der Kreisstadt ✶
Wittstock viel historische Bausubstanz.

Harburg (Sitz in Winsen/Luhe, 1928 NdS). Im südlichen **WL**
Vorfeld Hamburgs, zwischen Heide und Elbmarsch, mit
den Orten Seevetal, Winsen und Buchholz.

Wolgast (ab 1994 **OVP**, MV). Der deutsche Teil der Insel **WLG**
Usedom, dazu ein kleiner Festlandstreifen samt Achter- ✶
wasser, Peenestrom und Kumminer Wiek.

WM   **Weilheim-Schongau** (Sitz in Weilheim, 1972 Bay). Im Voralpenland gilt der „Pfaffenwinkel" – Land der Bauern, Künstler und Mönche – als besondere Ecke.

WMS   **Wolmirstedt** (seit 1994 **BK**, SaAn). In der Magdeburger ⭐   Börde mit der Colbitz-Letzlinger Heide, links der Elbe, vom Mittellandkanal und der Ohre durchkreuzt.

WN   **Rems-Murr-Kreis** (Sitz in Waiblingen, 1973 BW). An den Entwicklungsachsen Rems und Murr, den beiden namensgebenden Flüssen, zur Wirtschaftsregion Stuttgart gehörend.

WND   **St. Wendel** (1974 Saar). Im Norden des Saarlandes. Mit dem Bostalsee größter Freizeitsee in Südwestdeutschland. Hügelige, waldreiche Landschaft, die schon mehrmals Austragunsort der Querfeldein-Weltmeisterschaft (Radsport) war.

WO   **Worms** (Stadtkreis, 1970 RP). Mit romanischem Kaiserdom bedeutende Stadt der deutschen Geschichte. Bereits im 9. Jh. machte Karl der Große Worms zu seiner Winterresidenz. In der Rheinebene zwischen Mainz und Ludwigshafen angesiedelt. Sicher: Beim Wormser Konkordat endete der Investiturstreit zwischen Kaiser und Papst. Fast sicher(?): Hier versenkte der finstere Hagen den Nibelungenschatz im Rhein.

WOB   **Wolfsburg** (Stadtkreis, 1951 NdS). Die „Volkswagen-Stadt" war Neugründung im III. Reich um die Wolfsburg und den Ort Fallersleben zum Bau des „KdF-Wagens". (KdF: die nationalsozialistische Organisation „Kraft durch Freude". Deren für alle erschwingliche „Volkswagen" wurden jedoch nie an Privatpersonen übergeben). Schloss Fallersleben: Geburtsort von A. H. Hoffmann, dem Dichter des „Lieds der Deutschen".

WOH   **Wolfhagen** (seit 1972 **KS**, He). Kleiner nordhessischer ⭐   Kreis mit Burgen, Schlössern und Ruinen um Wolfhagen, in dessen Zentrum reichhaltig Fachwerk.

WOL   **Wolfach** (seit 1973 **OG**, BW). Urtypische Schwarzwald-⭐   region mit dem Kinzigtal, früher mit Flößereitradition, heute Forstwirtschaft und Tourismus.

Wolfratshausen (seit 1974 **TÖL**, Bay). Zwischen Bad Tölz und München im Bayerischen Oberland mit den Flusstälern der Loisach und Isar, eben dort, wo ein Gasthaus auch mal „Humplbräu" heißen kann.

Wolfstein (seit 1974 **FRG**, Bay). Der Kreis an der deutsch-tschechischen Grenze war nach Schloss Wolfstein bei der ehemals selbständigen Gemeinde Ort (Freyung) benannt.

Wernigerode (seit 2007 **HZ**, SaAn). Mit dem Brocken, der Rappbode-Talsperre und der „Bunten Stadt im Harz" (Hermann Löns) Wernigerode (u.a. farbenprächtige Fachwerkensembles um den Marktplatz).

Waren (ab 1994 **MÜR**, MV). Auf der Mecklenburgischen Seenplatte mit der Müritz und dem Kölpinsee. Das Müritzeum, Deutschlands größtes Aquarium für einheimische Süßwasserfische, komplettiert „regenfest" Deutschlands wasserreichste Binnenlandschaft.

Wasserburg a. Inn (seit 1974 **RO**, Bay). Herausragendes Bildmotiv im Kreis ist die fast komplett vom Inn umflossene Wasserburger Altstadt mit Brücken, Toren, Burg und Marktplatz (Rathaus, Mauthäuser).

Weißenfels (seit 2007 **BLK**, SaAn). Im Südwesten von Leipzig von der Saale durchkreuzt. Seit Ende der DDR Niedergang der einst bedeutenden Schuhindustrie. In der Kreisstadt Grab von Novalis.

Ammerland (Sitz in Westerstede, 1972 NdS). Eine idyllische Parklanschaft mit viel Ackerland im nordwestlichen Oldenburger Land.

Weißwasser (seit 1994 **GR**, Sa). An der deutsch-polnischen Grenze mit ausgedehnten (Kiefern-)Wäldern um Weißwasser und braunkohlereicher Heidelandschaft. Früher wichtiger Standort der Glasindustrie.

Waldshut (Sitz in Waldshut-Tiengen, 1973 BW). Kreis am Hochrhein und im Südschwarzwald mit Anteilen am Hotzenwald. Hier ist die berühmte Staatsbrauerei Rothaus zu Hause, sakraler das Benediktinerkloster St. Blasien.

WOR
WOS
WR
WRN
WS
WSF
WST
WSW
WT

WTL **Wittlage** (seit 1972 **OS**, NdS). Im Osten von Osnabrück mit dem Wiehengebirge (Schwarzer Brink) im Süden sowie Flachland (N) und Moorgebieten (NW). Agrartradition mit vielen Fachwerk-Ackerbürgerhäusern. Der Ort Wittlage verlor 1972 nicht nur den Kreissitz, sondern auch seine Selbstständigkeit (Bad Essen).

WTM **Wittmund** (1980 NdS). Landkreis zwischen Wilhelmshaven und Emden, der eigentlich „Ostfriesland" heißen müsste und den historischen Landstrich Harlingerland mit einbezieht. Herbe Landschaft, Wind und Wellen. Die ostfriesischen Inseln Langeoog und Spiekeroog gehören zum Kreisgebiet.

WÜ **Würzburg** (Stadtkreis, 1972 Bay). Überragt von der Festung auf dem Marienberg, interessante Mischung von historischer Großstadt (Kiliansdom, Residenz, Alte Universität, Alter Hafen) und atmosphärischer Kleinstadt zu beiden Seiten des Mains.

WÜ **Würzburg** (1972 Bay). Das Kreisgebiet um die Stadt Würzburg mit Laubwaldgebieten und fruchtbarer Gaulandschaft ist Naherholungsgebiet der Städter.

WÜM **Waldmünchen** (seit 1974 **CHA**, Bay). Im südlichen Oberpfälzer Wald erinnern die Trenck-Festspiele an den berüchtigten Freiherrn, dessen Ansturm 1742 hier Pfarrer Braun und einige Schulkinder trotzten.

WUG **Weißenburg-Gunzenhausen** (Sitz: Weißenburg, 1972 Bay). Mitten in den beiden Feriengebieten „Naturpark Altmühltal" und „Neues Fränkisches Seenland".

WUN **Wunsiedel im Fichtelgebirge** (1972 Bay). Aus dem Sechsämterland hervorgegangen, liegt vollständig im Naturpark Fichtelgebirge (Felsenlabyrinth). Traditionelles Zentrum der deutschen Porzellanherstellung.

WUR **Wurzen** (seit 1994 **L**, Sa). Das Wurzener Land liegt im Osten von Leipzig und war lange Zeit weltlicher Besitz der Bischöfe von Meißen. Hier kam es im Jahr 1542 zur Wurzener Fehde, dem „Fladenkrieg" (die Streitschlichter erhielten Osterfladen), zur Eintreibung der Türkensteuer.

Westerwaldkreis (Sitz in Montabaur, 1974 RP). Um die **WW** Stadt Montabaur (Schloss, Wolfsturm, Fachwerk) malerische Mittelgebirgslandschaft als ideales Wander- und Erholungsgebiet (Westerwald Steig, Burg Grenzau, Aussichtsturm Köppel, Westerwalder Seen) im Nordosten von Koblenz. Bekannte „Wäller" Küche.

Wetzlar (seit 1997 **LDK**, He). Von der Vergangenheit als **WZ** Reichsstadt und Sitz des Reichskammergerichts zeugen ☆ die prächtige Altstadt mit Architektur der Renaissance, Gotik und Barock samt romanischem Dom. In der Gegenwart bedeutende optische Industrie (Leitz, Zeiss, Minox), u.a. wurde hier die erste Kleinbildkamera (Leica) entwickelt.

Wanzleben (seit 1994 **BK**, SaAn). Von Landwirtschaft **WZL** geprägter Kreis in der Magdeburger Börde, dazu mit ☆ Erfindergeist: z.B. der tiefgreifende Wanzleber Pflug für Zuckerrübenanbau und der Ausziehtisch.

Zwickau (2008 Sa). Vereint die früheren Landkreise **Z** Chemnitzer Land, Zwickauer Land und die kreisfreie Stadt Zwickau. Viele Altstädte, Burgen, Schlösser und Marktplätze im Tal der Zwickauer Mulde zeugen von mittelalterlicher Bedeutung, im 15. Jh. kam dazu Silber, in der Neuzeit der Trabbi und schließlich die Kfz-Zuliefer-, Metall-, Textilindustrie und Maschinenbau.

Zerbst (seit 1994 **ABI**, SaAn). Rechterhand der Elbe im **ZE** Norden von Dessau. Das Residenzschloss der Fürsten ☆ von Anhalt-Zerbst ist nur noch als rudimentäre Ruine erhalten. Kontrastreiche Statuen in der Kreisstadt: hier Katharina die Große und Roland, dort Butterjungfer und Zerbster Wasserjette.

Zell/Mosel (seit 1969 **COC**, RP). Viel Mosel, Weinbau (Riesling, **ZEL** „Zeller Schwarze Katz" ...), Zell ist mit 331 ha ☆ bestockter Rebfläche die zweitgrößte Weinbaugemeinde der Mosel) und ein bisschen Hunsrück.

Löbau-Zittau (seit 2008 **GR**, Sa). Ganz im Osten von **ZI** Sachsen, dort wo die Spree entspringt, mit Anteil an ☆ deutsch-polnischer (Osten) sowie deutsch-tschechischer (Süden) Grenze.

ZIG
⭐
Ziegenhain (seit 1974 **HR**, He). Nordhessischer Kreis im Süden von Kassel zwischen dem Knüllgebirge und der Schwalm. Namensgebend waren die Grafen von Cigenhagen (12./13. Jh.)

ZP
⭐
Zschopau (seit 1994 **ERZ**, Sa). An den Ausläufern des Erzgebirges, landschaftlich vom Zschopautal dominiert, bedeutende Vergangenheit in der Motorradindustrie (Motorenwerke Zschopau, DKW).

ZR
⭐
Zeulenroda (seit 1995 **GRZ**, Th). Im Südosten von Thüringen setzt man nach dem Niedergang der Gummi-, Möbel und Wirkwarenindustrie verstärkt auf Tourismus, besonders um die Talsperre der Weida.

ZS
⭐
Zossen (seit 1994 **TF**, BBG). Im Süden von Berlin wird gegenwärtig mit günstigen Hebesätzen unternehmensfreundliche Politik betrieben. Berliner Morgenpost: „Das kleine Zossen zeigt's den Großen."

ZW
Zweibrücken (Stadtkreis, 1972 RP). Auf der „Pfälzer Seite" des Saargebietes an der alten Fernstraße Rhein-Lothringen. Durch die Jahrhunderte wechselnde Besitzrechte. Burg und Stadt am Schwarzbach waren im II. Weltkrieg hart umkämpft.

ZZ
⭐
Zeitz (seit 1994 **BLK**, SaAn). Zwischen Leipzig und Gera an der Weißen Elster. Wichtige Industriezweige waren der Holzwaren- und Kinderwagenbau. Heute im Ort: das Deutsche Kinderwagenmuseum. Unbedingt sehenswert, auch wenn diese definitiv ohne Kennzeichen sind!

SONDERKENNZEICHEN

Sonderkennzeichen für **Diplomaten, Behörden** und **öffentliche Einrichtungen**

0	Fahrzeuge des Diplomatischen Korps
0-1	Bundespräsident
0-2	Bundeskanzler
0-3	Außenminister
0-4	1. Staatssekretär im Auswärtigen Amt
1-1	Bundestagspräsident
AD/AF	Privatfahrzeuge der Angehörigen der US-Armee
BD	Bundestag, Bundesrat, Bundesregierung, Bundespräsidialamt, Bundesverfassungsgericht (Regierungsorgane, soweit sie nicht unter 0-1 bis 1-1 fallen)
BG	Bundesgrenzschutz
BP	Dienstfahrzeuge der Bundespolizei
BW	Bundes-Wasser- und -Schiffsverwaltung
CC	Konsularisches Korps (ovales Zeichen am Heck)
CD	Diplomatisches Korps (ovales Zeichen am Heck)
THW	Technisches Hilfswerk
X	Bundeswehr für Fahrzeuge der NATO-Hauptquartiere
Y	Bundeswehr

Kennzeichen kommunaler Behörden:

Bei früher als im März 2007 erstangemeldeten Fahrzeugen konnten aufgrund des Fehlens der Buchstaben im Erkennungszeichen (Mittelteil, dieser bestand inkl. rechtem Teil ausschließlich aus Ziffern) Fahrzeuge als zu Kreis- und Stadtverwaltungen, der Feuerwehr und Polizei (diese hatten an Stelle der Regional-Codes der Dienststelle denjenigen des zuständigen Regierungspräsidiums, z.B. in Baden Württemberg Fr (Freiburg), KA (Karlsruhe), S (Stuttgart) und TÜ (Tübingen)) zugehörend bestimmt werden.

In vielen Fällen erlaubte die Ziffernfolge Aufschluss über die Behörde, der das Kennzeichen zugeteilt ist, z.B.: **Polizei:** 3000–3999, 7000–7999, 30000–39999, 70000–79999 – **Kommunale Verwaltungsebene:** 200–299, 2000–2999, 20000–29999, 600–699, 6000–6999, 60000–69999 – **gehobene kommunale und**

Kreisverwaltung: 1–89, 100–199, 1000–1999 10000–19999 – Gerichte: 90–99, 90000–99999 – **Konsularische Vertretungen:** 900–999, 9000–9999 – **Katastrophenschutz:** 8000–8999, 80000–89999

Am 1. März 2007 trat die neue Fahrzeug-Zulassungsverordnung (FZV) in Kraft. Mit dieser wurde auch o.g. Kennzeichen-Vergabe-System obsolet. Eine bundesweit einheiliche Vergabe jener Kennzeichen erfolgt bei Erstzulassungen seit März 2007 nicht mehr, sondern unterscheidet sich in vielen Fällen von Bundesland zu Bundesland. Dies gilt besonders für die Kennzeichnung von Polizeifahrzeugen. Als allgemeine Tendenz kann jedoch die Verwendung der Landes-Codes (als Regional-Code links; sie sind hier auf dieser Seite unten aufgeführt) für Behörden-, Verwaltungs-, Polizeifahrzeuge etc. festgestellt werden.

Kennzeichen für Dienstfahrzeuge der Landesregierungen und Landtage respektive Senat, Bürgerschaften und Abgeordnetenhaus:

B	Berlin
BBL	Brandenburg
BWL	Baden-Württemberg
BYL	Bayern
HB	Freie Hansestadt Bremen
HEL	Hessen
HH	Freie und Hansestadt Hamburg
LSA	Sachsen-Anhalt
LSN	Sachsen
MVL	Mecklenburg-Vorpommern
NL	Niedersachsen
NRW	Nordrhein-Westfalen
RPL	Rheinland-Pfalz
SAL	Saarland
SH	Schleswig-Holstein
THL	Thüringen

Diplomatenkennzeichen

Ausländische Diplomaten genießen auf deutschen Straßen Sonderrechte. Sind sie in ihrem Dienstfahrzeug unterwegs, wird ihnen u.a. freies
Parken gewährt und sie werden bei Polizeikontrollen etc. nicht angehalten. Vor gut dreißig Jahren wurde das heute auf unseren Straßen gültige System der Diplomatenkennzeichen eingeführt.

Die Kennzeichen der Fahrzeuge des Diplomatischen Corps beginnen grundsätzlich links mit einer **0**. Das durch einen Bindestrich abgetrennte Zahlenpaar auf der rechten Seite lässt auf die Herkunft des Diplomaten und auf seine Rangordnung schließen. Die zwei bis dreistellige Zahl links vom Bindestrich ist der Nationalcode des betreffenden Staates (s.u.), die Zahl rechts (aus der Nummernreihe 1–199) kennzeichnet den Dienstgrad, wobei dieser umso höher ist, je niedriger die Zahl ist. Dienstfahrzeuge des Diplomatischen Corps führen zudem ein ovales Zeichen mit der Aufschrift **„CD"** am Heck. **„CC"** kennzeichnet den Konsularischen Corps.

Kennzeichen des normalsterblichen Botschaftspersonals, das eingeschränkte Vorrechte genießt, beginnen statt mit der Null mit der Regional-Code der ausgebenden Verwaltung, dieser ist in der Regel **B** (Berlin) oder **BN** (Bonn).

Die Nationalcodes wurden alphabetisch durchnummeriert. Ausnahmen sind der Vatikan (dieser steht natürlich an erster Stelle) und auf globale politische Veränderungen in der jüngeren Vergangenheit (z.B. die Bildung neuer Staaten in Osteuropa) zurückzuführen.

Die Zahlen von 0 bis 9 sind der **deutschen Regierung** vorbehalten –
1 = Bundespräsident
2 = Bundeskanzler
3 = Außenminister
4 = 1. Staatssekretär im Auswärtigen Amt
– und werden deswegen für die National-Codes der Diplomatischen Corps nicht benutzt. Diese beginnen mit der Zahl 10, die der Nuntius, also der ständige Vertreter des Heiligen Stuhls, innehat.

Die **National-Codes** lauten:

10	Vatikan
11	Ägypten
12	Angola
13	Albanien
14	Äthiopien
15	Afghanistan
16	Algerien
17	USA
18	Argentinien
19	Australien
20	Bangla Desh
21	Belgien
22	Brunei Darussalam
23	Bulgarien
24	Myanmar (Birma)
25	Bolivien
26	Brasilien
27	Burundi
28	Chile
29	China
30	Costa Rica
31	Weißrussland
32	Bosnien-Herzegowina
33	Äquatorialguinea
34	Dänemark
35	Benin
36	Dominikanische Republik
37	Ecuador
38	Elfenbeinküste
39	El Salvador
40	Kosovo
41	Estland
42	Liechtenstein
43	Montenegro
44	Finnland
45	Frankreich
46	Gabun
47	Ghana
48	Griechenland
49	Großbritannien
50	Guatemala
51	Guinea
52	Lettland
53	Litauen
54	Haiti
55	Honduras
56	Indien
57	Indonesien
58	Irak
59	Iran
60	Irland
61	Island
62	Laos
63	Kap Verde
64	Israel
65	Italien
66	Jamaika
67	Japan
68	Jemen
69	Jordanien
70	Serbien
71	Kuwait
72	Kuba
73	Katar
74	Kamerun
75	Kanada
76	Kenia
77	Kolumbien
78	Kongo
79	Südkorea
80	Libanon
81	Liberia
82	Lybien
83	Lesotho
84	Luxemburg
85	Madagaskar
86	Malawi
87	Malaysia
88	Mali
89	Marokko
90	Mauretanien
91	Mexiko
92	Malta
93	Monaco

94	Nepal	132	Thailand
95	Neuseeland	133	Togo
96	Nicaragua	134	Tonga
97	Niederlande	135	Tschechien
98	Niger	136	Tschad
99	Nigeria	137	Türkei
100	Norwegen	138	Tunesien
101	Mongolei	139	Uganda
102	Mosambik	140	Russland
103	Oman	141	Uruguay
104	Burkina Faso	142	Ungarn
105	Österreich	143	Ukraine
106	Pakistan	146	Venezuela
107	Panama	147	Vietnam
108	Paraguay	148	Vereinigte Arabische
109	Peru		Emirate
110	Philippinen	151	Zaire
111	Polen	152	Zentralafrikanische
112	Portugal		Republik
113	Papua-Neuguinea	153	Zypern
114	Namibia	154	Kroatien
115	Ruanda	155	Slowenien
116	Rumänien	156	Aserbaidschan
117	Sambia	157	Slowakei
118	Saudi-Arabien	158	Kasachstan
119	Schweden	159	Makedonien
120	Schweiz	160	Usbekistan
121	Senegal	161	Eritrea
122	Sierra Leone	162	Georgien
123	Singapur	163	Tadschikistan
124	Simbabwe	164	Bahrain
125	Somalia	165	Kambodscha
126	Spanien	166	Armenien
127	Sri Lanka	167	Kirgisistan
128	Sudan	168	Moldawien
129	Südafrika	169	Turkmenistan
130	Syrien	200	Mauritius
131	Tansania	201	Nordkorea

Außerdem gibt es (von Deutschland anerkannte) Staaten oder Regime, die als de facto stabilisiert gelten, denen bisher keine Kennziffern zugeordnet worden sind, meist deswegen, weil sie keine ständige Vertretung in Deutschland unterhalten. Beispiele hierfür sind Andorra, Bahamas, Barbados, Belize, Bhutan, Botsuana, Dschibuti, Fidschi, Gambia, Grenada, Komoren, Malediven, Souveräner Malteserorden, Osttimor, Samoa, San Marino, Swasiland sowie Trinidad und Tobago.

Internationale Organisationen

Wichtige **internationale Organisation** besitzen teilweise diplomatische bzw. konsularische Privilegien. Die Kfz-Kennzeichen ihrer Dienstfahrzeuge haben den gleichen Aufbau wie Diplomatenkennzeichen – beginnen also auch links mit einer **0.** Dann folgt die Kennziffer der Organisation. Für die dreistelligen Kennziffern ist für die internationalen Organisationen der Bereich von 170–199 sowie 300–302 (bis 399 in Reserve) vorbehalten.

170	Internationale Arbeitsorganisation (ILO), Bonn
171	Europäische Zentralbank (EZB), Frankfurt
172	Europäische Organisation für Flugsicherheit (EASA), Köln
173	UN – Hoher Flüchtlingskommissar, Berlin
174	Gemeinsame Organisation für Rüstungskooperation (OCCAR), Bonn
175	International Organisation for Migration (IOM), Bonn
176	Büro der Liga Arabischer Staaten, Berlin
177	Deutsch-Französisches Jugendwerk (DFJW), Berlin
178	Europäisches Operationszentrum für Weltraumforschung (ESOC), Darmstadt
179	NATO EF 2000 and Tornado Development Production and Logistic's Management (NETMA), Unterhaching
180	Europäische Südsternwarte (ESO), Garching bei München
181	Europäisches Laboratorium für Molekularbiologie (EMBL), Heidelberg
182	Europäische Kommission (Deutschlandvertretung)
183	Europäisches Patentamt (EPA)
184	Organisation für wirtschaftliche Zusammenarbeit und Entwicklung (OECD), Bonn
185	UN-Welternährungsprogramm, Berlin

Kennzeichen-Schilder

Standard-Kennzeichen

Die Schilder der Standard-Kennzeichen sind weiß mit schwarzer Schrift. Sie besitzen vorne und hinten am Fahrzeug das Dienstsiegel der Stadt oder des Landkreises der Zulassung. Vor dem 1. Januar 2010 zugelassene Fahrzeuge tragen vorne noch die sechseckige Prüfplakette der Abgasuntersuchung. Seit diesem Datum ist die Abgasuntersuchung Teil der Hauptuntersuchung. Deswegen ist nun die vordere Prüfplakette hinfällig. Die sich hinten am Fahrzeug befindende runde Prüfplakette der Hauptuntersuchung gibt Monat und Jahr der nächsten fälligen Hauptuntersuchung des Fahrzeuges an.

Grüne Autokennzeichen

(wie Standard-Kennzeichen, aber mit grünen Buchstaben und Ziffern) markieren steuerbefreite Fahrzeuge der Land- und Forstwirtschaft, gemeinnütziger oder Hilfsorganisationen, Schaustellerfahrzeuge, zweckgebundene Anhänger und Arbeitsmaschinen. Mit grünen Kennzeichen markierte Fahrzeuge dürfen nur zu Zwecken, für die eine amtliche Genehmigung zur Steuerbefreiung vorliegt, benutzt werden. Die steuerbefreite, nicht-grüne Ausnahme sind Behörden- und diplomatische Fahrzeuge, Linienbusse und Kleinkrafträder.

Oldtimerkennzeichen

mit einem **H** (= historisches Fahrzeug) direkt ohne Zwischenraum rechts von den Ziffern können annähernd im Originalzustand erhaltene Fahrzeuge tragen, die mindestens 30 Jahre auf der Motorhaube haben. Bedingung ist ein Gutachten eines amtlich anerkannten Sachverständigen, der die Pflege des kfz-technischen Kulturguts gebührend zu schätzen weiß (obligatorisch: der Oldtimer muss fahrbereit und verkehrssicher sein). Die Vorteile für die Fahrzeughalter sind Steuer-, evtl. auch Versicherungsermäßigungen sowie die Befreiung von der Anbringung einer Feinstaubplakette.

Saisonkennzeichen

ersparen Fahrzeughaltern, die ihr Kraftfahrzeug nicht über das komplette Jahr benützen, das sonst obligatorische An- und Abmelden und die dazu erforderlichen Gebühren. Am rechten Rand sind der erste und letzte Monat der Gültigkeit eingeprägt (oben der erste Monat der Gültigkeit, unter dem Bindestrich der letzte Monat der Gültigkeit, deren Spanne reicht von 2–11 Monaten eines Zwölf-Monate-Zeitraums). Außerhalb dieser Betriebszeit dürfen öffentliche Straßen nicht benutzt werden. Hauptsächlich für „Saisonfahrzeuge" wie Cabriolets, Wohnmobile, Motorräder oder Fahrzeuge des Winterdienstes werden Saisonkennzeichen verwendet.

Rote Autokennzeichen (I)

bzw. rote Dauerkennzeichen können nur Personen des Kfz-Gewerbes mit Händlernachweis (Gewerbeschein, Bedarfs-, Versicherungs- und Leumundsnachweis) bekommen. Keinem fixen Fahrzeug zugeteilt, können Rote Autokennzeichen an verschiedenen nicht zugelassenen Fahrzeugen für gewerbliche Zwecke, hauptsächlich Probe- und Überführungsfahrten, verwendet werden. Schildrand, Buchstaben und mit **06** beginnende Ziffernfolge sind rot.

Rote Autokennzeichen (II)

können als Oldtimerkennzeichen für amtlich anerkannte „junge" Oldtimer mit einem Alter von mindestens 20 Jahren verwendet werden. Diese 07-er-Nummern (die Ziffernfolge beginnt stets mit **07**, Buchstaben und Rand sind rot) können für bis zu zehn verschiedene Fahrzeuge verwendet werden, verlangen aber die Einhaltung von Restriktionen: Fahrtenbuch, Fahrten nur zu Oldtimer-Meetings, zu Werkstattbesuchen, Probefahrten zum Fahrzeugverkauf etc. Eine Nutzung als reguläres Alltagsauto ist mit diesen Kennzeichen nicht erlaubt.

DO • D4196 `24 11 12`

Kurzzeit-Autokennzeichen

dienen zu Probe-, Überführungs- oder Prüfungsfahrten nicht zugelassener Fahrzeuge (nach § 16 der Fahrzeug-Zulassungsverordnung FZV geregelt). Sie sind maximal fünf Tage gültig. Das Ende der Gültigkeit (Tag, Monat, Jahr) ist rechts im gelben Feld markiert. Dabei kennzeichnet die obere Zahl den Tag, die mittlere Zahl den Monat und die untere Zahl das Jahr des Ablaufdatums. Das blaue Euro-Feld fehlt, die Ziffernfolge beginnt immer mit **04** und seit März 2007 auch mit **03**. Verwaltungsbezirk bzw. Zulassungsstelle können frei gewählt werden. Eine Bescheinigung für eine bestandene AU und HU ist nicht erforderlich.

GTH • 28 C `18 08 12`

Ausfuhrkennzeichen

erlauben den Export auf eigener Achse ins Bestimmungsland. Im rechten Teil folgen auf eine ein- bis vierstellige Zahl ein Buchstabe – dieser hat keine besondere Bedeutung – und im roten Feld das Ende der Gültigkeit (insbesondere des Versicherungsschutzes, die Gültigkeit beträgt maximal 1 Jahr): Tag (obere Zahl), Monat (mittlere Zahl), Jahr (untere Zahl). Das rote Feld (RAL 2002) darf nicht retroreflektierend sein Das blaue Euro-Feld fehlt, die Stempelplakette mit einem Durchmesser von 35 mm ist rot.

KN CM 82 `09 12`

Verkleinerte zweizeilige Kennzeichen

(für Leichtkrafträder, diverse Zugmaschinen mit einer bauartbedingten Höchstgeschwindigkeit von nicht mehr als 40 km/h), die kleiner, zweizeilig und auch als Saisonkennzeichen im Verkehr sind, werden in Ausnahmefällen auch für bestimmte Import-Pkw genehmigt, deren Abmessungen ein Anbringen der Standardkennzeichen nicht oder nur erschwert ermöglichen. Die maximale Abmessung der Kennzeichen-Schilder beträgt 255 mm in der Breite und 130 mm in der Höhe (seit 2011 sind für Motorräder kleinere Abmessungen inkl. kleinerer Schriftgröße möglich). Die jährlich in einer anderen Farbe ausgegebenen *Versicherungskennzeichen* für Kleinkrafträder, motorisierte Krankenfahrstühle und vierrädrige Leichtkraftfahrzeuge sind eine eigene Kennzeichen-Kategorie.

EUROPAS LÄNDER

von A–Z und ihre Kennzeichen

Eurokennzeichen

Europa wächst zusammen – und wird größer. Ein sichtbares Zeichen auf unseren Straßen ist bei Kraftfahrzeugen das Euro-kennzeichen. Zunächst wurde es in Deutschland im Jahr 2000 auf freiwilliger Basis eingeführt, seit dem 1. November 2005 ist es für alle Neuzulassungen und Ummeldungen Pflicht. Sich im Verkehr befindende ältere Standardkennzeichen behalten jedoch ihre Gültigkeit, für diese besteht keine Umtauschpflicht. Markantestes Merkmal der neuen reflektierenden Eurokennzeichen ist das blaue Eurofeld am linken Kennzeichenrand. Im oberen Teil ist dort entsprechend der europäischen Flagge ein goldener Sternenkranz eingeprägt, der die Europäische Union symbolisiert. Ungeachtet der Anzahl der Mitgliedsstaaten, besteht dieser immer aus zwölf Sternen (die Zwölf und der Kreis gelten als Symbol der Ganzheit bzw. Vollkommenheit und der Einheit). Unter dem Sternenkranz befindet sich das Nationalitätskennzeichen des EU-Mitgliedsstaates, im Falle von Deutschland also ein „D". Für den Verkehr innerhalb der EU ist für mit dem Eurokennzeichen ausgerüstete Fahrzeuge seitdem das früher auf dem Fahrzeugheck aufzuklebende ovale Nationalitätskennzeichen überflüssig. Dies gilt auch für Fahrten in einige Nachbarländer wie beispielsweise die Schweiz.

Augenfällig ist auch die neue FE-Schrift, die die alte Schriftart nach DIN 1451 ersetzt. FE steht für fälschungserschwerend: Es gibt weniger Verwechslungen zwischen einzelnen Buchstaben mit bestimmten Ziffern (z.B. B und 8 oder O, Q und 0), und auch die einzelnen Buchstaben unterscheiden sich deutlicher voneinander, so dass Manipulationen leichter auffallen als bei der alten DIN-Schrift. Ein Manko ist allerdings die etwas schlechtere Lesbarkeit.

Eine weitere Neuerung bezieht sich auf die Stempelplaketten der Zulassungsbehörden. Die sechseckige AU-Prüfplakette vorne (Abgasuntersuchung, Durchmesser: 35 mm) und die runde HU-Prüfplakette (Hauptuntersuchung, Durchmesser 35 mm) hinten sind gleich geblieben. Bei beiden Plaketten zeigen die Jahreszahl (jeder Jahrgang bzw. jedes Kalenderjahr hat eine bestimme Farbe) in der Mitte und der senkrecht nach oben weisende Monat den Ablauf der Gültigkeit bzw. die Fälligkeit der nächsten Fahrzeuguntersuchung an. Neu bei den Eurokennzeichen ist die sich sowohl vorne als auch hinten unter den Prüfplaketten befindende Stempelplakette der Zulassungsbehörde, die nun im Zentrum das farbige Landeswappen des jeweiligen Bundeslandes ziert (oben die Bezeichnung des Bundeslandes, darunter der Kreis der Zulassungsbehörde) und 45 mm im Durchmesser misst. Eurokennzeichen haben in der regulären Ausführung das Format 520 x 110 mm (erlaubt die Buchstaben-Zahlenkombination eine geringere Breite, kann das Schild auch schmaler sein), die seltenen zweizeiligen Schilder messen maximal 340 mm in der Breite und 200 mm in der Höhe. Standardmäßig, wenn das Kennzeichen aus insgesamt nicht mehr als sieben Buchstaben und Ziffern besteht, wird die sogenannte FE-Mittelschrift (Buchstabengröße 47,5 x 75 mm, Zahlengröße 44,5 x 75 mm) benutzt. Besteht das Kennzeichen aus insgesamt acht Buchstaben und Ziffern oder muss die Breite des Kennzeichenschildes aufgrund der Bauweise des Fahrzeuges schmaler sein (dies muss allerdings auch im Fahrzeugschein eingetragen sein), wird die FE-Engschrift verwendet. Deren Ausmaße betragen 40,5 x 75 mm für Buchstaben und 38,5 x 75 mm für Ziffern.

Eurokennzeichen werden inzwischen in folgenden Staaten der Europäischen Union verwandt: **Belgien, Bosnien-Herzegowina, Bulgarien, Dänemark (optional), Deutschland, Estland, Finnland, Frankreich, Griechenland, Großbritannien, Irland, Italien, Kroatien** (bisher noch kein Mitglied der EU, doch optional mit Europaflagge auf dem Schild), **Lettland, Litauen, Luxemburg, Makedonien, Malta, Niederlande, Österreich, Polen, Portugal, Rumänien, Schweden, Slowakei, Slowenien, Spanien, Tschechien, Ungarn und Zypern.**

Andere europäische Staaten, vorwiegend osteuropäischer Provenienz, die einen Antrag auf die Aufnahme in die EU gestellt haben, verwenden Kennzeichenschilder, die auf den ersten Blick vollkommen den Eurokennzeichen gleichen. Als Unterschied ist bei diesen jedoch statt dem goldenen Sternenkranz im blauen Feld die jeweilige Nationalflagge abgebildet. So z.B. in Bosnien und Herzegowina, Färöer, Türkei und Ukraine.

Albanien

Land: Mächtig thront über dem Schwemmland der Adriaküste das albanische Gebirge. Die 1989 eskalierten Unruhen machten es zum „Wilden Osten" Europas, durch den die Aura von Pulverdampf zieht. Existentielle Not und wirtschaftliche Rückständigkeit, weniger Nationalitätenkonflikte – schließlich ist Albanien der ethnisch homogenste Balkanstaat (die Bevölkerung besteht zu 96 % aus Albanern) –, kulminierten mit beginnender Öffnung des Landes in Bürgerkrieg und Flucht (makabre Berühmtheit erlangten 1997 die überfüllten Schiffe albanischer Flüchtlinge über die Adria nach Italien). Vorbei also die Zeiten, in denen der nordalbanische Fürst Skanderberg von der Festung Kruje Albanien im 15. Jh. gegen das anstürmende Osmanische Reich verteidigte und zum Nationalhelden avancierte. Denkmäler wie das Wahrzeichen der Hauptstadt Tirana erinnern noch daran, und Kruje ist bis heute das Nationalheiligtum für das albanische Volk.

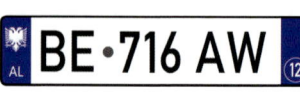

Kennzeichen sind weiß mit schwarzer Schrift. Bei bis Ende 2010 ausgegebenen Kennzeichen war im roten Feld am linken Schilderrand unter dem schwarzen Doppeladler (Staatswappen) das weiße Nationalitätszeichen **AL** eingeprägt. Von links nach rechts folgten der durch einen Buchstabenblock gebildete, dem Zulassungsbezirk („rreth", in etwa Kreis) des Fahrzeugs entsprechende Regional-Code sowie die Seriennummer. Diese bestand aus einer vierstelligen Zahl und einem weiteren Buchstaben (rechts). Bei den 2011 neu eingeführten Kennzeichenschildern ist der linke Streifen blau, das Staatswappen weiß. Wie bei italienischen Kennzeichen befindet sich am rechten Schilderrand ein weiterer blauer Streifen mit den letzten beiden Ziffern des Zulassungsjahres. Die alpha-numerische Kombination im weißen Feld aus 2 Buchstaben-3 Ziffern-2 Buchstaben ist ohne jeglichen regionalen Bezug und gibt keinen Aufschluss mehr über die regionale Herkunft des Fahrzeugs.

Albanien: Skanderbeg-Platz

**Die Regional-Codes
bis 2010:**

BC	Tropoje (Bairim Curri)
BR	Berat (Berat)
BZ	Bulquize (Bulquiza)
DI	Dibre (Peshkopia)
DL	Devine (Delvina)
DR	Durrës (Durrës)
DV	Devolli (Bilisht)
EL	Elbasan (Elbasan)
ER	Kolonje (Erseka)
FR	Fier (Fier)
GJ	Gjirokaster (Gjirokastra)
GR	Gramsh (Gramsh)
HS	Has (Kruma)
KJ	Kavaja (Kavaja)
KO	Korce (Korça)
KR	Kruje (Kruja)
KU	Kukës (Kukës)
KV	Kucove (Kuçova)
LA	Kurbin (Laç)
LB	Librazhd (Librazhd)
LE	Lezhe (Lezha)
LU	Lushnje (Lushnja)
MA	Malësia e Madhe (Koplik)
MK	Mallakaster (Ballsh)
MR	Mirdite (Rrëshen)
MT	Mat (Burrel)
PE	Peqin (Peqin)
PG	Pogradec (Pogradec)
PR	Përmet (Përmet)
PU	Puke (Puka)
SH	Shkoder (Shkodra)
SK	Skrapar (Çorovode)
SR	Sarande (Saranda)
TP	Tepelene (Tepelena)
TR	Tirane (Tirana)
VL	Vlore (Valona)

Sonderkennzeichen:

CD + zwei durch Bindestrich getrennte Ziffernpaare in Grün: Diplomatischer Corps. Das erste Ziffernpaar entspricht dem Code des Herkunftslandes.
U + Ziffern: Heeresfahrzeug

Andorra

 **Land:** Das winzige „Land der Pyrenäen" ist als Principat d'Andorra seit Volksentscheid 1903 de facto unabhängig.

Über den beiden Haupttälern Valira del Nord und Valira d'Orient erheben sich die mächtigen Gipfel der Ostpyrenäen. Das Idyll aus wilder Landschaft, einsamen Bergseen und malerischen Bergdörfern mit ihrem charakteristischen unverputzten Naturstein, romanischen Kirchen, Viehzüchtern und Bauern erfuhr im letzten halben Jahrhundert massive Veränderungen, seitdem ob all des günstigen Benzins und der (fast) steuerfreien Luxus- und Designerwaren besonders an Wochenenden sich drängelnde Wagenkolonnen von kaufwütigen Tages- und Transittouristen durch das Haupttal und die Hauptstadt Andorra la Vella schleppen.
Trotz oder wegen der damit einhergehenden Bausünden ist hier das größte zusammenhängende Skigebiet der Pyrenäen entstanden.

Kennzeichen: Die geringe Ausdehnung (468 km²) und Einwohnerzahl (68.000) von Andorra machen's: Die Kennzeichen sind ohne geografische Zuordnung, die Schilder weiß, die Schrift schwarz, unter den Seriennummern (A0001, A9999, B0001 etc.) der blaue Schriftzug „PRINCIPAT D'ANDORRA", links das Wappen des Fürstentums und seit 2011 darunter den Schriftzug **AND** in Blau.

Belgien

Land: Das Land der Flamen und Wallonen, das sich von der flandrischen Tiefebene bis zu den Ardennen mit dem Hohen Venn im Süden erstreckt, ist städtereich. International bekannt ist die Hauptstadt Brüssel als Sitz des Europäischen Parlaments, des Europarates, der EU-Kommission und des NATO Headquarters. Auch Hergés androgyne Kreation Tintin, der man zusammen mit seinem Hund Snowy im ganzen Stadtgebiet begegnen wird, wurde zu einem über die Grenzen bekannten Markenzeichen Brüssels. Einen herrlichen Kontrast zu den pompösen Verwaltungs- und Zweckbauten der Oberstadt und im Stadtteil Evere bildet der von breiten Boulevards umschlossene Altstadtkern um den Platz der Plätze, den Grand Place, mit seinen historischen Gilden- und Magistratshäusern, um den im Belle-Epoque- und Art-Nouveau-Stil errichtete Gebäude dem Stadtbild seine pittoresken Nuancen verleihen. Größter Seehafen Belgiens ist Antwerpen.

Kennzeichen: Die alphanumerische Kombination der Kennzeichen und Rahmen auf weißem Grund stand und steht in keiner Verbindung zur Anmelderegion des Fahrzeugs. Bis Juni 2008 bestand sie aus 3 Zahlen links und 3 Buchstaben rechts, danach bis November 2010 aus 3 Buchstaben links und 3 Zahlen rechts, jeweils in roter Schrift und mit roter Umrandung. Am 16. November 2010 führte Belgien als letztes EU-Land das Euro-Kennzeichen ein, allerdings in leicht modifizierter Form. So sind der rote Rahmen und die rote Schrift geblieben. Im blauen Streifen links ist unter dem Sternenkranz ein weißes **B**. Es folgen eine Ziffer (aufsteigende Seriennummer, beginnend mit 1, eine 8 steht für europäische Behörden sowie Eurocontrol, eine 9 für in Belgien sehr teure Wunschkennzeichen). Nach einem Bindestrich schließen sich 3 Buchstaben, ein Bindestrich und 3 weitere Ziffern an. Beginnt die Buchstabengruppe mit einem **TX**, handelt es sich um ein Taxi, bei **O** um ein historisches Fahrzeug und bei **Z** um das Fahrzeug eines Autohändlers.

Sonderkennzeichen:

EUR Fahrzeuge von Organen der Europäischen Gemeinschaft (blaue Schrift auf weißem Grund, rechts folgt eine vierstellige Zahl)

CD Diplomatischer Korps (in Grün + Buchstabe und drei Ziffern in Rot; weißes Schild mit rotem Rand)

A Regierung und höchste Administration

P Abgeordnete und gehobene Administration

E Regionalregierung und mittlere Administration

Der Königliche Hof verwendet Schilder mit bis zu drei Ziffern.

Bosnien-Herzegowina

Land: Zwei unterschiedliche Entitäten, die „Föderation Bosnien-Herzegowina" (Federacija Bosna i Hercegovina, auch „Bosniakisch-Kroatische Föderation" genannt) und die „Serbische Republik" (Republika Srpska), sowie die keiner Entität angehörende nordbosnische Stadt Brcko bilden den Staat Bosnien-Herzegowina. Der komplette Landesname hat seinen Ursprung in dem Fluss Bosna, der die Hauptstadt Sarajevo durchfließt, und im Herrschertitel „Herzog" (Herzegowina = Herzogsland). Die explosiven Spannungen, die sich in jüngerer Zeit in Bosnien-Herzegowina aufgrund ethnischer, geistig-kultureller, religiöser, fundamentaler wie ökonomischer Konflikte entluden, machen bis heute die Präsenz eines International Supervisors und von internationalen Schiedsgerichten erforderlich, die die Rechtsharmonisierung, Demilitarisierung, den Aufbau einer multiethnischen Polizei und Justiz sowie die Schaffung einer Wirtschaftsfreihandelszone überwachen.

 T13-E-277

Kennzeichen sind weiß mit schwarzer Schrift. Am linken Schilderrand befindet sich ein blaues Feld mit (bis zur Kennzeichenreform 2009 noch mit dem Staatswappen über) dem **BIH**-Schriftzug. Kennzeichen bis 1998 bestanden aus einem Buchstabenpaar (links), einer vierstelligen Zahl in der Mitte und einem weiteren Buchstabenpaar (rechts). Das linke Buchstabenpaar war der Regional-Code, der dem Zulassungs-Kanton des Kfz entspricht. Seitdem sind Kennzeichen ohne geografische Zuordnung – um die Zuordnung des Fahrzeugs zur vorwiegenden ethnischen Gruppierung der jeweiligen Region zu unterbinden, denn die Übergriffe unter diesen setzten sich auch nach der Gründung des souveränen Staates Bosnien-Herzegowina fort. Die Kennzeichen bestanden, jeweils durch Bindestrich getrennt, aus einer dreistelligen Zahl (links), einem Buchstaben (verwendet werden solche, die im lateinischen und im serbisch-kyrillischen Alphabet die gleiche Bedeutung haben: A, E, J, K, M und T, Ausnahme: O aufgrund der optischen Ähnlichkeit mit der Zahl 0) in der Mitte und einer weiteren dreistelligen Zahl (rechts). Die alpha-numerische Kombination ist seit 2009 in FE-Schrift von links nach rechts 1 Buchstabe plus 2 Ziffern, Bindestrich, 1 Buchstabe, Bindestrich und eine 3-stellige Zahl. Gleichzeitig wurden u.a. neue Diplomatenkennzeichen eingeführt mit (v.l.n.r.) 1 Zahl (Codierung des Herkunftslands), 1 Buchstabe (Amtsstatus) und 1 Seriennummer in gelber Schrift auf blauem Grund.

Die Regional-Codes bis 1998:

BC	Brčko
BI	Bihać
BL	Banja Luka
BN	Bijeljina
DO	Doboj
GZ	Goražde
JC	Jajce
LI	Livno
MO	Mostar
PD	Prijedor
SA	Sarajevo
TZ	Tuzla
ZE	Zenica

Bulgarien

Land: Drei markante Landschaften bestimmen die Geografie Bulgariens: das Balkangebirge, die hügelige Flusslandschaft der Donau, die auf über 500 Kilometern Länge Bulgarien durchquert, und im Osten das Schwarze Meer. Dieses Binnenmeer erhielt seinen Namen (wieso schwarz?) im Mittelalter, obschon „stürmische See" weitaus zutreffender wäre. Und doch lockt das maritime Klima der Seebäder nördlich der Hafenstädte Varna im Norden (dort „Goldstrand") und Burgas im Süden (dort „Sonnenstrand") insbesondere im frühen Herbst Jahr für Jahr mehr Badegäste an. Ein weiterer Besuchermagnet ist die Hauptstadt Sofia, in der Basiliken, Thermen, sakrale und profane Monumentalbauten die jahrtausendealte Stadtgeschichte bezeugen.

Kennzeichen: Seit 1992 bestehen die ein- und zweistelligen Regional-Codes aus Buchstaben, die sowohl in der kyrillischen (Kyrillica) wie lateinischen Schrift verwendet werden. Sie stehen links, gefolgt von einer vierziffrigen Zahl. Den rechten Abschluss bildet der Serien-Code aus 1 bzw. 2 Buchstaben. Seit dem Beitritt Bulgariens in die EU 2007 ersetzt im linken blauen Feld oberhalb des Landes-Codes **BG** der goldene Sternenkranz die frühere bulgarische Flagge.

A	Burgas
AA	Burgas
B	Varna
BH	Vidin
BP	Vratsa
BT	Veliko-Túrnovo
C	Sofija (Stadt Sofia)
CC	Silistra
CH	Sliven
CM	Smolyan
CO	Sofia (Region Sofia)
CT	Stara Zagora
E	Blagoevgrad
EB	Gabrovo
EH	Pleven
H	Shumen
K	Kurdzhali
KH	Kyustendil
M	Montana
OB	Lovech
P	Ruse
PA	Pasardschik
PB	Plovdiv
PK	Pernik
PP	Razgrad
T	Turgovishte
TX	Dobrich
X	Khaskovo
Y	Yambol

Sonderkennzeichen:

BA	Bulgarische Streitkräfte
CP	Civil Protection = Zivilschutz

Weiße Schrift auf rotem Schild:

C	Diplomaten-Kennzeichen (die ersten beiden Ziffern entsprechen dem Herkunftsland)
CC	Konsulats-Kennzeichen
CT	technisches Personal einer diplomatischen Mission

Weiße Schrift auf blauem Schild:

XX	vorläufige/temporäre Kennzeichen

Dänemark

Land: Nachdem im 2. Jtsd. v.u.Z. Teile der Tiefebene im Norden Zentraleuropas im Meer versanken, blieb Dänemark eine zerstückelte Siedlungsfläche, in der kein Ort mehr als 52 km von der Meeresküste entfernt liegt, die Klima und Wetter mit milden Wintern, kühlen Sommern und viel Wind bestimmt. Dänemark gliedert sich in die große Halbinsel Jütland, die Insel Seeland mit der Hauptstadt Kopenhagen, die Inselgruppen Fünen, Lolland-Falster, Bornholm und über zig kleine bis winzige Inseln. Historisch trat es erstmals mit den Wikingerraubzügen in Erscheinung. Unter „den Großen" Knut und Waldemar dehnte sich der dänische Einflussbereich aus und kulminierte im 15. Jh., als man über ganz Skandinavien und Island herrschte. Bevorzugtes Reiseziel des heute kleinen Landes ist Kopenhagen. Reizvoll sind die Inseln Bornholm (40 km vor Schwedens Südostküste findet man herrliche Sandstrände, Dünen und Heidelandschaften), Mon (deren Kreidefelsküste überragt senkrecht der Mons Klingt) und Seelands Badeorte.

 AC 13 704

Kennzeichen: Dänemarks Kennzeichen geben keinen Aufschluss über die regionale Herkunft eines Fahrzeugs. Eine Ausnahme bilden die blau-weißen Nummernschilder der Inseln Färöer, die durch die weißen Buchstaben **FO** unterhalb der Färöer-Flagge (Merkið) im linken blauen Streifen gekennzeichnet sind. (die Färöer gehören politisch zu Dänemark – mit Autonomiestatus –, sind aber nicht Mitglied der Europäischen Union). Dänemarks rotumrandete Pkw-Schilder sind weiß mit schwarzer Schrift und bestehen aus einer zweistelligen Buchstabenkombination links und fünf Zahlen rechts. Seit 2009 können wahlweise Schilder mit dem blauen EU-Streifen und weißem **DK** verwendet werden. Bus-, Lkw- und Anhängerschilder sind gelb. Der diplomatische Corps verwendet blaue Schilder mit weißer Schrift.

Deutschland

 **Land:** Deutschland erstreckt sich über ein Gebiet, das während des Niedergangs des Weströmischen Reiches durch germanische Stämme besiedelt wurde und als Staatsgebilde infolge des Vertrages von Verdun (943) als Ostflanke aus dem zerfallenden Frankenreich hervorging. Im Jahre 962 wurde diese in der Erneuerung des abendländischen Kaisertums zum Heiligen Römischen Reich Deutscher Nation, über die Jahrhunderte hinweg jedoch zunehmend zu einem losen Staatenbund.
Die aggressiv geführte großdeutsche Außenpolitik des Kaiser- und Dritten Reiches kulminierte jeweils in einer expansionsdynamischen Kriegsführung, was beide Male in der bedingungslosen

Kapitulation und der Maßregelung durch die Alliierten endete. Nach einer 40-jährigen Teilung ist das geografische Herzstück Europas heute wieder vereint und in hohem Maße verstädtert, industrialisiert sowie von einem weit verzweigten Autobahnnetz durchzogen. Dies nicht nur weil Deutschland das „Land der Autofahrer" und des „Heiligen Blechs" ist, sondern im Zentrum Europas als wichtige Drehscheibe für den Waren- und Personenverkehr zwischen Skandinavien im Norden und dem Mittelmeerraum im Süden sowie zwischen dem atlantischen Westen und den im Zuge der EU-Erweiterung immer größer werdenden Weiten des europäischen Ostens fungiert.

Trotz der nicht nur für die Autobahnen postulierten „freien Fahrt für freie Bürger" ist Deutschland alles andere als das Lieblingsreiseziel der von Fernweh heimgesuchten Bundesbürger. Der landschaftliche Reiz für Inlandreisende und Erholung Suchende liegt jedoch in den herrlichen und sehr vielfältigen Naherholungsgebieten, die in Deutschland außerhalb der Ballungsräume, der Metropolen und deren Großstadtlärm en masse anzutreffen sind. Vor allem kulturhistorische Städte im östlichen Deutschland wie Dresden, Potsdam, die Hauptstadt Berlin oder Weimar, aber auch Regionen wie die Mecklenburgische Seenplatte, die Sächsische Schweiz, der Spreewald, der Stechlinsee oder die Ostseeküste mit der wildromantischen Insel Rügen sind attraktive und vielbesuchte Reiseziele.

Kennzeichen: Seit November 2000 sind bundesweit für Erstzulassungen reflektierende Eurokennzeichen Pflicht. Über

Deutschland: Reichstag Berlin

dem Nationalitätszeichen **D** im blauen Eurofeld am linken Rand ist der die Europäische Union symbolisierende goldene Sternenkranz eingeprägt. Die schwarz umrahmten Standardkennzeichen mit schwarzer Schrift auf weißem Grund tragen in der Mitte unten die Stempelplakette der Zulassungsstelle (Wappen des jeweiligen Bundeslandes) sowie darüber die runde Prüfplakette (hinten). Die sechseckige AU-Plakette (Abgasuntersuchung, vorne) wird seit 2010 nicht mehr ausgegeben. Die Ziffern- und Zahlenfolge besteht von links nach rechts aus dem Regionalcode (links, 1–3 Buchstaben), der dem Land- oder Stadtkreis zugeordnet ist, in dem das Kfz zugelassen ist, einer weiteren Buchstabenkombination (ein- oder zweistellig) und einer bis zu vierstelligen Zahl (rechts). Bei Behördenfahrzeugen, bei denen die mittlere Buchstabenkombination fehlt, kann die Zahl aus bis zu sechs Ziffern bestehen.

Ab Seite 6 in diesem Buch finden Sie eine ausführliche gesamte Deutschland-Kennzeichen-Übersicht!

Estland

pert noch stärker als die anderen Baltischen Staaten Tradition, Geschichte und die unermessliche Weite der Natur. Erstere zelebriert sich insbesondere beim Tallinner Sängerfest auf dem Lauluväljak, dem riesigen Sängerfeld in der Hauptstadt Tallinn. In der Waldeinsamkeit der dünnbesiedelten, nur leicht hügeligen estnischen Landschaft, die Burgen und Ruinen spätmittelalterlicher Ordensritter oder Baltische Gutshofarchitektur verbirgt und preisgibt, und an den wildromantischen Küsten des Finnischen Meerbusens wie bei Kunda scheint die Zeit seit Menschengedenken stehen geblieben zu sein. Nur bei Kohtla-Järve hat die Zivilisation in die Umwelt ihre Wunden geschlagen, weil dort der Ölschieferraubbau die Natur zum ökologischen Notstandsgebiet degenerierte.

139 BME

Kennzeichen sind nicht an den Fahrzeughalter, sondern an das Fahrzeug gebunden, sie sind schwarz auf weißem Grund (gelb bei zeitlich befristeter Gültigkeit) beschriftet, bestehen aus einem dreistelligen Ziffernblock (links) und dreistelligem Buchstabenblock (rechts). Dessen erster Buchstabe bezeichnete die Herkunftsregion des Fahrzeughalters. Der bunte Prüf-

Land: Eesti, wie es sich selbst nennt, verkör-

plakettenstreifen in der Mitte ist mit Eintritt Estlands zur EU im Jahr 2004 abgeschafft worden, dafür ziert nun der typische blaue EU-Streifen mit dem goldenem Sternenkranz und weißen Schriftzug „**EST**" den linken Schilderrand. Inzwischen erfolgt die Umstellung auf Kennzeichen ohne geografische Zuordnung.

Alte Regionalzeichen:

A–B	Tallinn
D	Viljandi
F	Pärnü
G	Valga
H	Hiiumaa
I	Jõhvi
J	Jõgeva
K	Kuressaare
L	Rapla
M	Harjumaa
N	Narva
O	Põlva
P	Paide
R	Rakvere
S	Haapsalu
T	Tartu
V	Võru

Sonderkennzeichen:

Blaue Schilder mit weißer Schrift, die Buchstabenkombination steht bei diesen links, an die sich rechts bis zu vier Ziffern anschließen:

CD	Diplomatischer Korps
CMD	Botschafter-Privatfahrzeug
AT	Attaché

Finnland

Land: Zwischen der Skandinavischen Halbinsel und den Weiten Kareliens erstreckt sich das Land der Tausend Seen. Außerhalb der Hauptstadt Helsinki bietet Suomi ungestüme Natur. In der rauhen Wildnis Lapplands leben hoch im Norden noch einige tausend Samen. Einfache Holzhütten sind über die Westküste verstreut, das Hinterland ist waldbedeckt. Mit der Befreiung von jahrhundertelanger Fremdherrschaft begann intellektuell die Rückbesinnung auf das Kalevala-Volksepos, während der finnischen Nationalromantik komponierte Jean Sibelius leidenschaftlich bewegte Symphonien, Kallela schuf mythischallegorische Bilder. Mit der Nationaltugend „sisu", der finnischen Art der Beharrlichkeit, konnten die Finnen bis heute ihre wiedererlangte Eigenständigkeit bewahren.

Kennzeichen sind seit Oktober 1989 ohne jegliche geografische Zuordnung, bestehen aus drei Buchstaben (links), drei Ziffern (rechts) und in der Mitte einem Bindestrich in Schwarz auf weißem Grund. Einzige Ausnahme: Kfz-Halter der **Åland-Inseln**

– die Autonomiestatus besitzen – im Südwesten Finnlands kommen mit Schildern, die deutlich von der Norm der Eurokennzeichen (u.a. viel höher) abweichen, des Weges. Sie sind weiß und haben links eine bis zu 3-stellige Buchstabenkombination, die mit ÅL beginnt, rechts, eine 3- bis 4-stellige Zahl, jeweils in blauer Schrift. Darüber ist der Schriftzug ÅLAND vom Wappen Ålands (links) und von der Flagge Ålands (rechts) flankiert. Das offizielle Nationalitätszeichen von Åland ist seit März 2010 **AX**. Bis 1993 war Finnlands Nationalitätszeichen **SF** (Suomi-Finland). Der heutige blaue EU-Streifen trägt die Aufschrift **FIN.**

Frankreich

Land: Die gewaltige Ausdehnung macht's, dass Frankreich (nach Russland zweitgrößtes Land Europas) ganz unterschiedliche wie eigenwillige Regionen in sich vereinigen kann. Von der Atlantikküste, der wildherben Bretagne und der Straße von Dover wechseln Mittelgebirge und ineinander übergehende Beckenlandschaften bis hin zum Mittelmeer, seinem mediterranen Klima und der sonnengefluteten Côte Azur. Kontrastreich dazu die schroffen Kämme der Pyrenäen im Südwesten und der Westalpen im Südosten, die mit dem Montblanc (4808 m) Europas höchste Erhebung formieren. Und über all diesen Landschaften thronen Faszination und Savoir vivre der Hauptstadt Paris – schlichtweg die Stadt der Mode, Kunst, Kultur, Nouvelle Cuisine, Haute Couture, historischen Bauten, der Affaires de coeur und Straßencafés.

Kennzeichen: Der 15. April 2009 war für passionierte Geografen bzw. Liebhaber regionaler Zuordnungen ein eher düsteres Datum. Denn diese wird bei den Schildern des an diesem Tag neu eingeführten Kennzeichensystems nur noch bedingt möglich sein. Um so mehr freut es aber Verfechter einer entbürokratisierten Verwaltung, Autohändler etc., denn die nun gültigen Schilder verbleiben beim jeweiligen Fahrzeug vom Tag der Erstzulassung bis zu dessen Verschrottung. Die neuen Kennzeichen (schwarze Schrift auf weißem Grund) tragen die alpha-nummerische Kombination 2 Buchstaben, 3 Ziffern, 2 Buchstaben, jeweils durch einen Bindestrich getrennt. Links befindet sich das blaue EU-Feld mit Strahlenkranz und einem weißen **F**, den rechten Abschluss bil-

Frankreich: Eifelturm in Paris

det ebenfalls ein blaues Feld mit Département-Wappen und -Nummer. Diese Départment-Kennung muss nicht zwingend mit dem Wohnort des Fahrzeugbesitzers übereinstimmen, denn es kann, z.B. aufgrund persönlicher Vorlieben, optional gewählt werden. Die neuen Kennzeichen werden chronologisch fortlaufend in einer einzigen nationalen Serie vergeben.

Das traditionelle Kennzeichensystem: Ältere Kennzeichen bestehen aus höchstens vier Ziffern (links), ein bis drei Buchstaben (Mitte) und zwei weiteren Ziffern (rechts). Letztere sind dem Département zugeordnet, in dem das Kfz zugelassen ist. In jüngerer Zeit wurden antiquierte Schilder (schwarz mit weißer Schrift) durch reflektierende EU-Schilder (links mit blauem Feld, EU-Wappen und der Aufschrift F) ersetzt. Deren Schrift ist schwarz auf vorne weißem, hinten gelbem Grund.

Die „traditionellen" Département-Codes:

01	Ain
02	Aisne
03	Allier
04	Alpes-de-Haute-Provence
05	Alpes (Hautes)
06	Alpes-Maritimes (Nizza)
07	Ardèche
08	Ardennes
09	Ariège
10	Aube
11	Aude
12	Aveyron
13	Bouches-du-Rhône (Marseille)
14	Calvados
15	Cantal
16	Charente
17	Charente-Maritime
18	Cher
19	Corrèze
20	Corse
2 A, 20 A	Corse-du-Sud
2 B, 20 B	Corse (Haute)
21	Côte d'Or
22	Côtes-d'Armor
23	Creuse
24	Dordogne
25	Doubs
26	Drôme
27	Eure
28	Eure-et-Loire
29	Finistère
30	Gard (Nimes)
31	Garonne (Haute)
32	Gers
33	Gironde (Bordeaux)
34	Hérault
35	Ille-et-Vilaine
36	Indre
37	Indre-et-Loire

38	Isère (Grenoble)	**81**	Tarn
39	Jura	**82**	Tarn-et-Garonne
40	Landes	**83**	Var
41	Loire-et-Cher	**84**	Vaucluse (Avignon)
42	Loire (St. Etienne)	**85**	Vendée
43	Haute-Loire	**86**	Vienne
44	Loire-Atlantique (Nantes)	**87**	Vienne (Haute)
		88	Vosges
45	Loiret (Orleans)	**89**	Yonne
46	Lot	**90**	Territoire-de-Belfort
47	Lot-et-Garonne	**91**	Essonne (Paris)
48	Lozère	**92**	Hauts-de-Seine (Paris)
49	Maine-et-Loire	**93**	Seine-St-Denis (Paris)
50	Manche	**94**	Val-de-Marne (Paris)
51	Marne (Reims)	**95**	Val d'Oise (Paris)
52	Marne (Haute)		
53	Mayenne		
54	Meurthe-et-Moselle		
55	Meuse		

Griechenland

Land: In einer ersten Reisewelle wurde Griechenland im 18. Jh. zum Ziel von Literaten, die sich in ihrer Klage um die Naturferne des Abendlandes in neoklassizistische Archaismen flüchteten. Gemein war ihnen die Evokation einer homerischen Natur. Sie träumten vom „weinfarbenen Meer", erblickten „Schiffe mit dem Sonnensegel". Später legten Archäologen Tempel und Skulpturen frei, suchten den Schatz des Priamus und fanden die Goldmaske des Agamemnon. Die profanen Reisenden der Neuzeit locken das heiße, durch den Sommerwind Meltemi gemilderte Klima, Sonne und Strände, die es an der peloponnesischen Küste und auf den gut 1400 Inseln im Ionischen und Ägäi-

56	Morbihan
57	Moselle
58	Nièvre
59	Nord (Lille)
60	Oise
61	Orne
62	Pas-de-Calais
63	Puy-de-Dôme
64	Pyrénées-Atlantiques
65	Pyrénées (Hautes)
66	Pyrénées-Orientales
67	Rhin (Bas); Straßburg
68	Rhin (Haute); Colmar
69	Rhône
70	Saône (Haute)
71	Saône-et-Loire
72	Sarthe (Le Mans)
73	Savoie
74	Savoie (Haute)
75	Paris
76	Seine-Maritime
77	Seine-et-Marne
78	Yvelines (Versailles)
79	Sèvres (Deux)
80	Somme

schen Meer en masse gibt. Beliebteste Ziele sind die Inselgruppe der Kykladen (Mykonos), Rhodos, Korfu und die isolierten Inseln Kreta, Samos und Lesbos. Höhepunkt des kulturgeschichtlichen Reichtums Griechenlands sind die Akropolis und die Hauptstadt Athen.

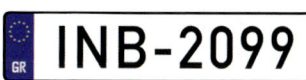

Kennzeichen bestehen aus drei Buchstaben links und einer vierstelligen Zahl rechts in Schwarz auf weißem Grund. Links haben sie das charakteristische blaue EU-Feld mit dem Sternenkranz, darunter die Aufschrift **GR.** Der Regional-Code des Zulassungsbezirks besteht aus den ersten beiden Buchstaben. Weil die Kfz-Kennzeichen fahrzeuggebunden sind, geben sie nur Auskunft über die Region der Erstzulassung durch den Fahrzeughalter bzw. seinen Wohnort bzw. Verwaltungssitz oder Präfektur. Denn Kennzeichen bleiben auch dann am Fahrzeug, wenn bei einem Verkauf der Käufer des Pkw in einer ganz anderen Region Griechenlands angesiedelt ist. Es werden nur die 14 Buchstaben verwendet, die sowohl in der griechischen als auch lateinischen Schrift verwendet werden: A, B, E, H, I, K, M, N, O, P, T, X, Y, Z.

AH	Xanthi
AI	Ätolien-Akarnanien (Agrinio)
AK	Lakonien (Sparta)
AM	Phokis (Amfissa)
AN	Lasithion (Agios Nikolaos)
AP	Argolis (Nauplion)
AT	Artas
AX	Achäa
AZ	Achäa
BI	Böotien (Levadia)
BO	Magnesien (Volos)
EA	Dodekanes (Kos)
EB	Evros
EE	Pellis (Edessa)
EM	Kykladen (Ermupolis)
EP	Serrä
EY	Lefkas
HA	Ilias (Pyrgos)
HK	Iraklion
HM	Imadia
HN	Thesprotias (Igoumenitsa)
HP	Iraklion (Kreta)
IA–IM	Attika
IN	Ioannina
IO–IZ	Attika
KA	Karditsa
KB	Kavala
KE	Kefallinia
KH	Euritanien (Karpenisi)
KI	Kilkis
KM	Messenien (Kalamata)
KN	Pierias (Katerini)
KO	Rodopis (Komotini)
KP	Korinthos
KT	Kastoria
KX	Kos
KY	Kerkyra (Korfu)
KZ	Kozani
ME	Ätolien (Messalongion)
MH	Limnos (Myrina)
MI	Othiotidos (Lamia)

MO	Samos
MY	Lesbos (Mytilene)
NA–NZ	Thessaloniki
OP	Orestiada
PA	Florina
PE	Rethymnon (Kreta)
PI	Larissa
PM	Drama
PN	Grevena
PO	Dodekanes (Rhodos)
PZ	Prevesa
TK	Trikala
TP	Arkadien (Tripoli)
XA	Euböa (Chalkis)
XI	Chios
XK	Chalkidike
XN	Chania (Kreta)
YA	Athen
YB	Athen
YE	Athen
YH	Athen
YI	Piräus
YK	Piräus
YM	Piräus
YN	Piräus
YO	Attika
YP	Attika
YT	Attika
YX	Athen
YY	Attika
YZ	Athen
ZA	Zakynthos
ZH–ZM	Athen
ZX–ZY	Attika
ZZ	Athen

Sonderkennzeichen:
unter Verwendung griechischer Buchstaben

E.A.	Polizei (Ελληνική Αστυνομία = Elliniki Astynomia)
ΔΣ	Diplomatischer Corps (Διπλωματικό Σώμα)

ΞΑ	Botschafterfahrzeug (Ξένες Αποστολές)
ΕΚ	Lkw öffentlicher Dienst
ΠΣ	Feuerwehr
ΤΑ	Taxi

Großbritannien

 **Land:** Die einst führende See- und Kolonialmacht erstreckt sich über die britische Insel mit den Landesteilen England, Schottland, Wales sowie Nordirland, die Shetland- und Kanalinseln. Hier läutete die erste Dampfmaschinenfabrik, Boulton & Watt, die industrielle Revolution ein. In jüngerer Zeit wird die ökonomische Dauerkrise in den Quartieren mit Fabrikbrachen und zerfallenden Reihenhaussiedlungen der Hauptstadt London, Manchesters, Glasgows und anderen Städten sichtbar. Einzigartiges Reiseerlebnis sind Kontraste zwischen Tradition und Fortschritt, Standesdünkeln der englischen Aristokratie und Tristesse der unteren sozialen Schichten. Erstere gibt sich während des Royal-Ascot-Pferderennens im Süden von Windsor Castle ein snobistisches Stelldichein und präsentiert der Königsfamilie und Regenbogenpresse aufgedonnerte Damenhüte, doch in der schrillen Londoner Underground- und Wave-Szene geht der Punk ab.

AO 54 CDE

Kennzeichen: Schwarze Schrift auf weißem (vorne) und gelbem Schild (hinten) ist in jüngerer Zeit die einzige Konstante des britischen Nummernsystems. Drastischer als die Einführung der Eurokennzeichen mit dem Nationalitätszeichen **GB** (das blaue EU-Band ist nach wie vor nicht zwingend und kann optional verwendet werden) war die Änderung der Regional-Codes ab Erstzulassungen 1. September 2001. Davor folgten auf den den Erstzulassungszeitraum kennzeichnenden Buchstaben die dreistellige Serienzahl sowie rechts ein dreistelliger Buchstabenblock, dessen beide letzten Buchstaben den Regional-Code (s.u. „Regional-Codes vor September 2001") bilden. Das Format des neuen Kennzeichensystems besteht von links nach rechts aus zwei Buchstaben, zwei Zahlen, drei Buchstaben. Der erste Buchstabe (Local Memory Tag) bezeichnet die Region, der zweite (Local Identifier) den Distrikt bzw. den Sitz der Zulassungsbehörde (Vehicle Registration Office).

Kfz-Kennzeichen gehören auf „Lebensdauer" zum Fahrzeug und nicht zu dessen Halter, weshalb ein Regional-Code nur die Herkunftsbestimmung der Erstzulassung erlaubt. Die beiden Ziffern sind der Code des Zulassungszeitraums. Mit der aktuellen Jahres-Klassifizierung wurde ebenfalls im September 2001 begonnen. Vom 1. März bis 31. August entsprechen die Ziffern dem jeweiligen Jahr, z.B. 2006 = 06, 2012 = 12. Vom 1. September bis zum 28./29. Februar des Folgejahres wird dieselbe Zahl + 50 verwendet, z.B. 1.9.2006– 28.3.2007 = 56, 1.9.2012– 28.3.2013 = 62. Rechts folgen die Serienbuchstaben. Kennzeichen-Beispiel: AO 54 CDE = Region Anglia (A), Bezirk Norwich (O), Zulassungszeitraum 54 = 1.9.2004–28.3.2005 (54).

Regional-Codes seit September 2001:
(fett gedruckt die Regionen)
A: Anglia
AA–AN	Peterborough
AO–AU	Norwich
AV–AY	Ipswich

B: Birmingham
BA–BY	Birmingham

C: Cymru (Wales)
CA–CO	Cardiff
CP–CV	Swansea
CW–CY	Bangor

D: Deeside & Shrewsbury
DA–DK	Chester
DL–DY	Shrewsbury

E: Essex
EA–EY	Chelmsford

F: Forest & Fens
FA–FP	Nottingham
FR–FY	Lincoln

G: Garden of England
GA–GO	Maidstone
GP–GY	Brighton

H: Hampshire & Dorset

HA–HJ	Bournemouth
HK–HV	Portsmouth
HW	Isle of Wight
HX–HY	Portsmouth

K: Luton/Northampton

KA–KL	Luton
KM–KY	Northampton

L: London

LA–LJ	Wimbledon
LK–LT	Stanmore,
seit 2006	Borehamwood
LU–LY	Sidcup

M: Manchester

MA–MY	Manchester

N: North East England

NA–NO	Newcastle
NP–NY	Stockton

O: Oxford

OA–OY	Oxford

P: Preston & Peaks

PA–PT	Preston
PU–PY	Carlisle

R: Reading

RA–RY	Reading

S: Scotland

SA–SJ	Glasgow
SK–SO	Edinburgh
SP–ST	Dundee
SV–SW	Aberdeen
SX–SY	Inverness

V: Valley of River Severn

VA–VY	Worcester

W: West Country

WA–WJ	Exeter
WK–WL	Truro
WM–WY	Bristol

Y: Yorkshire

YA–YK	Leeds
YL–YU	Sheffield
YV–YY	Beverley

Die Buchstaben J, T, U und die Buchstabenkombinationen XG–XY sind in Reserve und wurden im neuen Regional-Code-System noch nicht benutzt. I ist überhaupt nicht vorgesehen, bei **XA–XF** handelt es sich um ein für den EU-Export vorgesehenes Fahrzeug, **Q** bedeutet, dass ein Fahrzeug bzw. sein Erscheinungsbild (auch aufgrund eines Totalschadens) seit seiner Erstzulassung drastisch verändert wurde. Selten im Verkehr anzutreffen sind die alten schwarzen Kfz-Kennzeichen mit weißer Schrift, die Oldtimer klassifizieren.

Regional-Codes vor September 2001:

AA	Salisbury
AB	Worcester
AC	Coventry
AD	Gloucester
AE	Bristol
AF	Truro
AG	Beverley (Hull)
AH	Norwich
AJ	Middlesborough
AK	Sheffield
AL	Nottingham
AM	Swindon
AN	Reading
AO	Carlisle
AP	Brighton
AR	Chelmsford
AS	Inverness
AT	Beverley (VRO – Hull)
AU	Nottingham
AV	Peterborough
AW	Shrewsbury
AX	Cardiff
AY	Leicester
BA	Manchester

BB	Newcastle	**DA**	Birmingham
BC	Leicester	**DB**	Manchester
BD	Northampton	**DC**	Middlesborough
BE	Lincoln	**DD**	Gloucester
BF	Stoke on Trent	**DE**	Swansea
BG	Liverpool	**DF–DG**	Gloucester
BH	Luton	**DH**	Dudley
BJ	Ipswich	**DJ**	Warrington
BK	Portsmouth	**DK**	Bolton
BL	Reading	**DL**	Isle of Wight
BM	Luton	**DM**	Chester
BN	Bolton	**DN**	York
BO	Cardiff	**DO**	Boston
BP	Portsmouth	**DP**	Reading
BR	Durham	**DS**	Glasgow
BS	Orkney Islands	**DT**	Sheffield
BT	York	**DU**	Coventry
BU	Manchester	**DV**	Exeter
BV	Preston	**DW**	Cardiff
BW	Oxford	**DX**	Ipswich
BX	Swansea	**DY**	Hastings
BY	London North West	**EA**	Dudley
CA	Chester	**EB**	Cambridge
CB	Bolton	**EC**	Kendal
CC	Bangor	**ED**	Warrington
CD	Brighton	**EE**	Grimsby
CE	Cambridge	**EF**	Middlesborough
CF	Reading	**EG**	Peterborough
CG	Salisbury	**EH**	Stoke on Trent
CH	Nottingham	**EJ**	Aberystwyth
CJ	Hereford	**EK**	Warrington
CK	Preston	**EL**	Bournemouth
CL	Norwich	**EM**	Liverpool
CM	Liverpool	**EN**	Bolton
CN	Newcastle	**EO**	Barrow in Furness
CP	Huddersfield	**EP**	Swansea
CR	Portsmouth	**ER**	Cambridge
CS	Ayr	**ES**	Dundee
CT	Boston	**ET**	Sheffield
CU	Newcastle	**EU**	Bristol
CV	Truro	**EV**	Chelmsford
CW	Preston	**EW**	Peterborough
CX	Huddersfield	**EX**	Norwich
CY	Swansea	**EY**	Bangor

FA	Stoke on Trent	**HH**	Carlisle
FB	Bristol	**HJ–HK**	Chelmsford
FC	Oxford	**HL**	Sheffield
FD	Dudley	**HM**	London Central
FE	Lincoln	**HN**	Middlesborough
FF	Aberystwyth	**HO**	Salisbury
FG	Brighton	**HP**	Coventry
FH	Gloucester	**HR**	Swindon
FJ	Exeter	**HS**	Glasgow
FK	Dudley	**HT–HU**	Bristol
FL	Peterborough	**HV**	London Central
FM	Chester	**HW**	Bristol
FN	Canterbury	**HX**	London Central
FO	Radnorshire	**HY**	Bristol
FP	Leicester	**JA**	Manchester
FR	Preston	**JB**	Reading
FS	Edinburgh	**JC**	Bangor
FT	Newcastle	**JD**	London Central
FU	Grimsby	**JE**	Cambridge
FV	Preston	**JF**	Leicester
FW	Lincoln	**JH**	Reading
FX	Bournemouth	**JK**	Hastings
FY	Liverpool	**JL**	Boston
GA–GB	Glasgow	**JM**	Reading
GC	London South West	**JN**	Chelmsford
GD–GE	Glasgow	**JO**	Oxford
GF	London South West	**JR**	Newcastle
GG	Glasgow	**JS**	Stornoway
GH–GK	London South West	**JT**	Bournemouth
GL	Truro	**JU**	Leicester
GM	Reading	**JV**	Grimsby
GN–GP	London South West	**JW**	Birmingham
GR	Durham	**JX**	Huddersfield
GS	Luton	**KA–KD**	Liverpool
GT–GU	London South East	**KE**	Maidstone
GV	Ipswich	**KF**	Liverpool
GW–GY	London South East	**KG**	Cardiff
HA	Dudley	**KH**	Beverley
HB	Cardiff		(VRO – Hull)
HC	Brighton	**KJ–KR**	Maidstone
HD	Huddersfield	**KS**	Selkirk
HE	Sheffield	**KU**	Sheffield
HF	Liverpool	**KV**	Coventry
HG	Preston	**KW**	Sheffield

KX	Luton	**OO**	Chelmsford
KY	Sheffield	**OP**	Birmingham
LA–LF	London North West	**OR**	Portsmouth
LG	Chester	**OS**	Stanraer
LH	London North West	**OT**	Portsmouth
LJ	Bournemouth	**OU**	Bristol
LK–LR	London North West	**OV**	Birmingham
LS	Stirling	**OW**	Portsmouth
LT–LU	London North West	**OX**	Birmingham
LV	Liverpool	**OY**	London North West
LW–LY	London North West	**PA–PM**	Guildford
MA–MB	Chester	**PN**	Brighton
MC–MH	London North East	**PO**	Portsmouth
MJ	Luton	**PP**	Luton
MK–MM	London North East	**PR**	Bournemouth
MO	Reading	**PS**	Shetland Islands
MP	London North East	**PT**	Durham
MR	Swindon	**PU**	Chelmsford
MS	Stirling	**PV**	Ipswich
MT–MU	London North East	**PW**	Norwich
MV	London South East	**PX**	Portsmouth
MW	Swindon	**PY**	Middlesborough
MX–MY	London South East	**RA–RC**	Nottingham
NA–NF	Manchester	**RD**	Reading
NG	Norwich	**RE–RF**	Stoke on Trent
NH	Northampton	**RG**	Newcastle
NJ	Brighton	**RH**	Beverley
NK	Luton		(VRO – Hull)
NL	Newcastle	**RJ**	Manchester
NM	Luton	**RK**	London North West
NN	Nottingham	**RL**	Truro
NO	Chelmsford	**RM**	Carlisle
NP	Worcester	**RN**	Preston
NR	Leicester	**RO**	Luton
NS	Glasgow	**RP**	Northampton
NT	Shrewsbury	**RR**	Nottingham
NU	Nottingham	**RS**	Aberdeen
NV	Northampton	**RT**	Ipswich
NW	Leeds	**RU**	Bournemouth
NX	Dudley	**RV**	Portsmouth
NY	Cardiff	**RW**	Coventry
OA–OC	Birmingham	**RX**	Reading
OD	Exeter	**RY**	Leicester
OE–ON	Birmingham	**SA**	Aberdeen

129

SB	Oban	**UH**	Cardiff
SC	Edinburgh	**UJ**	Shrewsbury
SD	Ayrshire	**UK**	Birmingham
SE	Keith	**UL**	London Central
SF–SG	Edinburgh	**UM**	Leeds
SH	Selkirk	**UP**	Durham
SJ	Ayr	**UR**	Luton
SK	Wick	**US**	Glasgow
SL	Dundee	**UT**	Leicester
SM	Dumfries	**UU–UW**	London Central
SN	Dundee	**UX**	Shrewsbury
SO	Aberdeen	**UY**	Worcester
SP–SR	Dundee	**VA**	Cambridge
SS	Aberdeen	**VC**	Coventry
ST	Inverness	**VE**	Cambridge
SU	Glasgow	**VF–VG**	Norwich
SW	Dumfries	**VH**	Huddersfield
SX	Edinburgh	**VJ**	Hereford
TA	Exeter	**VK**	Newcastle
TB	Warrington	**VL**	Lincoln
TC	Bristol	**VM**	Manchester
TD–TE	Bolton	**VN**	Middlesborough
TF	Reading	**VO**	Nottingham
TG	Cardiff	**VP**	Birmingham
TH	Swansea	**VR**	Manchester
TJ	Liverpool	**VS**	Luton
TL	Lincoln	**VT**	Stoke on Trent
TM	Luton	**VU**	Manchester
TN	Newcastle	**VV**	Northampton
TO	Nottingham	**VW–VX**	Chelmsford
TP–TR	Portsmouth	**VY**	York
TS	Dundee	**WA–WB**	Sheffield
TT	Exeter	**WC**	Chelmsford
TU	Chester	**WD**	Dudley
TV	Nottingham	**WE–WG**	Sheffield
TW	Chelmsford	**WH**	Bolton
TX	Cardiff	**WJ**	Sheffield
TY	Newcastle	**WK**	Coventry
UA–UB	Leeds	**WL**	Oxford
UC	London Central	**WM**	Liverpool
UD	Oxford	**WN**	Swansea
UE	Dudley	**WO**	Cardiff
UF	Brighton	**WP**	Worcester
UG	Leeds	**WR**	Leeds

WS	Bristol
WT–WU	Leeds
WV	Brighton
WW–WY	Leeds
XP	Steuerbefreites Export-Kfz
YA–YD	Taunton
YG	Leeds
YJ	Brighton
YS	Glasgow
YT–YV	London Central

(Zulassung bis 1997, außerdem: YE–YF, YH, YK–YR)

YW–YY	London Central

NORDIRLAND

Was bis 1987 für ganz Irland galt, wurde in Nordirland bis in die Gegenwart beibehalten. Die vierstellige Seriennummer folgt auf einen bis zu dreistelligen Buchstabenblock (links). Dessen beide rechten Buchstaben bilden den Regional-Code:

AZ	Belfast
BZ	Down(patrick)
CZ	Belfast
DZ	Antrim
EZ	Belfast
FZ	Belfast
GZ	Belfast
HZ	Tyrone
IG	Fermanagh
JZ	Down(patrick)
KZ	Antrim
LZ	Armagh
MZ	Belfast
NZ	Derry/Londonderry
OZ	Belfast
PZ	Belfast
RZ	Antrim
SZ	Down(patrick)
TZ	Belfast
UZ	Belfast
VZ	Tyrone
WZ	Belfast
XZ	Armagh
YZ	Derry/Londonderry

Erstzulassung vor 1987:

JI	Tyrone
OI	Belfast
UI	Derry/Londonderry
XI	Belfast
IA	Antrim
IB	Armagh
IJ	Down(patrick)
IL	Fermanagh
IW	Derry

Nicht offiziell, doch seitens der Behörden toleriert ist das **NI** (Northern Ireland) im blauen Eurostreifen, ebenso wie **SCO** (Scotland) in Schottland und **CYM** (Cymru) in Wales.

INSELN UND GIBRALTAR

Weitere Regional-Codes bzw. -Kennzeichen werden auf den Großbritannien mehr oder weniger zugehörenden Inseln und in Gibraltar verwendet.

Gibraltar: Auf das **G** folgt eine fünfstellige Zahl, seit 1991 eine vierstellige Zahl plus ein weiterer Buchstabe. Links trägt das blaue EU-Feld die Aufschrift **GBZ**.

Isle of Man: Auf der Isle of Man (Irische See) lautete früher der rechte Buchstabenblock **MAN,** seit Erstzulassung 1987 beginnen die Regional-Codes (nun links) chronologisch mit BMN..., CMN..., DMN... etc., denen sich drei Ziffern plus ein weiterer Buchstabe anschließen. Darüber der kleine Schriftzug „ísle of man". Jüngere Kennzeichen haben im linken roten Feld die keltische Triskele der Isle of Man und den Schriftzug **GBM**.

SCY kennzeichnet die **Scilly Islands** (Südwestspitze Englands).

Kanalinseln: In **Alderney (GBA)** folgt auf **AY** eine bis zu vierstellige Zahl, in **Jersey (GBJ)** auf **J** eine bis zu fünfstellige Zahl, **Guernsey (GBG)** verwendet eine buchstabenfreie Seriennummer.

Irland

Land: „Oh Irland, du Smaragd des Ozeans!" pries Shelley die Grüne Insel, auf der der Hl. Patrick die letzten Druidengötter erschlagen haben soll. Sie ist konservativ bigott und jahrein, jahraus von Wind und Regen gepeinigt. Die Padlander, die auf Kartoffeläckern und in nassen Torfhütten versauern, sind bumsfidel und jederzeit bereit, sich mit Whiskey und Bier zu betrinken. Hier herrschen Krakeel und gälische Keltentümelei. Die Wunden der Geschichte haben in Irland und seiner Hauptstadt Dublin ein langes Leben, und doch haben die Iren gezeigt, wie Niederlagen auf sonderbare Weise zu Siegen werden, obwohl es lange brauchte, um die englischen Herren aus dem Land zu treiben, die in den sechs Grafschaften im Norden nach wie vor geöffnete Türen vorfinden. Wenn ein Smaragdinsulaner ein Mädchen liebt, dann ist es ein rotlockiger Wildfang, den er „My wild Irish rose" nennt. So weit die Klischees, die Reflexe der Wirklichkeit wie die Flucht vor ihr sind.

Kennzeichen: Irlands Standardzeichen kommen jetzt auch „schwarz auf weiß" (die ganz alten waren „weiß auf schwarz") mit Eurosymbol über den Buchstaben **IRL** resp. mit blauem EU-Feld des Weges. Sie sind fahrzeuggebunden, d.h., definitiv sicher kann man aufgrund des Kennzeichens nur die Region der erstmaligen Zulassung eines Fahrzeugs bestimmen. Die zweistellige Zahl links gibt das Erstzulassungsjahr an, der Buchstaben-Code in der Mitte den -bezirk (City, County resp. Stadt, Grafschaft), rechts folgt die bis zu fünfstellige Registrierungsnummer. Oberhalb dieser Kombination ist in gälischer Sprache der Name der Zulassungsstelle aufgeführt (z.B. Dublin = Baile Átha Cliath; in unserer Liste folgen die gälischen Namen in Klammern).

C	Cork (Corcaigh)
CE	Clare (An Clár)
CN	Cavan (An Cabhán)
CW	Carlow (Ceatherlach)
D	Dublin (Baile Átha Cliath)
DL	Donegal (Dún Na Ngáll)
G	Galway City (Gaillimh)
GW	Galway County (Gaillimh)
KE	Kildare (Cill Dara)
KK	Kilkenny (Cill Cheannaigh)
KY	Kerry (Ciarraí)
L	Limerick City (Luimneach)
LD	Longford (An Longphort)
LH	Louth (An Lú)
LK	Limerick County (Luimneach)
LM	Leitrim (Liatroim)
LS	Leix (Laoighis)
MH	Meath (An Mhí)
MN	Monaghan (Muineachán)
MO	Mayo (Maigh Eo)
OY	Offaly (Uibh Fhailí)
RN	Roscommon (Ros Comáin)
SO	Sligo (Sligeach)
TN	Tipperary North Riding (Tiobraid Arann)
TS	Tipperary South Riding (Tiobraid Arann)
W	Waterford City (Port Lairge)
WD	Waterford County (Port Lairge)
WH	Westmeath (An Iar-Mhí)
WW	Wicklow (Cill Mhantáin)
WX	Wexford (Loch Garman)

Sehr selten anzutreffen sind Kennzeichen, die aus der Buchstabenkombination ZZ plus fünfstelliger Zahl (Importfahrzeuge) oder ZV plus drei- bis fünfstelliger Zahl (Oldtimer oder Importfahrzeuge mit Erstzulassung vor 1987) bestehen. Noch seltener: ausschließlich die „1" als Seriennummer rechts. Dann ist hier der Bürgermeister von Dublin (D), Cork (C), Limerick (L) oder Waterford (W) unterwegs.

Island

 **Land:** Die „Insel aus Feuer und Eis" im Europäischen Nordmeer und äußersten Nordwesten Europas ist der Inbegriff elementarster Naturerfahrung. Nur wenig südlich vom nördlichen Polarkreis ist das innere Hochland von einer polaren Kältewüste durchzogen, dort hüllen sich die Gebirge bizarr ins „ewige" Gletschereis, und die sich zu einsamen, tief eingeschnittenen Fjorden öffnende Küste vielerorts in Eiskappen. Doch in Islands rauher, karger, fast gottverlassenen Natur brodelt's und zischt's gewaltig unter ihrer Haut, wird die Erdkruste immer wieder von der glühenden Lava aktiver Vulkane durchbrochen, dampfen heiße Quellen und schießen die berühmten Geysire in mächtigen Fontänen in die Höhe. Die Menschen Islands leben überwiegend in dem

mal breiteren, mal schmaleren Streifen entlang der Küsten, durch den die Ringstraße (Nationalstraße 1) einmal um Island herum führt. Natureinsamkeit prägt die Dörfer und kleinen, oft dem Fischfang gewidmeten Städtchen, und selbst die Hauptstadt Reykjavik erreicht gerade einmal Dimensionen einer europäischen Festlandkleinstadt.

Kennzeichen sind eher schmucklos und ohne geografische Zuordnung (Island wird von insgesamt gerade mal einer Viertelmillion Menschen bewohnt, was die Anzahl der im Land zugelassenen Fahrzeuge limitiert). Die Schilder sind weiß, die Schrift blau. Am Rand ist seit 2004 die isländische Flagge über dem Schriftzug **IS** angebracht, in der Mitte eine vignettenähnliche Plakette. Die fünfstellige alpha-numerische Kombination der Seriennummer (fortlaufende Vergabe von AA 001–ZZ 999 und seit 2007 AA A01–ZZ Z99) besteht aus einem Buchstabenpaar (links) und einer dreistelligen Zahl. Seit 2007 sind fünfstellige Kombinationen aus Buchstaben und Ziffern frei wählbar, mit der Bedingung, dass diese bisher noch nicht vergeben wurde. Die Kennzeichen vor 1990 zugelassener Fahrzeuge

waren schwarz mit silbergrauer oder weißer Schrift und begannen mit dem Kürzel des Kreisgebiets (in Island insgesamt 18). Am ehesten anzutreffen sind davon noch R (Reykjavík) und J (Flughafen Keflavík) im Westen sowie N (Neskaupstaður) und U (Eskifjörður) im Osten. Kennzeichen von Diplomatenfahrzeugen sind grün mit weißer Schrift und beginnen mit CD.

Italien

Land: Eine Reise, die dem Verlauf der italienischen Geschichte folgen würde, begänne im Norden der Hauptstadt Rom in Tarquina, der Nekropole und Marktstätte der Etrusker, die vom 9.–5. Jh. v.u.Z. die Apenninen-Halbinsel beherrschten. Aus gleicher Zeit stammen Überreste griechischer Kolonien an Süditaliens Küsten. Spuren aus der Glanzzeit des Römischen Reichs – vom monumentalen Bombast Roms (Kolosseum, Palatin, Forum Romanum etc.) über das Amphitheater Veronas bis zum vulkanzerstörten Pompeji – sind fast omnipräsent. Einem steinernen Buch des frühen Mittelalters gleicht Ravenna. Spätmittelalterliches präsentieren die toskanischen Städte Lucca und Siena sowie am Arno Pisa. Das architektonisch einzigartige Florenz

(Florentina = die Blühende), die Heimat Dantes, Boccaccios und der Medici, ist Keimzelle des Italiens der Neuzeit und war in der Renaissance eine der bedeutendsten Metropolen Europas.

Kennzeichen sind in Italien fast Abbild eines organisierten Chaos. Ursprünglich waren die Schilder schwarz mit weißer Schrift (Ziffern, 2 Buchstaben). Die (später orangenen) Buchstaben verwiesen auf die Anmeldeprovinz. Anfang 1994 wurden, nun mit schwarzer Schrift auf weißem Grund, neue lichtreflektierende Schilder eingeführt und schließlich ein Zeichensystem von 2 Buchstaben-3 Ziffern-2 Buchstaben, das keinen Bezug mehr zur Anmelderegion hat: Chronologische Vergabe von AA-000-AA bis ZZ-999-ZZ. Einzig Fachleute vermögen noch die Kfz-Herkunft zu eroieren, z.B. wurde Rom die Serien AB-HK bis AB-KC, von AC-RL bis AC-XX und von AG-HF bis AG-SW verliehen. Wie in vielen EU-Ländern besitzen die neueren Kennzeichen am linken Rand das blaue EU-Feld mit Sternenkranz über dem Buchstaben **I**. Eine italienische Spezialität ist der blaue Streifen am rechten Schilderrand, in dem unter dem Zulassungsjahr

das Provinzkürzel optional aufgeführt werden kann, was jedoch nicht verbindlich ist. Die autonomen Regionen wie Südtirol, Trentino und Aosta-Tal verwenden in diesem Feld außerdem ihr Landeswappen.

Die alten Regional-Codes:
AG Agrigento (Sizilien)
AL Alessandria (Piemont)
AN Ancona
AO Valle d'Aosta
AP Ascoli Piceno
AQ L'Aquila (Abruzzen)
AR Arezzo
AT Asti (Piemont)
AV Avellino
BA Bari (Apulien)
BG Bergamo
BI Biella (Piemont)
BL Belluno (Venetien)
BN Benevento (Kampanien)
BO Bologna
BR Brindisi (Apulien)
BS Brescia
BZ Bolzano (Südtirol)
CA Cagliari
CB Campobasso
CE Caserta (Kampanien)
CH Chieti (Abruzzen)
CI Carbonia-Iglesias
CL Caltanisetta (Sizilien)
CN Cuneo (Piemont)
CO Como
CR Cremona
CS Cosenza (Kalabrien)
CT Catania
CZ Catanzaro (Kalabrien)
EN Enna (Sizilien)
FC Forli-Cesena
FE Ferrara
FG Foggia (Apulien)
FI Firenze

FM	Fermo	**PZ**	Potenza
FO	Forli (bis 1994, Emilie Romana)	**RA**	Ravenna
		RC	Reggio di Calabria
FR	Frosinone (Latium)	**RE**	Reggio Emilia
GE	Genova	**RG**	Ragusa (Sizilien)
GO	Gorizia (Friaul)	**RI**	Rieti (Abruzzen)
GR	Grosseto (Toskana)	**RM**	Roma
IM	Imperia	**RN**	Rimini
IS	Isernia (Abruzzen)	**RO**	Rovigo (Venetien)
KR	Crotone	**ROMA**	Roma
LC	Lecco (Lombardei)	**SA**	Salerno
LE	Lecce	**SI**	Siena
LI	Livorno	**SO**	Sondrio (Lombardei)
LO	Lodi (Lombardei)	**SP**	La Spezia (Ligurien)
LT	Latina (Latium)	**SR**	Siracusa
LU	Lucca	**SS**	Sassari (Sardinien)
MB	Monza e Brianza	**SV**	Savona (Ligurien)
MC	Macerata	**TA**	Taranto (Tarent)
MD	Medio Campidano (bis 2006)	**TE**	Teramo (Abruzzen)
		TN	Trento
ME	Messina	**TO**	Torino
MI	Milano	**TP**	Trapani (Sizilien)
MN	Mantova (Lombardei)	**TR**	Terni (Umbrien)
MO	Modena	**TS**	Trieste
MS	Massa Carrara (Ligurien)	**TV**	Treviso
MT	Matera (Apulien)	**UD**	Udine (Friaul)
NA	Napoli	**VA**	Varese (Lombardei)
NO	Novara	**VB**	Verbania (Piemont)
NU	Nuoro (Sardinien)	**VC**	Vercelli (Piemont)
OG	Ogliastra	**VE**	Venezia
OR	Oristano (Sardinien)	**VI**	Vicenza
OT	Olbia-Tempio	**VR**	Verona
PA	Palermo	**VS**	Medio Campid
PC	Piacenza	**VT**	Viterbo (Latium)
PD	Padova	**VV**	Vibo Valentia (Kalabrien)
PE	Pescara (Abruzzen)		
PG	Perugia		
PI	Pisa		

Sonderkennzeichen/ Amtsfahrzeuge:

CC	Carabinieri (CC in rot)
CC	Konsularischer Corps (CC in Blau)
CD	Diplomatischer Dienst (blau)
CRI	Croce Rossa Italiana

PN	Pordenone (Friaul)
PO	Prato (Toskana)
PR	Parma
PT	Pistoia (Toskana)
PU	Pesaro Urbino
PV	Pavia

EI   Heeresfahrzeug (rot)
GdiF Guardia di Finanza
PC   Zivilschutz
POLIZIA Polizei (roter Schrift-
zug über fünfstelliger Buch-
staben-Ziffern-Kombination)
VF   Feuerwehr (rot)

Kosovo

Weil der Kosovo bisher nur z.T.
als souveräner Staat anerkannt
ist und seine Kennzeichen
nur eine regional beschränk-
te Gültigkeit haben, ist er in
diesem Buch im Anschluss an
Serbien aufgeführt. *Seite 172*

Kroatien

 **Land:** Es sind in
erster Linie die
Küsten von Istri-
en und Dalmatien – diese
Wunderwelt aus hellem Kalk-
stein und sonnenglitzerndem
Meer –, weswegen Kroatien
(und seine Strände) hierzulande bekannt und populär ist,
und hinter denen die Hauptstadt Zagreb samt Altstadt
und Stefansdom oder Slawo-
nien, die Kornkammer des
Landes, zurückstehen und
kaum besucht werden. Denn
die kroatische Adriaküste hat
es wahrlich in sich, zumal dort
auch zahllose kulturgeschicht-
lich bedeutsame wie malerische Orte, von ehemaligen
slawischen Festungen bis zu
dalmatinischen Fischerdör-
fern, anzutreffen sind, und
Städte, unter denen Dubrov-
nik und Split herausragen.
Erstere wurde nach heftigen
Zerstörungen, dem Range
eines Unesco-Weltkulturerbes
entsprechend, wieder restauriert, letztere zeigt sich besonders bei einer Annäherung
mit der Fähre von der Meer-
seite imposant, wenn sich
langsam der Blick auf die Pal-
menallee der Uferpromenade
und den Diokletian-Palast mit
den dinarischen Alpen im
Horizont öffnet. Auch im Hinterland vermag die Landschaft
Staunen zu machen, für das
der archaische Naturpark Plit-
witzer Seen in der Kvarner
Bucht mit seinen spektakulären Katarakten nur ein Beispiel
von vielen ist.

KR 932-DA

Kennzeichen sind weiß mit
schwarzer Schrift und far-
benfroh oben und unten mit
schmalen Streifen der rot-
weiß-blauen Nationalflag-
ge eingefasst. Zunehmende
Verbreitung erfährt das blaue
EU-Feld mit der Aufschrift **HR**
(Hrvatska = Kroatien).
Auf den Regional-Code (Buchstabenpaar) links schließen
sich das bunte rot-weiße Nationalwappen und rechts die
durch Bindestrich getrennte
alpha-numerische Kombination (drei bis vier Ziffern, ein bis
zwei Buchstaben) an.

Die Regional-Codes der Zulassungsbezirke:

BJ	Bjelovar
BM	Beli Monastir
ČK	Čakovec
DA	Daruvar
DE	Delnice
DJ	Ðjakovo
DU	Dubrovnik
GS	Gospić
IM	Imotski
KA	Karlovac
KC	Koprivnica
KR	Krapina
KT	Kutina
KŽ	Križevci
MA	Makarska
NA	Našice
NG	Nova Gradiška
OG	Ogulin
OS	Osijek
PS	Podravska Slatina (auslaufend)
PU	Pula
PŽ	Požega
RI	Rijeka
SB	Slavonski Brod
ŠI	Šibeník
SK	Sisak
SL	Slatina
ST	Split
VK	Vinkovci
VT	Virovitica
VU	Vukovar
VŽ	Varaždin
ZD	Zadar
ZG	Zagreb
ŽU	Županja

Amtliche Sonderkennzeichen:

Militärfahrzeug (Hrvatska vojska): **HV**, auf gelbem Schild.

Diplomatischer Corps: hellblaues Schild, gelbe Schrift, die linken Ziffern entsprechen der Code-Nr. des Herkunftslands.

Polizei: in der Mitte das kroatische Wappen, links und rechts eine 3-stellige Zahl in Blau

Lettland

Land: Fast wie ein Erwachen aus den Tiefen der Zeit muten Lettlands jüngere Geschichte und Gegenwart an. In den Hügelländern und Ebenen im Hinterland der sandigen Ostseeküste stößt man auf verfallende Landsitze und leerstehende Herrenhäuser aus Zeiten, in denen der deutsch-baltische Großgrundbesitz sich über 1300 Junkern- und Rittergüter ausdehnte. Die russische wie deutsche Okkupation und die Einverleibung unter die Sowjetmacht bzw. die Befreiung von diesen prägen bis heute die Mentalität der Letten, die lange Zeit über vor allem Landlose und Kleinbauern waren. Sichtbarstes, „monumentales" Zeichen ist das schlank in den Himmel ragende Freiheitsdenkmal im Herzen von Riga, der Hauptstadt Lettlands. Die alte Hansestadt an der Daugava (Düna) gelangte einst durch den Ostseehandel zur wirtschaftlichen Blüte, was städtische Bürgerhäuser und

Jugendstilgebäude bezeugen. Der damalige Glanz ist längst dahin, in Riga blätterte der Putz und blieb die Zeit stehen. Fast so wie im landschaftlichen Ostseeküstenidyll, in dessen Stille nur des Sommers über in die pittoresken Holzhäuschen Leben eindringt.

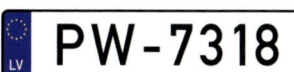

Kennzeichen: Einzige geografische Zuordnung war links die rot-weiß-rote lettische Flagge über dem **LV**-Schriftzug (schwarz auf weiß) bis ins Jahr 2004. Mit dem EU-Beitritt Lettlands im selben Jahr wurde diese durch das blaue EU-Feld ersetzt. Regionale Einteilungen gibt es keine. An das Buchstabenpaar links schließen sich Bindestrich und eine vierstellige Zahl rechts an. Taxi-Kennzeichen sind gelb mit der Kennzeichnung **TE** oder **TX,** Diplomaten-Kennzeichen (**CD** ...) rot. Bei **LA** (Latvijas Armija) handelt es sich um ein Militärfahrzeug.

Liechtenstein

Land: Hierzulande ist das Fürstentum Liechtenstein allemal Sammlern ob seiner Briefmarken und findigen Tätern wie zwangsweise Opfern ob seiner dubiosen Briefkastenfirmen bekannt.

Kenner vermögen Liechtensteins grandiose Gemäldegalerie wertzuschätzen wie Gourmets das „au premier", ein Feinschmeckerlokal in der Hauptstadt Vaduz, unterhalb des Schlosses, der Residenz der Fürsten zu Liechtenstein, von der das kleine Land regiert wird. Der vorherrschenden Meinung nach ist Liechtenstein ein im Vorderrheintal vergessenes Überbleibsel längst obsoleter europäischer Kleinstaaterei. Die Schweizer Kantone St. Gallen im Westen und Graubünden im Süden sowie Vorarlberg (Österreich) im Osten, dominiert Vaduz das sich nach Norden öffnende Saminatal, einige Quadratkilometer Schuttfächer, Riet und Schwemmlandkegel der nördlichen Kalkalpen, deren höchste Erhebung in Liechtenstein die Grauspitze (2599 m) ist, und elf in bester Schweizer Tradition patriarchalisch-eigensinnig verwaltete Gemeinden. Die Rechts-, Wirtschafts- und Währungsgemeinschaft mit der Schweiz kennzeichnet Liechtensteins außen (innen-) politische Orientierung.

Kennzeichen: Aufgrund der relativ geringen Landesfläche von gerade mal 160 km² mit weniger als 40.000 Einwohnern erübrigt sich eine regionale geografische Einteilung oder Zuordnung der Kfz-Kennzeichen. Diese sind schwarz mit weißer Schrift und beginnen oben oder links mit dem Schriftzug **FL**. Es folgen das golden-rot geteilte Stammwappen des Hauses Liechtenstein, das samt Krone (oben) seit 1957 auch als „kleines" Staatswappen Karriere macht, und die Seriennummer (regulär eine fünfstellige Zahl). Hochrangige Fahrzeugbesitzer dürfen sich auf nur eine oder zwei Ziffern beschränken.

Litauen

Land: Archaische Landschaften und eine bäuerliche, Traditionelles bewahrende Volkskultur prägen den westlichsten der Baltischen Staaten, dessen Bevölkerung trotz nicht so langer Fremdherrschaft, als sie Letten und Esten erfuhren, mit größerem Misstrauen Fremden und Nachbarvölkern begegnet. Das nordische Licht leuchtet über hügeliges Land und Ebenen, so weit das Auge reicht, über den Unterlauf der Memel, ihre sattgrünen Wiesen, und gibt besonders der Kurischen Haff und Nehrung ihren eigentümlichen Reiz. Bereits Thomas Mann hat dort die Natur, die Sommer mit dem tiefblauen Himmel, das

Meer und den Strand, ihren primitiven, elementaren Charakter gefeiert und fühlte sich an der „weißen" Küste nicht nur der Pinien wegen ans Mittelmeer und gar nach Nordafrika versetzt: „Alles ist weglos, nur Sand, Sand und Himmel ...", beschrieb er seine elementarischen Eindrücke. Weil die Hauptstadt Wilna anders als die anderen baltischen Haupt- und Handelsstädte fernab der Küste liegt, tritt ihre wirtschaftliche Bedeutung gegenüber jenen deutlich zurück.

Kennzeichen sind weiß mit schwarzer Schrift. In der blauen Banderole ganz links wurde bis zum 30. April 2004 Litauens gelb-grün-rote Nationalflagge über dem **LT**-Schriftzug eingefasst, seit dem 1. Mai 2004 (EU-Beitritt Litauens) wird an dieser Stelle nun das klassische EU-Feld, ebenfalls mit dem Schriftzug LT verwendet. Prüfplakette und Dienstsiegel in der Mitte trennen die drei Buchstaben (links) und drei Ziffern (rechts). Bei bis zum 31. Dezember 2003 erstmalig zugelassenen Fahrzeugen ist die regionale Zuordnung der Zulassungsregion durch den mittleren der drei Buchstaben gegeben. Seit dem 1. Januar 2004 erfolgt die Kennzeichenvergabe ohne regionalen Bezug.

Die ehemaligen Zulassungs-bezirke:

A	Alytus
J	Jurbarkas (Georgenburg)
K	Kaunas (Kauen)
L	Klaipeda (Memel)
M	Marijampole
P	Panevėžys
S	Šiauliai (Schaulen)
T	Telšiai (Telschen)
U	Utena
V	Vilnius (Wilna)
R	Regierungsfahrzeug

Amtliche bzw. Sonderkenn-zeichen:

Die Buchstabenkombination **LRS** bedeutet „Lietuvos Respulikos Seimas" und deutet auf das Privatfahrzeug eines litauischen Parlamentariers hin. Taxischilder sind gelb mit einem **T** sowie fünf Ziffern in Schwarz. Diplomatenfahrzeuge besitzen grüne Schilder mit weißer Schrift, wobei die beiden linken Ziffern die Kennnummer des Herkunftslands ist.

Luxemburg

Land: Das Groß-herzogtum Luxemburg (2586 km^2) ist der größte unter den Zwergstaaten Europas. Bereits im Jahre 963 wurde auf dem Gebiet der heutigen Hauptstadt Luxemburg die Grafschaft Lützelburg gegründet. Trotz des Ausbaus zur größten Festung Europas wurde die Bastion unzählige Male belagert, gestürmt und verwüstet. Bis zum Wiener Kongress 1815, der die nationale Unabhängigkeit einleitete, wechselten sich fremde Besitzer ab: Das Großherzogtum gehörte zu Burgund, Österreich, den Spanischen Niederlanden, Habsburg und Frankreich. Die offiziellen Sprachen des fest in die EU integrierten Landes (Justizhof der EU auf dem Kirchbergplateau in der Hauptstadt) sind Französisch (bevorzugt) und Deutsch, doch gesprochen wird vorwiegend Letzebuergesch (mit französischen Worten vermischte moselfränkische Mundart).

Kennzeichen: Aufgrund geringer Landesfläche wurde auf eine regionale Spezifizierung verzichtet. Von 1988–2003 ebenso auf das L im blauen Eurofeld links, so dass der Sternenkranz neben der gelben Grundfläche um so größer und kräftiger erstrahlen konnte (seitdem Sternenkranz oben, Buchstabe **L** unten). Seit dem 1. Juli 2003 wurde der bisherige Standard zwei Buchstaben links mit drei Ziffern rechts oder ausschließlich eine vier- bis fünfstellige Zahl durch die sechsstellige alpha-numerische Kombination mit 2 Buchstaben (links) und 4 Ziffern (rechts) ersetzt. Immerhin sind diverse Träger von Rang und Namen an ihren Schildern auszumachen: Von 1–19 oder mit **CB** (Château de Berg) kommt man großherzoglich, von 20–40 von Seiten der Regierung sowie mit einem A (links) und vierstelliger Zahl (rechts) von Amts wegen daher. Diplomatenfahrzeuge verwenden das übliche **CD** links im Schild.

Makedonien

Land: Obwohl Makedonien als einziger ehemalige jugoslawische Teilstaat ohne Krieg in den 1990er Jahren die Unabhängigkeit erlangte, ist seine Rolle als historisch bedingter Störfaktor im ethnisch-religiösen Spannungsfeld des Balkan keineswegs ad acta gelegt. Dafür sorgen im Innern die schwelenden Konflikte zwischen dem Mehrheitsvolk der slawischen Makedonier und der stattlichen Minderheit der Albaner, zwischen christlichen Orthodoxen und Muslimen, aber auch die argwöhnischen Nachbarn, seien es nun Bulgarien, das Makedonien als Teil seines Territoriums betrachtet, Griechenland, das eine Abspaltung seiner nördlichen Region Makedonien befürchtet, oder die Nähe zum Koso-

vo, weshalb Reisen nach Tesovo im Norden von den auswärtigen Ämtern als bedenklich eingestuft werden. Die Hauptstadt Skopje liegt im Tal des Vardar und an der Hauptverkehrsachse zwischen Belgrad und dem griechischen Hafen Thessaloniki. Das gebirgige Land hat seine malerischsten Winkel um die Seen Ohrid und Prespase sowie im Nationalpark Galicica.

Kennzeichen: Seit dem 20. Februar 2012 tragen Makedoniens Kfz-Kennzeichen Euro-Design. An diesem Tag wurden neue Schilder und Kennzeichen eingeführt, die optisch den Eurokennzeichen gleichen. D.h., nun ziert ein blauer Streifen mit dem Schriftzug **MK** den linken Rand. Das Buchstabenpaar links entspricht dem Regional-Code des Distrikts, in dem das Fahrzeug zugelassen ist. Rechts schließen sich ein rotes Rechteck und die Seriennummer – eine alphanumerische Kombination aus 4 Ziffern und 2 Buchstaben rechts – an. Die übereinander angeordneten Buchstaben im roten Feld bilden die beiden Buchstabenpaare des Kennzeichens in kyrillischen Versalien ab. Ältere Kennzeichen waren oben und unten mit einer roten Linie eingefasst, der blaue Streifen fehlte und die Zahl war nur 3-stellig. Beim rechten Buchstabenpaar war der erste Buchstabe meist der Anfangsbuchstabe der Stadt bzw. Gemeinde, in deren Zulassungsbehörde das Fahrzeug angemeldet war.

Im Zuge der Kennzeichenreform 2012 wurden die **bisherigen Regional-Codes** um weitere 7 ergänzt (hier mit einem * gekennzeichnet):

BT	Bitola
GE*	Gevgelija
GV	Gostivar
KA*	Kavadarci
KI*	Kičevo
KO*	Kočani
KP*	Kriva Palanka
KU	Kumanovo
OH	Ohrid
PP	Prilep
RA*	Radoviš
SK	Skopje
SR	Strumica
ŠT	Štip
SU*	Struga
TE	Tetovo
TV	Titov Veles (bis 1999)
VE	Veles

Malta

Land: Der Inselstaat Malta (Hauptstadt Valletta) erstreckt sich im zentralen Mittelmeer über die Hauptinsel Malta, Gozo, Comino und die unbewohnten Inseln Cominotto und Filf-

la. Die aus Korallenkalken bestehenden Inseln sind Reste der spättertiären Landbrücke zwischen Sizilien und Nordafrika. Überreste von Tempeln in Megalithbauweise und Grabanlagen zeugen von der archaischen Besiedlung Maltas. Die Phöniker nannten die Insel Mlt (Zuflucht). Zu dieser wurde sie für die Kreuzritter (Johanniterorden) im späten Mittelalter nach der gescheiterten Palästinamission. Der archaisch-mythische Reiz, die malerische Landschaft, besonders schön, wenn die untergehende Sonne die steilen Klippen, tief eingeschnittenen Buchten und Sandflecken in ein gold glühendes Licht taucht, locken heute sonnenhungrige wie zivilisationsflüchtende Gäste ins Land.

Kennzeichen waren früher schlicht weiß und schwarz beschriftet. Die Seriennummer bestand (von links) aus einem Buchstaben und einer durch Bindestrich abgetrennten vierstelligen Zahl. Rechts war das Länderzeichen **M** in einen Kreis gefasst. Die neuen Kennzeichen wurden bereits 1995 nach EU-Muster gestaltet (durch die EU-Mitgliedschaft Maltas seit 2004 auch gerechtfertigt) und sind ohne geografische Zuordnung (bei einer Landesfläche von

316 km² und knapp 400.000 Einwohnern wäre das auch überflüssig). Die alpha-numerische Kombination der Seriennummer besteht aus drei Buchstaben (links) und drei Ziffern (rechts), in der Mitte ein kleines silbergraues Quadrat.

Sonderkennzeichen:

GVP   Polizei
GVA   Heeresfahrzeug
GM   Regierung
GV   Administration/
          Verwaltung
CD   Diplomatenfahrzeug
..K   Mietwagen
..Y   Taxi oder Busse

Moldawien

Land: Seit 1991 ist das bereits im Spätmittelalter unabhängige Fürstentum wieder ein souveräner Staat. Sein Gebiet erstreckt sich von der Donau- und Schwarzmeerniederung über den Ostteil der Landschaft Moldau bis zu den hügeligen, von tiefen Schluchten und bewaldeten Hängen zerteilten Steppen zwischen den Flüssen Prut an der rumänischen und dem Dnjestr unweit der ukrainischen Grenze. In jüngster Zeit rückte Moldawien – einst nicht nur wegen seiner ausgezeichneten Weinkellereien eine relativ florierende Agrarregion – immer wieder in die Schlag-

zeilen als das „Armenhaus Europas" und aufgrund der bis heute nicht gelösten Konflikte zwischen der von den Moldawiern (bzw. „Moldauer" = Angehörige der rumänisch bzw. moldauisch sprechenden Volksgruppe, die gut zwei Drittel der Landesbevölkerung stellt) dominierten Zentralregierung in der Hauptstadt Chisinau (dt. Kishinew) und dem hauptsächlich von Russen und Ukrainern bewohnten Transnistien (östlich des Dnjestr) mit seiner Hauptstadt Tiraspol. Die „Transnistrische Moldauische Republik" – so lautet die offizielle Bezeichnung nach der Unabhängigkeitserklärung der Separatisten – fand bis heute keine internationale Anerkennung.

Kennzeichen sind weiß mit schwarzer Schrift. Bei bis 2011 ausgegebenen Kennzeichen trennte eine senkrechte Linie den linken Rand mit dem Staatswappen über dem Schriftzug **MD** ab. Seitdem ist dieses Feld blau. Das Staatswappen ist geblieben, der Schriftzug MD ist jetzt weiß. Nach rechts schließen sich zwei Buchstabenpaare, danach eine dreistellige Zahl an. Das linke Buchstabenpaar besteht (für die Hauptstadt Chişinău ist es ein alleinstehendes C) aus dem

Regional-Code, der dem Verwaltungsbezirk, in dem das Kraftfahrzeug zugelassen ist, entspricht.

Die Regional-Codes (Stadt- und Landkreise):

AN	Anenii Noi
BE	Bendery
BL	Bălţy
BR	Briceni
BS	Bessarabka
C	Chişinău (Stadt)
CC	Kamenka
CG	Tshadyr-Lunga
CH	Kachul
CL	Călăraşi
CM	Tshimişlia
CN	Keinar
CO	Komrat
CR	Kriulen
CS	Căuşeni
CT	Kantenir
CU	Chişinău (Land)
DB	Dubăsari
DN	Donduşeni
DR	Drokia
ED	Jedinez
FL	Făleşti
FR	Floreşti
GE	Gagausien
GL	Gloden
GR	Grigoriopol
HN	Hynceşti
IL	Jalowen
LP	Lipcani
LV	Leowo
NS	Nisporem
OC	Ocniţa
OR	Orcjei
RB	Rybnica
RS	Rîşcani
RZ	Rezina
SD	Şoldăneşti
SG	Sîntsherei
SL	Slobozia
SR	Soroki
ST	Strǎşeni
SV	Ştefa-Vodǎ
TL	Teleneşti
TR	Taraklia
TS	Tiraspol
UN	Ungen
VL	Vulcaneşti

Sonderzeichen:

CD	Diplomatischer Corps, in blauer Schrift
MAI	Innenministerium
MIC	Ministerium (allgemein)
RM	Republica Moldova (staatliches Fahrzeug)

Sonderzeichen sind ohne zweites Buchstabenpaar, nur mit anschließender Ziffernfolge, im Verkehr.

Die **Moldauische Dnestr-Republik**, kurz als **Transnistrien** bekannt, östlich des Flusses Dnister ist eine autonom agierende sezessionistische Region in Moldawien. Von den Abtrünnigen als unabhängiger Staat betrachtet, wurde sie bisher von keinem anderen Staat anerkannt. Aber es werden eigene Kennzeichen-Schilder vergeben mit der rot-grün-roten Flagge Transnistriens in der linken Ecke. Optional beginnen die Kennzeichen links mit einem **T,** in der Mitte besteht es aus einer dreistelligen Zahl, rechts folgt ein Buchstabenpaar.

145

Monaco

Land: „Es ist, als würdest Du mit dem Hubschrauber durchs Wohnzimmer fliegen", sagte einst Nelson Piquet nach einer knapp zweistündigen sonntagmittäglichen Spazierfahrt im Mai. Das Wohnzimmer heißt Monaco und bezeichnet sowohl das Fürstentum wie dessen Hauptstadt und Regierungssitz. Piquet, damaliger Formel-1-Weltmeister, hatte gerade den berühmten Grand Prix von Monaco absolviert und einen der klassischsten Aussprüche über die sich zwischen Felsen und Meer duckende Kleinst-Metropole an der Côte d'Azur kreiert. Doch so klein, wie sie ist, gilt sie als Inbegriff mondäner Superlative schlechthin. Dafür sorgen nicht nur die deren zu Grimaldi, eines der ältesten und skandalträchtigsten Adelsgeschlechter Europas, sondern auch das exorbitante Spielcasino und der Status eines Steuerparadieses, die Monaco zur exklusiven Spielwiese für die Schönen und Reichen generierten. Der Raum ist hier eng, also baute man kräftig in die Höhe. Die betonklotzige Kulisse eines „Mittelmeer-Hongkongs" tat der Anziehungskraft für den Jetset dennoch keinen Abbruch.

Kennzeichen sind weiß mit blauer Schrift. Links ist Monacos rot-weißes Raupenwappen ebenfalls in Blau eingefasst, die Zahl darunter gibt das Zulassungsjahr an, rechts unten folgt der Schriftzug **„PRINCIPAUTE DE MONACO".** Die Kennzeichen sind ohne geografische Zuordnung – bei einer Landesfläche von gerade mal 195 Hektar auch kaum verwunderlich –, die Seriennummer besteht aus einem Buchstaben mit drei Ziffern oder aus einer vierstelligen Zahl. Begegnet man einem mit der Kombination MC01–MC99 beschilderten Auto, so dürfte darin ein/e Grimaldi oder deren Personal sitzen. Das diplomatische **CD** oder konsularische **CC** kommen samt Ziffern in grüner Schrift des Weges.

Montenegro

Land: Seit dem 3. Juni 2006 ist Crna Gora, „Schwarzer Berg", zu Österreich-Ungarns glanzvollen Zeiten als „Schwarzenberg" bekannt, wieder ein unabhängiger Staat im Südosten Europas. Der Kontrast zwischen seiner zerklüfteten Adria-Küste und der verkarsteten Gebirgslandschaft des Balkan mit spektakulären Schluchten oder zwischen orthodoxen und katholischen Kirchen sind ein pittoresker Reiz dieses kleinen, dünn besiedelten Landes um die Hauptstadt Podgorica. Noch immer atmet man hier einen Hauch von „Wilder Osten", der von Zigarettenschmuggel, Korruption, Bandenkriegen und ethnischen Auseinandersetzungen geprägt war, obwohl sich seit Ende der kriegerischen Auseinandersetzungen im und um das ehemalige Jugoslawien die Lage merklich beruhigt hat. Touristisch erst marginal erschlossen, können Reisende hier also mehr oder weniger sicher herrliche Landschaften, Abgeschiedenheit oder Einsamkeit – auch in der beschwerlichen Zugänglichkeit begründet – und den Duft von Abenteuer erleben.

Kennzeichen: Seit 2008 gibt es die neuen Kfz-Kennzeichen im damals bereits zwei Jahre selbstständigen Staat Montenegro. Das linke blaue Feld mit dem Nationalitäts-Kürzel **MNE** im unteren Teil ist bereits im Hinblick auf die angestrebte EU-Mitgliedschaft (mit Platzhalter für den Strahlenkranz oben) konzipiert. Das linke Buchstabenpaar ist der Regional-Code des jeweiligen Zulassungsbezirks, an den sich rechts das montenegrinische Wappen (goldener doppelköpfiger, gekrönter Adler im leuchtenden Rot), ein weiteres Buchstabenpaar und eine dreistellige Zahl anschließen. Auf älteren Fahrzeugen sind durchaus noch jugoslawische bzw. serbisch-montenegrinische Kennzeichen im Straßenverkehr anzutreffen.

Die aktuellen Regional-Codes:

AN	Andrijevica
BA	Berane
BD	Budva
BP	Bijelo Polje
BR	Bar
CT	Cetinje
DA	Danilovgrad
HN	Herceg Novi
KL	Kolašin
KO	Kotor
MK	Mojkovac
NK	Nikšić
PG	Podgorica
PL	Plav
PV	Pljevlja
RO	Rožaje
ŠN	Šavnik
TV	Tivat
UL	Ulcinj
ŽB	Žabljak

TG (ehemals Titograd, heute Podgorica) und **IG** (ehemals Ivangrad, heute Berane) sind durch die Änderung der Benennung der Städte entsprechend durch **PG** bzw. **BA** ersetzt worden.

Sonderkennzeichen:

Polizeikennzeichen haben blaue Schrift und beginnen links mit einem P. Rechts vom Wappen folgt der 2-stellige Regional-Code sowie die 3-stellige Seriennummer.

Auch **Diplomatenkennzeichen** haben links einen blauen Streifen inkl. weißes MNE, jedoch gelbe Schrift. Links steht die Zahl des Herkunftslands, der Buchstabe in der Mitte gibt den diplomatischen Status wieder, rechts folgt die 3-stellige Seriennummer.

Niederlande

Land: Ein holländischer Ausspruch lautet: „Gott schuf den Rest der Welt, aber wir schufen die Niederlande." Tatsächlich erblickte ein Großteil des Landes erst durch ihre tatkräftigen Eingriffe das Licht der Welt. Gut ein Drittel der Landesfläche liegt bis zu 7 m unterhalb Meeresniveau und konnte erst durch den Einsatz von Windmühlen (heute über 20.000 elektrische Pumpen) und mit bis zu 60 m hohen, insgesamt 2000 km langen Deichen trockengelegt werden. Landeinwärts schließt sich der Polder, flaches Marschland mit Entwässerungskanälen, an. Im Nordwesten geht das Ijsselmeer ins durch die Westfriesischen Inseln von der Nordsee getrennte Wattenmeer über. Außer Tulpenblüte, Windmühlen, Käse, Holzschuhe und Nordsee-Seebäder bietet Holland Besuchern prächtige Stadtlandschaften, die seine einstige Größe im Goldenen 17. Jh. bezeugen, als Richelieu sich despektierlich über die Nachbarn im Norden äußerte: „Sie sind im Morast lebende Ausbeuter, die selbst den Läusen nichts gönnen, aber sie verwandeln ihre Sümpfe in Gärten."

Kennzeichen: Schilder sind gelb, die Schrift schwarz. Seit 1998 werden Eurokennzeichen mit blauem Streifen links mit dem Sternenkranz und darunter der Landeskennung **NL** vergeben, allerdings wie die traditionellen Schilder ohne geografische Zuordnung. Einzig auf den Zeitraum (mit Überschneidungen) der Vergabe gibt die Anordnung der Buchstaben- (nur Konsonanten) und Zahlenpaare Auskunft.

Zulassungszeiträume (von links nach rechts):

Buchstabenpaar, dann Zahlen, z.B. MK-12-57: 1952–1958
Zahlen, dann Buchstabenpaar, z.B. 65-14-MP: 1965–1984
Zahlen, Buchstaben, Zahlen, z.B. 29-HP-34: 1973–1988

Buchstaben, Zahlen, Buchstaben, z.B. RX-55-SB: 1979–1996
Buchstaben, dann Zahlenpaar, z.B. BC-CD-16: seit 1991
Zahlenpaar, Buchstaben, z.B. 49-DC-RS: seit 1999

Um die Kapazität möglicher Kennzeichen-Kombinationen zu erhöhen, wurde 2008 das bisherige Buchstabenpaar in eine Buchstaben-Dreiergruppe erweitert mit der Anordnung: 12-ABC-3.

Zusammen mit den zukünftig vorgesehenen Konstellationen 1-ABC-23, AB-123-C und A-123-BC soll damit für mehr als die nächsten zwanzig Jahre ausreichend Spielraum in der Kennzeichenvergabe vorhanden sein.

(Hoheitliche) Sonderkennzeichen:

AA Beginnt das Kennzeichen mit AA, gefolgt von einer 1- bis 3-stelligen Zahl, (wird) chauffiert das Fahrzeug ein Mitglied des Niederländischen Königshauses, vielleicht sogar Königin Beatrix – oder wenigstens Hape Kerkeling.

CJD Internationale Gerichtshof in Den Haag

CD Diplomatischer Corps; steht das Kürzel links, handelt es sich um eine/n Vertreter/in von hohem Rang, steht es in der Mitte, dann ist ein Mitglied einer internationalen Organisation mit Diplomatenstatus unterwegs.

GV (Grens Verkehr), landwirtschaftliche Fahrzeuge im kleinen-großen Grenzverkehr

Taxi: Taxischilder sind hellblau und ohne blauen EU-Streifen, die Schrift schwarz

Norwegen

Land: Das „Land der Mitternachtssonne", des „Nordlichts", „Fjordland" nimmt vom Skagerrak bis zum Eismeer den gebirgigen Westteil der Skandinavischen Halbinsel ein. In den Nationalparks Hardangervidda (Rentiere), Rondane und Jotunheimen bietet sich auf Fjellplateaus und in Gebirgstälern vom nordischen Licht durchflutete Natur pur.

Mit dem nacheiszeitlichen Vordringen des Meeres in die gletschergeschürften Küstentäler entstanden steilwandige Fjorde. Davor liegen die Schären, unter ihnen am schönsten die Lofoten und Vesteralen bei Narvik. Malerische Stadtlandschaften bieten Norwegens größter Fischereihafen Alesund (Art-nouveau-Stadtkern) und Bergen mit historischen Speicherhäusern um Tyske Brygge und Torget, dem Fisch- und Blumenmarkt. Dagegen erlangt die Hauptstadt Oslo allenfalls den Status einer grauen Maus unter den Metropolen Skandinaviens.

FC 28128

Kennzeichen sind weiß mit schwarzer Schrift (grüne Schilder tragen steuerermäßigte, max. auf 2 Personen zugelassene Kfz) und haben seit Ende 2006 links einen blauen Streifen mit norwegischer Flagge über dem weißen Buchstaben **N**. Aufgrund zentraler EDV-Erfassung wird der bunte, rechteckige Prüfsiegel in der Mitte, der neben TÜV auch Kfz-Steuer und -Versicherung bescheinigte, seit 2012 nicht mehr ausgegeben. Die beiden Buchstaben links, auf die fünf Ziffern rechts folgen, bezeichnen den Bezirk der Erstzulassung. Auch bei einem Besitzer- oder Ortswechsel bleiben diese Schilder am Fahrzeug, solange eine Zulassung in Norwegen besteht. Außerdem bezeichnet **EL** Elektro-Autos, **GA** Autos mit Gas-, **HY** mit Hybridantrieb.

AA–AC	Halden
AD–AH	Sarpsborg
AJ–AP	Mysen
AR–AW	Fredrikstad
AX–AZ	Moss
BA–BB	Moss
BC–BK	Drøbak
BL–BZ	Sandvika
CA–CB	Sandvika
CC–CU	Lillestrøm
CV–CZ	Eidsvoll
DA–DZ	Oslo
EA–EZ	Oslo
FA–FC	Oslo
FD	Bodø
FK	Storslett
FN	Moss
FP	Trondheim
FR	Vadsø
FS–FZ	Hamar
HA	Hamar
HB–HE	Elverum
HF–HH	Tynset
HJ–HR	Kongsvinger
HS–HX	Lillehammer
HZ	Otta
JA–JB	Otta
JC–JP	Gjøvik
JR–JT	Fagernes
JU–JZ	Hønefoss
KA	Hønefoss
KB–KD	Gol
KE–KS	Drammen
KT–KY	Kongsberg
KZ	Horten
LA–LD	Horten
LE	Vadsø
LF	Setesdal
LH–LR	Tønsberg
LS–LX	Larvik
LY	Sandefjord
LZ	Larvik
NA–NC	Larvik
ND–NU	Skien
NV–NZ	Notodden
PA–PB	Rjukan
PC–PK	Arendal
PL	Setesdal
PN–PV	Kristiansand
PX–PZ	Mandal
RA–RB	Flekkefjord
RC–RD	Mandal
RE–RY	Stavanger
RZ	Egersund
SA–SB	Egersund
SC–SL	Haugesund
SN–SZ	Bergen
TA–TE	Bergen

TF–TK	Voss
TL–TR	Stord
TS–TU	Odda
TV–TZ	Førde
UA–UB	Nordfjordeid
UC–UD	Sogndal
UE–UL	Ålesund
UN–UP	Ørsta
UR–UV	Molde
UX–UZ	Kristiansund
VA	Kristiansund
VB–VC	Sunndalsøra
VD–VR	Trondheim
VS–VT	Støren
VU	Trondheim
VV	Støren
VX–VZ	Orkanger
XA–XC	Brekstad
XD–XJ	Steinkjer
XK–XL	Levanger
XN–XP	Stjørdal
XR–XU	Namsos
XV–XZ	Mosjøen
YA–YD	Mo I Rana
YE–YJ	Bodø
YK–YL	Fauske
YN–YS	Narvik
YT–YT	Svolvær
YU–YX	Sortland
YY	Svolvær
YZ	Harstad
ZA–ZD	Harstad
ZE	Tromsø
ZF	Finnsnes
ZH	Tromsø
ZJ	Finnsnes
ZK–ZN	Tromsø
ZP–ZR	Vadsø
ZS	Kirkenes
ZT-ZW	Alta
ZX	Hammerfest
ZY	Alta
ZZ	Lakselv

Österreich

Land: Seit jeher birgt die „Alpen-republik" ganz extreme Gegensätze. Fast zwei Drittel des Landes sind hochalpines Gebirgsland. Unwirtlich, schroff und zer-klüftet, doch ein herrliches Terrain zum Wandern und Ski-fahren. Auf alle Fälle markan-ter Kontrast zur schillernden Donaumetropole Wien. Nicht nur während der Ballsaison tanzt die operettenselige Lüs-terstadt zur champagner-schäumenden „Fledermaus" im Walzertakt, pulsieren dort Reaktion (man denke nur an den Untergang von Habs-burgs Glanz und Gloria), künstlerische Avantgarde (hierfür stehen Begriffe wie Fin de Siècle, Wiener Sezessi-on, Jugendstil) und „Wiener Schmäh". In Bezug auf den (Straßen-)Verkehr ist Öster-reich wichtiges Transitland nach Italien und auf den Bal-kan.

Kennzeichen: Am 1.11.2002 wurden in Österreich die Euro-Kennzeichen mit blauem Streifen links, Sternenkranz und weißem **A.** eingeführt. Die weißen Schilder sind oben und unten von rot-weiß-roten Streifen „gerahmt". Die Buch-staben-Kombination vor dem

Landeswappen verrät die Herkunft des Fahrzeugs. Dann folgt eine 3- bis 5-stellige (in den Landeshauptstädten und Wien bis 6-stellige) alphanumerisch „geordnete" Kombination. Für die fünf/sechs Stellen müssen mindestens eine Ziffer (Anfang) und ein Buchstabe (Ende) verwendet werden.

Bundesländer und Amtsfahrzeuge:

B	Burgenland
G	Graz
K	Kärnten
L	Linz
N	Niederösterreich
O	Oberösterreich
S	Salzburg
ST	Steiermark
T	Tirol
V	Vorarlberg
W	Wien

Kennzeichen der einzelnen Landesregierungen und deren Behörden beginnen mit o.a. Buchstaben. Bei Amtsfahrzeugen des Diplomatischen Dienstes folgt auf das Bundeslandzeichen ein D, des Konsularischen Korps ein K. Um Verwechslungen auszuschließen, sind diese Kennzeichen wappenlos. Beispiel: KD 1234 1 = Diplomatischer Dienst Kärnten

AM	Amstetten – N
B	Bregenz – V
BA	Bad Aussee – ST (bis 1.07.2012) dann LI
BL	Bruck/Leitha – N
BM	Bruck/Mur – ST
BN	Baden – N
BR	Braunau – O
BZ	Bludenz – V
DL	Deutschlandsberg – ST
DO	Dornbirn V
E	Eisenstadt (Polizei, Stadt) – B
EF	Eferding – O
EU	Eisenstadt (Umgebung) – B
FB	Feldbach – ST
FE	Feldkirchen – K
FF	Fürstenfeld – ST
FK	Feldkirch – V
FR	Freistadt – O
G	Graz (Polizei, Stadt) – ST
GB	Gröbming (Expositur) – ST
GD	Gmünd – N
GF	Gänserndorf – N
GM	Gmunden – O
GR	Grieskirchen – O
GS	Güssing – B
GU	Graz (Umgebung) – ST
HA	Hallein – S
HB	Hartberg – ST
HE	Hermagor – K
HL	Hollabrunn – N
HO	Horn – N
I	Innsbruck (Polizei) – T
IL	Innsbruck (Land) – T
IM	Imst – T
JE	Jennersdorf – B
JO	St. Johann – S
JU	Judenburg – ST (ab 1.07.2012 MT)
K	Klagenfurt (Polizei) – K
KB	Kitzbühel – T
KF	Knittelfeld – ST (ab 1.07.2012 MT)
KI	Kirchdorf a.d. Krems – O

KL	Klagenfurt (Land) – K		**SW**	Schwechat (Polizei) – N
KO	Korneuburg – N		**SZ**	Schwaz – T
KR	Krems a.d. Donau – N		**TA**	Tamsweg – S
KS	Krems a.d. Donau (Magistrat) – N		**TU**	Tulln – N
KU	Kufstein – T		**UU**	Urfahr (Umgebung) – O
L	Linz (Polizei, Stadt) – O		**VB**	Vöcklabruck – O
LA	Landeck – T		**VI**	Villach (Polizei) – K
LB	Leibnitz – ST		**VK**	Völkermarkt – K
LE	Leoben (Polizei) – ST		**VL**	Villach (Land) – K
LF	Lilienfeld – N		**VO**	Voitsberg – ST
LI	Liezen – ST		**W**	Wien (Polizei) – W
LL	Linz (Land) – O		**WB**	Wiener Neustadt – N
LN	Leoben (Umgebung) – ST		**WE**	Wels (Polizei) – O
			WL	Wels (Land) – O
LZ	Lienz – Tirol		**WN**	Wiener Neustadt (Polizei) – N
MA	Mattersburg – B			
MD	Mödling – N		**WO**	Wolfsberg – K
ME	Melk – N		**WT**	Waidhofen/Thaya – N
MI	Mistelbach – N		**WU**	Wien (Umgebung) – N
MT	Murtal – ST		**WY**	Waidhofen/Ybbs (Magistrat) – N
MU	Murau – ST			
MZ	Mürzzuschlag – ST		**WZ**	Weiz – ST
ND	Neusiedl am See – B		**ZE**	Zell am See – S
NK	Neunkirchen – N		**ZT**	Zwettl – N
OP	Oberpullendorf – B			
OW	Oberwart – B			**Amtsfahrzeug-Kennzeichen:**
P	St. Pölten (Polizei) – N		**A**	Bundesregierung und ihre Behörden
PE	Perg – O			
PL	St. Pölten (Land) – N		**BB**	Österreichische Bundesbahnen
RA	Radkersburg – ST			
RE	Reutte – T		**BD**	Bundesbusdienst
RI	Ried (Innkreis) – O		**BG**	Bundesgendarmerie (aufgrund administrativer Vereinigung mit der Bundespolizei seit 1.07.2005 nur noch BP vergeben)
RO	Rohrbach (Mühlviertel) – O			
S	Salzburg (Polizei) – S			
SB	Scheibbs – N			
SD	Schärding – O			
SE	Steyr (Land) – O		**BH**	Bundesheer
SL	Salzburg (Umgebung) – S		**BP**	Bundespolizei
			FV	Finanzverwaltung (seit 2005)
SP	Spittal a.d. Drau – K			
SR	Steyr (Polizei) O		**JW**	Justizwache
SV	St. Veit a.d. Glan – K		**PT**	Post- & Telegrafenver-

altung, seit Privatisie-
rung nur noch Öster-
reichische Post AG
ZW Zollwache + Finanz-
verwaltung (2005
durch **FV** ersetzt)

In Wien bedeuten:
W xxxx BE Bestattung
W xxxx EW E-Werk
W xxxx FW Feuerwehr
W xxxx GT Gütertransport
W xxxx GW Gaswerk
W xxxx KT Kleintransporte
W xxxx LO Linienomnibusse
W xxxx MA Magistrat
W xxxx MW Mietwagen,
-busse
W xxxx RD Rettungsdienst
W xxxx RK Rotes Kreuz
W xxxx TX Taxi
W xxxx VB Verkehrsbetriebe

Außerdem:
ZE xxxx T Zell am See/Taxi
ZE (Befristetes)
Werkstättenkenn-
zeichen
GR Ausländischer Sattel-
auflieger mit österrei-
chischem Zugfahrzeug

Polen

Land: Ähnlich
kontrastreich wie
die mentale Prä-
gung zwischen klerikalem
Konservatismus und profa-
nem Aufbruch gen Westen
präsentieren sich Polens Landschaften. Naturromantik pur
verkörpern die Masurischen
Seen, ihre dunklen Wälder
und die Wanderdünen des
Slowinski-Nationalparks.

Architektur in historischer
Pracht entfaltet sich in
Marienburg, der mittelalterlichen Residenz der Deutschen
Ordensritter, und in den res-
taurierten Stadtkernen von
Danzig, Stettin und besonders schön auf den herrlichen
Marktplätzen von Breslau
und Krakau, die ein Ambi-
ente von (Backstein-)Gotik
bis Renaissance-Stil vereinen
und fast italienisch anmuten.
Die städtebauliche Schönheit
der Hauptstadt Warschau,
die ganz zentralistisch Polens

Polen: Danzigs Wahrzeichen, das Krantor

154

politische Macht und intellektuelle Führerschaft verkörpert, fällt dagegen etwas ab. Die Wallfahrt zur Schwarzen Madonna (Ikone und „Mutter Polens") nach Tschenstochau, die Jahr für Jahr von Hunderttausenden zelebriert wird, verdeutlicht, dass Polen neben Italien und Spanien das katholischste aller europäischen Länder ist.

DOA 77MK

Kennzeichen: Am 1.1.1999 wurden die bis dato existierenden 49 polnischen Distrikte durch 16 Woiwodschaften (polnische Verwaltungsbezirke, an historische Gebiete angelehnt) ersetzt. Entsprechend wurde mit dem Datum 1.5.2000 bei Erstzulassungen ein neues Kfz-Kennzeichen-System eingeführt. Auf den zwei- (Stadtkreis) oder dreistelligen (Powiat, ähnlich einem Landkreis) Buchstabenblock links schließt sich rechts eine vier- bis fünfstellige alpha-numerische Kombination an. Die blaue Banderole ganz links trug bei Erstzulassungen bis zum 30. April 2006 trägt die Nationalflagge und das **PL**-Zeichen. Bei Erstzulassungen seit dem 2. Mai 2006 wich die Flagge dem europäischen Sternenkranz. Die Regional-Codes – fett gedruckt die „alten", neuen Woiwodschaften, im Anschluss in Mager-

schrift der jeweilige Powiat des Kürzels:

B: Podlaskie (Podlasien)
BAU Augustów
BBI Bielsk Podlaski
BGR Grajewo
BHA Hajnówka
BI Białystok (Stadt)
BIA Białystok (Powiat)
BKL Kolno
BL Łomza (Stadt)
BLM Łomza (Powiat)
BMN Mońki
BS Suwałki (Stadt)
BSE Sejny
BSI Siemiatycze
BSK Sokółka
BSU Suwałki (Powiat)
BWM Wysokie Mazowiecki
BZA Zambrów

C: Kujawsko-Pomorskie
(Kujawien-Pommern)
CAL Aleksandrów Kujawski
CB Bydgoszcz (Stadt)
CBR Brodnica
CBY Bydgoszcz (Powiat)
CCH Chełmno
CG Grudziądz (Stadt)
CGD Golub Dobrzyń
CGR Grudziądz (Powiat)
CIN Inowrocław
CLI Lipno
CMG Mogilno
CNA Nakło nad Notecią
CRA Radziejow
CRY Rypin
CSE Sępólno Krajeńskie
CSW Świecie
CT Toruń (Stadt)
CTR Toruń (Powiat)
CTU Tuchola
CW Włocławek (Stadt)

CWA Wąbrzeźno
CWL Włocławek (Powiat)
CZN Żnin

D: Dolnoslaskie
(Niederschlesien)
DB Wałbrzych (Stadt)
DBA Wałbrzych (Powiat)
DBL Bolesławiec
DDZ Dzierżoniów
DGL Glogów
DGR Góra
DJ Jelenia Góra (Stadt)
DJA Jawor
DJE Jelenia Góra (Powiat)
DKA Kamienna Góra
DKL Kłodzko
DL Legnica (Stadt)
DLB Lubań
DLE Legnica (Powiat)
DLU Lubin
DLW Lwówek Śląski
DMI Milicz
DOA Oława
DOL Oleśnica
DPL Polkowice
DSR Środa Śląska
DST Strzelin
DSW Świdnica
DTR Trzebnica
DW Wrocław (Stadt)
DWL Wołów
DWR Wrocław (Powiat)
DZA Ząbkowice Śląskie
DZG Zgorzelec
DZL Złotoryja

E: Łódzkie (Lodz)
EBE Belchatów
EBR Brzeziny
EKU Kutno
EL Łodź (Stadt)
ELA Łask
ELC Łowicz

ELE Łęczyca
ELW Łodź Wschód (Powiat)
EOP Opoczno
EP Piotrków Trybunalski
         (Stadt)
EPA Pabianice
EPD Poddębice
EPI Piotrków Trybunalski
         (Powiat)
EPJ Pajęczno
ERA Radomsko
ERW Rawa Mazowiecka
ES Skierniewice (Stadt)
ESI Sieradz
ESK Skierniewice (Powiat)
ETM Tomaszów Mazowiecki
EWE Wieruszów
EWI Wieluń
EZD Zduńska Wola
EZG Zgierz

F: Lubuskie (Lebus)
FG Gorzów Wielkopolski
         (Stadt)
FGW Gorzów Wielkopolski
         (Powiat)
FKR Krosno Odrzańskie
FMI Międzyrzecz
FNW Nowa Sól
FSD Strzelce Krajeńskie
FSL Słubice
FSU Sulęcin
FSW Świebodzin
FWS Wschowa
FZ Zielona Góra (Stadt)
FZA Żary
FZG Żagań
FZI Zielona Góra (Powiat)

G: Pomorskie (Pommern)
GA Gdynia
GBY Bytów
GCH Chojnice
GCZ Człuchów

GD	Gdańsk (Danzig, Stadt)	**LBL**	Biłgoraj
GDA	Gdańsk (Powiat)	**LC**	Chełm (Stadt)
GKA	Kartuzy	**LCH**	Chełm (Powiat)
GKS	Kościerzyna	**LHR**	Hrubiezów
GKW	Kwidzyn	**LJA**	Janów Lubelski
GLE	Lębork	**LKR**	Kraśnik
GMB	Malbork	**LKS**	Krasnystaw
GND	Nowy Dwór Gdański	**LLB**	Lubartów
GPU	Puck	**LLE**	Łeczna
GS	Słupsk (Stadt)	**LLU**	Łuków
GSL	Słupsk (Powiat)	**LOP**	Opole Lubelski
GSP	Sopot	**LPA**	Parczew
GST	Starogard Gdański	**LPU**	Puławy
GSZ	Sztumski	**LRA**	Radzyń Podlaski
GTC	Tczew	**LRY**	Ryki
GWE	Wejherowo	**LSW**	Świdnik
		LTM	Tomaszów Lubelski
K: Malopolskie (Kleinpolen)		**LU**	Lublin (Stadt)
KBC	Bochnia	**LUB**	Lublin (Powiat)
KBR	Brzesko	**LWL**	Włodwana
KCH	Chrzanów	**LZ**	Zamość (Stadt)
KDA	Dąbrowa Tarnówska	**LZA**	Zamość (Powiat)
KGR	Gorlice		
KLI	Limanowa	**N: Warmińsko-Mazurskie**	
KMI	Miechów	**(Ermland-Masuren)**	
KMY	Myślenice	**NBA**	Bartoszyce
KN	Nowy Sącz (Stadt)	**NBR**	Braniewo
KNS	Nowy Sącz (Powiat)	**NDZ**	Działdowo
KNT	Nowy Targ	**NE**	Elbląg (Stadt)
KOL	Olkusz	**NEB**	Elbląg (Powiat)
KOS	Oświęcim	**NEL**	Ełk
KPR	Proszowice	**NGI**	Giżycko
KR	Kraków (Krakau, Stadt)	**NGO**	Gołdap
KRA	Kraków (Powiat)	**NIL**	Iława
KSU	Sucha Beskidzka	**NKE**	Kętrzyn
KT	Tarnów (Stadt)	**NLI**	Lidzbark Warmiński
KTA	Tarnów (Powiat)	**NMR**	Mrągowo
KTT	Tatrzański (Zakopane)	**NNI**	Nidzica
KWA	Wadowice	**NNM**	Nowe Miasto
KWI	Wieliczka		Lubawskie
		NO	Olsztyn (Stadt)
L: Lubelskie (Lublin)		**NOE**	Olecko
LB	Biała Podlaska (Stadt)	**NOL**	Olsztyn (Powiat)
LBI	Biała Podlaska (Powiat)	**NOS**	Ostróda

NPI   Pisz
NSZ   Szczytno
NWE   Wegorzewo

O: Opolskie (Oppeln)
OB   Brzeg
OGL   Głubczyce
OK   Kędzierzyn-Koźle
OKL   Kluczbork
OKR   Krapkowice
ONA   Namysłów
ONY   Nysa
OOL   Olesno
OP   Opole (Stadt)
OPO   Opole (Powiat)
OPR   Prudnik
OST   Strzelce Opolskie

P: Wielkopolskie
(Großpolen)
PCH   Chodzież
PCT   Czarnków
PGN   Gniezno
PGO   Grodzisk Wielkopolski
PGS   Gostyń
PJA   Jarocin
PK   Kalisz (Stadt)
PKA   Kalisz (Powiat)
PKE   Kępno
PKL   Koło
PKN   Konin (Powiat)
PKR   Krotoszyn
PKS   Kościan
PL   Leszno (Stadt)
PLE   Leszno (Powiat)
PMI   Międzychód
PN   Konin (Stadt)
PNT   Nowy Tomyśl
PO   Poznań (Posen, Stadt)
POB   Oborniki
POS   Ostrów Wielkopolski
POT   Ostrzeszów
POZ   Poznan (Powiat)
PP   Piła

PPL   Pleszew
PRA   Rawicz
PSE   Śrem
PSL   Słupca
PSR   Środa Wielkopolska
PSZ   Szamotuły
PTU   Turek
PWA   Wągrowiec
PWL   Wolsztyn
PWR   Września
PZ   Poznański
PZL   Złotów

R: Podkarpackie
(Karpatenvorland)
RBI   Bieszczadzky
RBR   Brzozów
RDE   Dębica
RJA   Jarosław
RJS   Jasło
RK   Krosno (Stadt)
RKL   Kolbuszowa
RKR   Krosno (Powiat)
RLA   Łańcut
RLE   Leżajsk
RLS   Leski
RLU   Lubaczów
RMI   Mielec
RNI   Nisko
RP   Przemyśl (Stadt)
RPR   Przemyśl (Powiat)
RPZ   Przeworsk
RRS   Ropczycko-Sędziszowski
RSA   Sanok
RSR   Strzyżów
RST   Stalowa-Wola
RT   Tarnobrzeg (Stadt)
RTA   Tarnobrzeg (Powiat)
RZ   Rzeszów (Stadt)
RZE   Rzeszów (Powiat)

S: Śląskie (Schlesien)
SB   Bielsko-Biała (Stadt)

SBE	Będzin
SBI	Bielsko-Biała (Powiat)
SBL	Bieruń
SC	Częstochowa (Stadt)
SCI	Cieszyn
SCZ	Częstochowa (Powiat)
SD	Dąbrowa Górnicza
SG	Gliwice (Stadt)
SGL	Gliwice (Powiat)
SH	Chorzów
SI	Siemianowice Śląskie
SJ	Jaworzno
SJZ	Jastrzębie Zdrój
SK	Katowice
SKL	Kłobuck
SL	Ruda Śląska
SLU	Lubliniec
SM	Mysłowice
SMI	Mikołów
SMY	Myszków
SO	Sosnowiec
SPI	Piekary Śląskie
SPS	Pszczyna
SR	Rybnik (Stadt)
SRB	Rybnik (Powiat)
SRC	Racibórz
SRS	Ruda Śląska
ST	Tychy (Stadt)
STA	Tarnowskie Góry
STY	Tychy (Powiat)
SW	Świętochłowice
SWD	Wodzisław Śląski
SY	Bytom
SZ	Zabrze
SZA	Zawiercie
SZO	Żory
SZY	Żywiec

**T: Świętokrzyskie
(Heiligkreuz)**

TBU	Busko Zdrój
TJE	Jędrzejów
TK	Kielce (Stadt)
TKA	Kazimierza Wielka
TKI	Kielce (Powiat)
TKN	Końskie
TLW	Włoszczowa
TOP	Opatów
TOS	Ostrowiec Świętokrzyski
TPI	Pińczów
TSA	Sandomierz
TSK	Skarżysko-Kamienna
TST	Starachowice
TSZ	Staszów

**W: Mazowieckie (Masowien)
Warszawa (Warschau): WA,
WB, WD, WE, WF, WH, WI,
WJ, WK, WN, WT, WU, WW,
WX, WY, WZ (-West)**

WBR	Białobrzegi
WCI	Ciechanów
WG	Garwolin
WGM	Grodzisk Mazowiecki
WGR	Grójec
WGS	Gostynin
WKZ	Kozienice
WL	Legionowo
WLI	Lipsko
WLS	Łosice
WM	Mińsk Mazowiecki
WMA	Maków Mazowiecki
WML	Mława
WND	Nowy Dwór Mazowiecki
WO	Ostrołęka (Stadt)
WOR	Ostrów Mazowiecka
WOS	Ostrołęka (Powiat)
WOT	Otwock
WP	Płock (Stadt)
WPI	Piaseczno
WPL	Płock (Powiat)
WPN	Płonsk
WPR	Pruszków
WPU	Pułtusk
WPY	Przysucha
WPZ	Przasnysz
WR	Radom (Stadt)

WRA Radom (Powiat)
WS Siedlce (Stadt)
WSC Sochaczew
WSE Sierpc
WSI Siedlce (Powiat)
WSK Sokołów Podlaski
WSZ Szydłowiec
WV Wołomin (Stadt)
WWE Węgrów
WWL Wołomin (Powiat)
WWY Wyszków
WZ Warszawa
Zachód (-West)
WZU Żuromin
WZW Zwoleń
WZY Żyrardów

**Z: Zachodniopomorskie
(Westpommern)**
ZBI Białogard
ZCH Choszczno
ZDR Drawsko Pomorskie
ZGL Goleniów
ZGR Gryfino
ZGY Gryfice
ZK Koszalin (Stadt)
ZKA Kamień Pomorskie
ZKL Kołobrzeg
ZKO Koszalin (Powiat)
ZLO Łobez
ZMY Myślibórz
ZPL Police
ZPY Pyrzyce
ZS Szczecin (Stettin)
ZSD Świdwin
ZSL Sławno
ZST Stargard Szczeciński
ZSW Świnoujście
ZSZ Szczecinek
ZWA Wałcz

Amtliche Kennzeichen:
HC Zollbehörden
HP Polizei (ist der dritte

Buchstabe ein A, handelt es sich um ein Fahrzeug des zentralen Polizeihauptkommandos, die übrigen Buchstaben B–Z an dritter Stelle beziehen sich auf die jeweilige Woiwodschaft, sie sind jedoch nicht mit denen für die „gewöhnlichen" (Privat-)Fahrzeuge verwendeten identisch)
HW Grenzschutz

Portugal

Land: Es waren glorreiche Zeiten, als Lissabon während des Século de Ouro, dem Goldenen Zeitalter Portugals und der großen Entdeckungen, die wichtigste Hafenstadt der damals bekannten Welt war. Militärische Niederlagen, eine ruinöse Kolonialwirtschaft und Erdbeben rückten über die Jahrhunderte Portugal an die Peripherie Europas, politisch und wirtschaftlich nahezu bedeutungslos. Das Schattendasein am Rande sollte bis in die jüngere Zeit fortbestehen, auch weil während der fast fünfzig Jahre dauernden Salazar-Diktatur jedes selbstbestimmte kulturelle Leben unterdrückt wurde. Die Nelkenrevolution 1974 und die demokratische Erneuerung öffneten Portugal wieder der Welt und ließen die Hauptstadt Lissabon wie einen Phönix aus der Asche steigen. Nach außen hin sichtbare Marksteine der Modernisierung waren die Wahl Lissabons zur Kulturhauptstadt 1994, die Durchführung der Expo 98 sowie der Fußballweltmeisterschaft 2004. Einzigartig im Reigen der europäischen Metropolen ist Lissabon, die „Weiße Stadt", in der in der Kulisse der historischen Manuelinik-Architektur sich die Saudade, diese eigenartige Lissaboner Mentalität, verströmt und die melancholisch-traurigen Klängen des Fado erklingen.

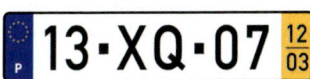

Kennzeichen: Portugals Kennzeichen sind ohne geografische Zuordnung. Einzig eine zeitliche Einordnung der Zulassung ist möglich. Ursprünglich waren es schwarze Schilder mit weißen Zeichen, deren Zuteilung mit AA-00-00 begann und bei ZZ-99-99 endete. Um diese limitierte Kapazität zu „verdoppeln", wird seit 1992/93 die Vergabe im „Negativ", also gleiches System, doch mit weißem Grund und schwarzer Schrift, praktiziert. Reihenfolge der alpha-numerischen Kombination: zweistellige Zahl-zweistellige Zahl-Buchstabenpaar (ab 1992), zweistellige Zahl-Buchstabenpaar-zweistellige Zahl (seit 2005).

Während links das EU-Feld mit dem Buchstaben **P** das Kennzeichen abschließt, sind am rechten Rand seit 1998 in einem gelben Streifen Jahr (oben) und Monat (unten) der Kfz-Erstzulassung verzeichnet. Bis 1992 verwendete Regional-Codes, die früher (links) dem jeweiligen Zulassungsbezirk entsprachen, damals noch auf schwarzen Schildern mit weißer Schrift:

AN	Angra do Heroísmo
AV	Aveiro
BE	Beja
BG	Bragança
BR	Braga

Portugal: Algarve

C	Coimbra
CB	Castelo Branco
E	Évora
FA	Faro
H	Horta
L	Lisboa
P	Porto
PT	Portalegre
SA	Santarém
SE	Setúbal
VC	Viana do Castelo
VI	Viseu
VR	Vila Real

Staatliche Fahrzeuge:

GNR Guardia Nacional Republicana

ME, MG und **MX** kennzeichnen Armeefahrzeuge

Diplomatenfahrzeuge sind ausschließlich weiß mit roter Schrift und beginnen mit der Code-Nummer des Herkunftslandes.

Rumänien

Land: Kaum eine andere Gestalt Rumäniens mag bekannter sein als Graf Dracula, der dank Bram Stokers Roman bis heute unsere Vorstellungen über Transilvanien beherrscht und auf den historischen Fürsten Vlad zurückgeht, ob seiner grausamen Lynchjustiz „der Pfähler" genannt. Siebenbürgens Realität ist weit prosaischer, wird von kleinstädtisch-bäuerlicher Atmosphäre bestimmt, in der vor der Kulisse malerischer Kirchenburgen alte Fuhrwerke holpern. Wie ein mächtiger Halbbogen umschließt die Bergfront der Karpaten das Reich der Sachsen (frühe deutsche Besiedlung) und Vampire, um im Südosten in die weite Donauebene abzufallen. Die beim Eisernen Tor die Karpaten durchbrechende Donau bildet die Grenze zu Serbien und Bulgarien. Das Donaudelta ist eine der wenigen erhaltenen Urlandschaften Europas, das Schwarze Meer bietet echte Küstenatmosphäre. Einen monströsen Kontrast zu den Kulturlandschaften der Walachei und Moldau bildet die Hauptstadt Bukarest. Umgeben von endlos monotonen Vorstadtsiedlungen, stößt man in der Innenstadt auf repräsentative Prunkbauten, bei denen die Geschichte deutliche Spuren des Verfalls und Zerstörung hinterlassen hat.

B 92 PPY

Kennzeichen sind weiß mit schwarzer Schrift. Im blauen Feld ganz links ersetzt seit 2007 (EU-Beitritt Rumäniens) der Sternenkranz über dem **RO**-Schriftzug die frühere dort eingefasste blau-gelb-rote Nationalflagge Rumäniens. Auf den links durch ein Buchstabenpaar gebildeten Regional-Code (für die Hauptstadt Bukarest nur ein B), der den Judeţ (Landkreis) bzw. Kfz-Zulassungskreis kennzeichnet, schließen sich die Prüfplakette und rechts eine alpha-numerische Kombination (zwei Ziffern – bei B als Regional-Code auch drei Ziffern –, drei Buchstaben) an. Die Regional-Codes (zur besseren Orientierung zuzuordnende geografische Begriffe in Klammern):

AB Alba (Transilvania)
AG Argeş
AR Arad (Crisana)
B Bucuresti (Bukarest)
BC Bacău (Moldova)
BH Bihor (Crisana)
BN Bistriţa Năsăud (Transilvania)
BR Brăila
BT Botoşani (Bucovina)
BV Braşov (Kronstadt)
BZ Buzău
CJ Cluj (Transilvania)
CL Călăraşi
CS Caraş-Severin (Banat)
CT Constanţa (Dobrogea)
CV Covasna (Transilvania)
DB Dâmboviţa
DJ Dolj (Craiova)
GJ Gorj (Oltenia)
GL Galaţi (Moldova)
GR Giurgiu
HD Hunedoara (Transilvania)
HR Harghita (Transilvania)
IF Ilfov
IL Ialomiţa
IS Iaşi (Moldova)
MH Mehedinţi
MM Maramureş
MS Mureş (Transilvania)
NT Neamţ (Moldova)

OT Olt (Slatina)
PH Prahova
SB Sibiu (Hermannstadt)
SJ Sălaj (Crisana)
SM Satu-Mare
SV Suceava
TL Tulcea
TM Timiş (Banat)
TR Teleorman (Alexandria)
VL Vâlcea
VN Vrancea (Moldova)
VS Vaslui (Moldova)

Amtliche Kennzeichen:
A **Armata (also: Armee)**
MAI Innenministerium plus Gendarmerie
CD, CO, TC Diplomatischer, Konsularischer Corps (der linke der beiden sich anschließenden Ziffernblöcke entspricht dem Länder-Code des Herkunftslandes)

Russland

Land: Wohl die gleichen Worte, mit denen Puschkin die russische Hauptstadt pries – „Moskau, wie packt doch dieser Name das Russenherz mit Ungestüm! Was spricht nicht alles klingt aus ihm!" –, geistern durch unsere Köpfe, wenn wir an Russland denken. Ungestüm, Ungetüm, gewaltig und riesig, darunter geht nichts. Dazu die undurchdringbare russische Seele, exzessive Melancholie, und wir denken – dann lieblicher, fast zahm gestimmt – an goldene Kuppeln, idyllische Wolga-Landschaften und schrullige Babuschkas. Unbestrittenes Zentrum Russlands ist der Rote Platz mit dem Kreml und seinen Türmen auf dem Hügel über der Moskwa. Fremde werden Moskau vollgestopft mit historischer Architektur erleben und sich doch besser über Sankt Petersburg, dem Venedig des Nordens und europäischsten Stadt Russlands, dem unendlich scheinenden Land annähern. Kanäle und über 400 Brücken (mehr als in Venedig) verästeln sich dort um die Newa, sind auf einer Bootsfahrt zu besichtigen und stehen doch im Schatten der Eremitage, der Peter-Pauls-Festung, Auferstehungskirche und Zarenresidenzen.

Kennzeichen sind weiß mit schwarzer Schrift. Ein senkrechter Strich grenzt am rechten Rand ein kleines Feld ab, in dem unten der Schriftzug **RUS** neben der weiß-blau-roten russischen Flagge abgebildet ist. Darüber bezeichnet eine zweistellige Zahl (01–99), seit 2005 auch dreistellige Zahl (–199, eingeführt aufgrund der ausgeschöpften Kapazität der bisherigen Kennzeichnung) den Regional-Code, der die Zulassungsregion preisgibt und einer Oblast (Gebiet, Bezirk), einer Verwaltungseinheit oder einem anderen Föderationssubjekt zuzuordnen ist. Die Seriennummer links besteht aus einer Buchstaben-Zahlen-Kombination in den beiden Varianten zwei Buchstaben (links), vier Ziffern (rechts) oder ein Buchstabe (links, etwas kleiner), drei Ziffern (Mitte) und zwei Buchstaben (rechts, ebenfalls etwas kleiner). Weil nur Buchstaben verwendet werden, die sowohl im kyrillischen als auch lateinischen Alphabet vorkommen (insgesamt 12), sind erneute Kapazitätsprobleme bei der Nummernvergabe vorhersehbar.

Die Regional-Codes des europäischen Teils Russlands (in Klammern die übergeordneten Generalgouvernemente):

Autonome Republiken & Regionen:

01	Adygea (Nordkaukasus)
02	Baschkortostan (Wolga)
05	Dagestan (N-Kaukasus)
06	Inguschetien (N-Kaukasus)
07	Kabardino-Balkarien (N-Kaukasus)
08	Kalmykien (N-Kaukasus)
09	Karatchaewo-Tscherkesk (N-Kaukasus)

10	Karelien (Nordwestrussland)		**78**	St. Petersburg (Stadt)
11	Komi (NW-Russland)		**83**	Autonomer Kreis der Nenzen (Barentssee)
12	Mari-El (Wolga)		**91**	Kaliningrad
13	Mordwinien (Wolga)		**92**	Archangelsk
15	Nordosetien (N-Kaukasus)		**98**	St. Petersburg (Stadt)
16	Tatarstan (Wolga)		**129**	Archangelsk
18	Udmurtien (Wolga)		**178**	St. Petersburg (Stadt)
20	Tschetschenien (auslaufend, N-Kaukasus) jetzt 95		**198**	St. Petersburg (Stadt)

10 Karelien
(Nordwestrussland)
11 Komi (NW-Russland)
12 Mari-El (Wolga)
13 Mordwinien (Wolga)
15 Nordosetien
(N-Kaukasus)
16 Tatarstan (Wolga)
18 Udmurtien (Wolga)
20 Tschetschenien
(auslaufend,
N-Kaukasus) jetzt 95
21 Tschuwaschien (Wolga)
95 Tschetschenien
(N-Kaukasus)
102 Baschkortostan
(Wolga)
105 Dagestan
(N-Kaukasus)
111 Komi (NW-Russland)
113 Mordwinien (Wolga)
116 Tatarstan (Wolga)
121 Tschuwaschien (Wolga)

Regionen & Oblasten im Nordkaukasus:
23 Krasnodar
26 Stawropol
34 Wolgograd
61 Rostow
93 Krasnodar
123 Krasnodar
161 Rostow

... in Nordwestrussland:
25 Primorsk
29 Archangelsk
35 Wologda
39 Kaliningrad
(Königsberg)
47 St. Petersburg (Gebiet)
51 Murmansk
53 Nowgorod
60 Pskow

78 St. Petersburg (Stadt)
83 Autonomer Kreis der
Nenzen (Barentssee)
91 Kaliningrad
92 Archangelsk
98 St. Petersburg (Stadt)
129 Archangelsk
178 St. Petersburg (Stadt)
198 St. Petersburg (Stadt)

... in Zentralrussland:
31 Belgorod
32 Brjansk
33 Wladimir
36 Woronesch
37 Iwanowsk
40 Kaluga
44 Kostroma
46 Kursk
48 Lipetzk
50 Moskau (Gebiet)
57 Orlow
62 Rjazan
67 Smolensk
68 Tambowsk
69 Twerj
71 Tula
76 Jaroslawl
77 Moskau (Stadt)
90 Moskau (Gebiet)
97 Moskau (Stadt)
99 Moskau (Stadt)
136 Woronesch
150 Moskau (Gebiet)
177 Moskau (Stadt)
190 Moskau (Gebiet)
197 Moskau (Stadt)
199 Moskau (Stadt)

... im Kreis Wolga:
30 Astrachan
43 Kirow
52 Nishni Nowgorod
56 Orenburg

58	Pensa
58	Pensa
59	Perm
63	Samara
64	Saratow
73	Uljanowsk
81	Autonomer Kreis der Komi-Permjaken
121	Tschuwaschien
152	Nishni Nowgorod
159	Perm
163	Samara
164	Saratow
173	Uljanowsk

... im Ural:

45	Kurgan
66	Swerdlowsk (Sitz in Jekaterinburg)
72	Tjumen
74	Tscheljabinsk
86	Autonomer Kreis der Chanten und Mansen
89	Autonomer Kreis der Jamal-Nenzen
96	Swerdlowsk
174	Tscheljabinsk

Sonderkennzeichen

Buchstabe **A** + rechter Rand komplett mit russischer Flagge ausgefüllt: Fuhrpark des Präsidenten oder Premierminister – Regierungsfahrzeuge „niedriger" Administration haben im Hauptfeld reguläre Seriennummern.

Schrift weiß, Schilderfarbe in Klammer, Kennzeichen sind ohne Flagge im rechten Feld:
Polizei (blau) plus Polizei in Zivil
Militär (schwarz)
Diplomatischer Corps (rot): die linken Ziffern entspre-

chen der Code-Nummer des Herkunftslandes, in der Mitte folgen die Buchstaben **CD** (Botschafterfahrzeug), **D** (Botschaftsmitarbeiter) oder **T** (technisches Botschaftspersonal)
Taxis, Busse (gelb)

San Marino

 **Land:** Am bekanntesten ist die Zwergrepublik (60,6 km²) am Nordosthang des Apennin durch ihren Briefmarkenverkauf und die markante Silhouette des Monte Titano mit der trutzigen mittelalterlichen Burg La Guaita und den Festungen Fratta/Cesta, Montale. San Marinos Straßennetz umfasst etwa 260 km und verbindet die neun Dorfgemeinden mit dem Haupt„städtchen" San Marino. Diese besitzt bis heute durch ihre engen, steilen Gassen und in den Fels gehauenen Stiegen eine mittelalterliche Aura und ist mit der Adriastadt Rimini im Nordosten (dort Autobahnanschluss) über die Strada Panorama verbunden.

Kennzeichen sind weiß mit blauer Schrift und ohne geografische Zuordnung. Den linken Schilderrand nehmen

San Marinos Wappen (oben, groß – von Lorbeerzweig und Eichenbruch umkränzt, ist es eine stilisierte Darstellung des Monte Titano und seiner Wehrtürme, darüber die Krone als Symbol der Souveränität des Landes) und der Schriftzug **„REPUBBLICA DI SAN MARINO"** (unten, klein) ein. Die aktuellen Seriennummern bestehen aus einem Buchstaben (links) und vier Ziffern (direkt anschließend rechts) oder aus fünf Ziffern (bei älteren Schildern). Mit dem Schriftzug **POLIZIA** in Rot und einer dreistelligen hellblauen Zahl ist die Polizei unterwegs. **MO** in grüner Schrift steht für Macchina Operatrice und kennzeichnet Arbeitsfahrzeuge.

Schweden

Land: Geografisch umfasst es das flache Südschweden, die Seenplatte, die Schärenküste in gesamter Länge der westlichen Ostsee und das Bergland von Mittel- und Nordschweden. Nach Norden hin immer wilder und reißender werdende Flüsse und romantische Seen zergliedern das Land. Ein ausgeprägtes Brauchtum, wie es während der Luziabraut, des Julfestes, der Holmenkollenwoche, des Vasalaufs, der Walpurgisnacht und des Mitt-

sommerfestes zum Ausdruck kommt, bezeugt die schwedische Naturverbundenheit. Populäres Reiseziel ist neben der Hauptstadt Stockholm die durch den schmalen Kalmarsund vom Festland getrennte Insel Öland, wo zwischen Heideflächen und weiten Wäldern über 400 Windmühlen und mittelalterliche Fluchtburgen das Landschaftsbild prägen. Wirtschaftlich die größte Bedeutung haben der Eisenerzexport, die metallverarbeitende Industrie und Holzverwertung.

CPS 257

Kennzeichen ohne jegliche geografische Zuordnung bestehen in der Standardausführung am linken Rand aus dem blauen EU-Feld samt Sternenkranz und weißem **S** sowie drei Buchstaben (links) und drei Ziffern (rechts) in Schwarz auf weißem Grund. Seit dem 1. Januar 2010 wird der farbige TÜV-Plakettenstreifen, der zugleich Steuermarke war (die große Zahl kennzeichnete den Monat, die kleine das Jahr der Steuerfälligkeit) und in der Mitte des Kennzeichens angebracht wurde, nicht mehr ausgegeben. Grund dafür ist die zentrale EDV-Datenerfassung aller diesbezüglichen Daten, die eine „optische" Kennzeichnung überflüssig macht.

Schwedische Kennzeichen sind fahrzeuggebunden und verbleiben unabhängig eines Besitzerwechsels von der Erstzulassung bis zur endgültigen Stilllegung bei diesem. Ausnahme: Wunschkennzeichen – diese können nur aus Buchstaben bzw. einem Wort bestehen und können gegen einen stattlichen Aufpreis (ca. € 700,–) bezogen werden. Ein Wunschkennzeichen verbleibt beim Fahrzeughalter, der es später z.B. nach Verkauf des bisherigen und Kauf eines neuen Pkw an letzterem wieder verwenden kann. Bei Wunschkennzeichen, die ein vollständiges Wort abbilden, wird die Prüfplakette nicht im Zentrum des Schildes, sondern rechts nach Wortende angebracht.

Sonderkennzeichen:
Taxi: gelbe Schilder ohne EU-Feld, dafür mit einem T ganz rechts
Streitkräfte: ausschließlich eine 5- oder 6-stellige Zahl in Gelb auf schwarzem Schild
Diplomatischer Corps: hellblaue Schilder mit schwarzer Schrift

Schweiz

Land: „Wir sind ein einig Volk von Brüdern", schworen die Vertreter der Urkantone, die Waldstätten Uri,

Schwyz und Unterwalden bzw. diese Worte legte ihnen Schiller in den Mund, der die Sage vom Rütlischwur mit der historisch nicht belegten Gestalt Wilhelm Tell in seinem gleichnamigen Drama verknüpfte. Der im Jahre 1291 zur Abwehr gegen habsburgische Gebietsansprüche geschlossene „Ewige Bund" war der Beginn der Karriere der Schweiz (Hauptstadt: Bern), der sich später zwanzig Kantone und sechs Halbkantone anschließen. Das Motto: außenpolitisch neutral, im Innern freisinnig, d.h. besonders der Freiheit des Kapitals verpflichtet – die Bilanzsumme der Schweizer Banken erreicht Dimensionen, die den Höhen der höchsten Alpengipfel entsprechen, und sorgt mit dafür, dass die Schweiz heute zu den reichsten Ländern Europas gehört.

Kennzeichen: Die beiden Buchstaben links bezeichnen den Zulassungskanton, ihnen folgt eine bis sechsstellige fortlaufende Zahl. Das vordere Kontrollschild, so die amtliche Bezeichnung, ist auffallend klein (30 x 8 cm). Die Autonummern (umgangssprachliche Bezeichnung) sind weiß mit schwarzer Schrift. Auf dem hinteren sind zusätzlich (links) das Bundeswappen

Schweiz: Luzern, Kapellbrücke

und (rechts) das Kantonswappen abgebildet. Die Kantone und ihre Buchstabenpaare:

AG	Aargau
AI	Appenzell Innerrhoden
AR	Appenzell Außerrhoden
BE	Berne (Bern)
BL	Basel Land
BS	Basel Stadt
FR	Fribourg (Freiburg)
GE	Genève (Genf)
GL	Glarus
GR	Graubünden (rätorom.: Grischun)
JU	Jura
LU	Luzern
NE	Neuchâtel (Neuenburg)
NW	Nidwalden „Unterwalden nid dem Wald"
OW	Obwalden „Unterwalden ob dem Wald"
SG	Sankt Gallen
SH	Schaffhausen
SO	Soleure (Solothurn)
SZ	Schwyz
TG	Thurgau
TI	Ticino (Tessin)
UR	Uri
VD	Vaud (Waadt)
VS	Valais (Wallis)
ZG	Zug
ZH	Zürich

Sonderzeichen:
Buchstabenkombination rechts nach der Zahl:

U	Autohändler, -werkstatt
V	Mietwagen (auslaufend)
Z	unverzolltes Fahrzeug befristet)

Diplomatenkennzeichen von nationalen Vertretungen und internationalen Organisationen sind links mit den weißen Buchstaben **CD** (Corps Diplomatique) oder **CC** (Corps Consulaire) in einem blauen resp. grünen Streifen gekennzeichnet.

Farbige Kontrollschilder:
grün   Landwirtschaft
blau   Arbeitsfahrzeug
schwarz Militär; ohne Kantonswappen, statt dem Kantons-Code wird ein M verwendet

Serbien

Land: Was wäre, wenn die Schlacht auf dem Amselfeld am St.-Veits-Tag des Jahres 1389 anders geendet hätte oder wenn die von Ostgalizien eingewanderten Serben nicht durch Schüler des Slawenapostels Methodios im 9. Jh. missioniert worden wären? Vielleicht begünstigte auch nur die geografische Zergliederung des Balkan die Ausbildung zu vieler ethnischer Gruppen im Spannungsfeld zwischen Ost und West. Wojwodina und der Kosovo sind immer noch im Ausnahmezustand, die Kriegswunden noch lange nicht verheilt – so dass die verklärende Emphase des serbischen Nobelpreisträgers Ivo Andric als bestmögliche Würdigung der serbischen Hauptstadt erscheint: „Weit und hoch spannt sich der Himmel über Belgrad, schön an klaren Wintertagen mit ihrer Eispracht, im Sommergewitter sich in eine düstere Wolke verwandelnd, die windgejagt regenvermischten Staub mit sich führt, wenn er im Frühling zusammen mit der Erde erblüht, und im Herbst, wenn er Sternen besäht über der Stadt hängt. Stets schön anzusehen und reich, als Entschädigung für alles, was es in dieser Stadt nicht gibt, und als Trost für alles, was nicht hätte geschehen sollen."

Kennzeichen in Serbien waren lange Zeit im Wandel begriffen. Ursache waren nationale, staatliche Veränderungen und die sich zu mehreren Zeitpunkten vollzogen Abspaltungen innerhalb des ehemaligen Vielvölkerstaates Jugoslawien. Noch sind aus Zeiten Serbien und Montenegros stammende Kennzeichenschilder im Verkehr. Nach dem Buchstabenpaar (links, entspricht dem Regional-Code für den Zulassungsbezirk des Fahrzeugs) folgten von links nach rechts: ein fünfzackiger roter Stern (bis 1998) bzw. die blau-weißrote Nationalflagge (klein, ab 1998) und eine vier- bis sechsstellige Zahl, die in der Mitte durch einen Punkt bzw. Bindestrich getrennt ist.
Am 1. Januar 2011 wurden in Serbien Kfz-Kennzeichen nach europäischem Vorbild offiziell eingeführt, die auch im Format dem Standard der Eurokennzeichen angeglichen sind: 520 x 110 mm, davor waren sie

meistens deutlich kürzer. Sie besitzen links einen blauen Streifen mit dem Länder-Code **SRB** (Srbija) unten. Es folgen (v.l.n.r.) in schwarzer Schrift auf weißem Grund: der Regional-Code (lateinische Buchstaben), das serbische Wappen (rot mit weißem Kreuz), darunter der Regional-Code in kyrillischer Schrift in Klein und schließlich die alphanumerische Seriennummer (drei- oder vierstellige Zahl, Bindestrich, Buchstabenpaar). Die Regional-Codes und ihre Zulassungsbezirke (die früheren 43 wurden bereits 2008 – bei 2 Streichungen – um 18 erweitert, 2010/2011 wurden 16 weitere Regional-Codes eingeführt).

Die heutigen sind:

AC	Aleksandrovac
AL	Aleksinac
AR	Aranđelovac
BČ	Bečej
BĆ	Bogatić
BG	Beograd (Belgrad)
BO	Bor
BP	Bačka Palanka
BT	Bačka Topola
BU	Bujanovac
ČA	Čačak
ĆU	Ćuprija
ĐA	Đjakovica (Kosovo)
DE	Despotovac
GL	Gnjilane (Kosovo)
GM	Gornji Milanovac
IC	Ivanjica
IN	Inđija
JA	Jagodina
KA	Kanjiža
KG	Kragujevac
KI	Kikinda
KL	Kladovo
KM	Kosovska Mitrovica (Kosovo)
KO	Kovin
KŠ	Kruševac
KV	Kraljevo
KŽ	Knjaževac
LB	Lebane
LE	Leskovac
LO	Loznica
LU	Lučani
NG	Negotin
NI	Niš
NP	Novi Pazar
NS	Novi Sad
NV	Nova Varoš
PA	Pančevo
PB	Priboj
PE	Peć (Kosovo)
PI	Pirot
PJ	Podujevo (Kosovo)
PK	Prokuplje
PN	Paraćin
PO	Požarevac
PP	Prijepolje
PR	Priština (Kosovo)
PT	Petrovac na Mlavi
PZ	Prizren (Kosovo)
PŽ	Požega
RA	Raška
RU	Ruma
SA	Senta
ŠA	Šabac
SD	Smederevo
ŠI	Šid
SJ	Sjenica
SM	Sremska Mitrovica
SO	Sombor
SP	Smederevska Palanka
ST	Stara Pazova
SU	Subotica

SV	Svilajnac
TO	Topola
TS	Trstenik
UB	Ub
UE	Užice
UR	Uroševac (Kosovo)
VA	Valjevo
VB	Vrnjačka Banja
VL	Vlasotince
VP	Velika Plana
VR	Vranje
VS	Vrbas
VŠ	Vršac
ZA	Zaječar
ZR	Zrenjanin

Sonderkennzeichen:

П   П (kyrillisch) entspricht dem lateinischen P und kennzeichnet Schilder von Polizeifahrzeugen, die in Blau mit weißer Schrift sowie mit Staatswappen und ausschließlich Ziffern des Weges kommen.

Kosovo

Am 17. Februar 2008 proklamierte das Parlament in der Hauptstadt Priština die Republik Kosovo und die territoriale Unabhängigkeit von Serbien. Rechtlich nicht bindend, hat der Internationale Gerichtshof (IGH) am 22. Juli 2010 in einem von der UN-Generalversammlung angeforderten Gutachten bekräftigt, dass dies nicht gegen das Völkerrecht verstoße. Bis dato wird der Kosovo von knapp 90 der UN-Mit-

gliedstaaten als autonomer Staat anerkannt.

Die nach dem legendären Amselfeld (serbisch Kosovo Polje) benannte Region im Zentrum des Balkan ist geografisch von Hochebenen, Senken, zerklüftetem Gebirge und im Westen (Metochien) von vielen kleinen Kirchen und Klöstern geprägt

RKS 03 ● 587-AE

Kennzeichen: Während Kosovo-Albaner gerne die albanische Flagge hissen wie Kosovo-Serben die Flagge Serbiens, ist innerhalb des Kosovo in großer „ethnischer Einigkeit" am Nikolaustag 2010 ein neues Kfz-Kennzeichen eingeführt worden. In Adaption an die Euro-Kennzeichen haben die weißen Schilder am linken Rand einen blauen Streifen mit der Aufschrift **RKS** (Republik Kosovo). Dann folgt eine zweistellige Zahl, die den Regional-Code bzw. die Provinz der Zulassung kennzeichnet. Dieser schließt sich die Flagge des Kosovos in Wappenform an: sechs weiße Sterne in einem leichten Bogen über der goldenen Landesfläche des Kosovos auf blauem Grund (Sinnbild für die Einbindung in euroatlantische Strukturen). Die Sterne stehen für die ethnischen Gruppen der Albaner, Bosniaken, Goranen, Roma,

Serben und Türken im Kosovo. Weiter rechts folgt schließlich die alpha-numerische Seriennummer (dreistellige Zahl, Bindestrich, Buchstabenpaar). Die Regional-Codes (auf dem Schild links) lauten:

01	Prishtina (Priština)
02	Mitrovica (Kosovska Mitrovica)
03	Peja (Peć)
04	Prizren
05	Ferizaj (Uroševac)
06	Gjilan (Gnjilane)

Polizei-Kennzeichen sind von links nach rechts mit dem Schriftzug **„POLICE",** dem Wappenschild, einer dreistelligen Zahl sowie dem Regional-Code in Rot beschriftet.

Serbien betrachtet den Kosovo weiterhin als die zu Serbien gehörende Autonome Provinz Kosovo und Metochien. Deswegen sind die oben aufgeführten Kennzeichen nur im Kosovo (und in Staaten, die die Unabhängigkeit der Republik Kosovo anerkannt haben wie Albanien, Makedonien und Montenegro), nicht aber in Serbien gültig. Die unter „Serbien" in der Liste der serbischen Regional-Codes aufgeführten Kennzeichen des Kosovo (dort mit dem Zusatz Kosovo in Klammer markiert) werden bei Erstzulassungen nur noch in Serbien direkt ausgegeben und auch in serbischen Enklaven verwendet.

Slowakei

Land: Das kleinere und östliche der beiden Scheidungskinder – diese wurde 1992 vollzogen – der früheren Tschechoslowakei hat sich längst von seinem größeren Bruder, Tschechien, und dem Image eines „Bauern-Bären-Berge-Burgen-Landes" emanzipiert.

Und dennoch liegt ein altertümlicher Flair über dem gebirgigen Land, in das Dörfer und Städtchen wie hereingestreut wirken und in dem die Tatra-Bauern ihre Vorräte immer noch in Hajlochs (kleine Berghöhlen) lagern. In der Hohen Tatra im Westen, einem Teil der Weißen Karpaten, erreicht die Slowakei mit dem Lomnicky stít (2654 m) ihre höchste Erhebung. Einen reizvollen Kontrast bilden die Südslowakische Ebene, das Flachland im Südosten an der Donau mit der Großen Schütt, und die Hauptstadt Bratislava (Pressburg), auch wenn letztere im Vergleich mit dem „bunten Hund" Prag eher wie eine „graue Maus" mit unansehnlichen Trabantenstädten wirkt.

RA ⬦ 484NH

Kennzeichen: Seit dem Beitritt zur Europäischen Union der Slowakei am 1. Mai 2004 sind die slowakischen Kfz-

Kennzeichen nach europäischem Muster, also mit dem blauen Feld links mit Sternenkranz und dem Länder-Code **SK** gestaltet. Markant ist das rot-weiß-blaue slowakische Wappen zwischen dem Regional-Code und der fünfstelligen alpha-numerischen Seriennummer (3 Ziffern, 2 Buchstaben, direkt anschließend und nicht wie oft üblich mit Bindestrich getrennt). Bei Wunschkennzeichen kann auch ein Wort mit fünf Buchstaben oder eine fünfstellige Zahl gewählt werden.

Die Regional-Codes des jeweiligen Okresy (Bezirk):

BA	Bratislava (mesto, Stadt)
BB	Banská Bystrica (Neusohl)
BC	Banská Bystrica
BH	Bratislava (vidiek, Gebiet), auslaufend
BJ	Bardejov (Bartfeld)
BL	Bratislava (Stadt)
BN	Bánovce nad Bebravou
BR	Brezno
BS	Banská Štiavnica
BY	Bytča
CA	Čadca (Tschadsa)
DK	Dolný Kubin (Unterkubin)
DS	Dunajská Streda (Niedermarkt)
DT	Detva
GA	Galanta
GL	Gelnica
HC	Hlohovec
HE	Humenné (Homenau)
HN	Humenné

IL	Ilava
KA	Krupina
KE	Košice (Kaschau Stadt)
KI	Košice
KK	Kežmarok
KM	Kysucké Nové Mesto
KN	Komárno (Komorn)
KS	Košice okolie (Kaschau Gebiet)
LC	Lučenec (Lizenz)
LE	Levoča
LM	Liptovský Mikuláš (Liptau-St.-Nikolaus)
LV	Levice (Lewenz)
MA	Malacky
MI	Michalovce (Großmichl)
ML	Medzilaborce
MT	Martin
MY	Myjava
NI	Nitra (Neutra)
NM	Nové Mesto nad Váhom
NO	Námestovo
NR	Nitra (Neutra)
NZ	Nove Zámsky (Neuhäusel)
PB	Považská Bystrica
PD	Prievidza (Priwitz)
PE	Partizánske
PK	Pezinok
PN	Piešťany
PO	Prešov (Preschau)
PP	Poprad (Deutschendorf)
PT	Poltár
PU	Púchov
PV	Prešov (Preschau)
PX	Považská Bystrica (Waagbistritz), auslaufend
RA	Revúca
RK	Ružomberok (Rosenberg)

RS	Rimavská Sabota (Großsteffelsdorf)
RV	Rožňava (Rosenau)
SA	Šaľa
SB	Sabinov
SC	Senec (Wartberg)
SE	Senica (Senitz)
SI	Skalica
SK	Svidník
SL	Stara Ľubovňa (Altlublau)
SN	Spišská Nová Ves (Zipser Neudorf)
SO	Sobrance
SP	Stropkov
SV	Snina
TA	Trnava (Tyrnau)
TC	Trenčín (Trentschin)
TN	Trencin
TO	Topoľčany (Topoltschan)
TR	Turčianske Teplice
TS	Tvrdošín
TT	Trnava (Tyrnau)
TV	Trebišov (Trebischau)
VK	Veľký Krtíš
VT	Vranov nad Topľou (Vronau an der Töpl)
ZA	Žilina (Sillein)
ZC	Žarnovica
ZH	Žiar nad Hronom (Heiligenkreuz)
ZI	Žilina (Sillein)
ZM	Zlaté Moravce
ZV	Zvolen (Altsohl)

Sonderkennzeichen:

X, XA, XB rechts nach Bindestrich an den Regional-Code anschließend: Kennzeichen lokaler Behörden, auch Polizei
Militär: Ziffernpaar, Bindestrich, fünfstellige Zahl

P (plus 5-stellige Zahl): Parlaments- und Kabinettsmitglieder
Diplomatischer Corps: gelbe Schrift auf blauem Grund mit dem Buchstabenpaar **EE** oder **ZZ** links

Slowenien

 **Land:** Die überschaubaren Dimensionen sind es, die dem kleinen Land den ihm eigenen Reiz verleihen, das landschaftliche Gegensätze verbindet, die von den hochgebirgigen Alpen bis zur mediterranen Adria reichen. Auch wenn die Slowenen dabei sind, sich ihre neue Identität zu verschaffen, historisch in der Emanzipation von Habsburg und aktuell vom südslawischen Bund, so sind die Einflüsse ihrer Nachbarn virulent. So vermag die barocke Hauptstadt Ljubljana an Wien zu erinnern – dass das Gestüt Lipica, die Wiege der in der Spanischen Reitschule Wiens zu Weltruhm gelangten Lipizzaner, in Slowenien liegt, mag da auch kein Zufall sein –, nur ist Ljubljana eben kleiner, fast intimer. Die Adriastädtchen versprühen das Ambiente des Friaul und Venedigs, was nicht nur am Glockenturm der adriatischen Perle Piran auszumachen ist. Das mittelalterliche, steirische Maribor ist zwischen Wein-

bergen und Drava-Flussufer eingebettet. Geheimnisvolles bergen die Kircheninsel Bled, St. Kanzians Grotten und Postojnas Höhlenlabyrinth.

Kennzeichen sind seit dem EU-Beitritt Sloweniens am 1. Mai 2004 nun im „europäischen Design" im Verkehr. An das linke EU-Feld mit dem Schriftzug **SLO** schließen sich der durch ein Buchstabenpaar gebildete Regional-Code, das Gemeindewappen und schließlich die Seriennummer an. Letztere besteht aus einer fünfstelligen, durch Bindestrich getrennten alphanumerischen Kombination, in der Buchstaben und Ziffern gemischt – was sonst unüblich ist – auftreten.

Seit 2009 ausgegebene Kennzeichen haben statt der schwarzen Umrandung wieder den traditionellen slowenischen grünen Rand.

Die Kfz-Zulassungsbezirke sind aus der (teilweise sogar noch österreichischen, z.B. Rudolfswerth oder Adelsberg) Vergangenheit tradiert und stimmen nicht mehr mit den aktuellen slowenischen Verwaltungseinheiten überein.

Deren Regional-Codes sind:

CE	Celje (Cilli)
GO	Nova Gorica (Neu-Görz)
KK	Krško – Brezice (Gurkfeld)
KP	Koper (Gafers)
KR	Kranj (Krainburg)
LJ	Ljubljana (Laibach)
MB	Maribor (Marburg)
MS	Murska Sobota (Olsnitz)
NM	Novo Mesto (Rudolfswerth)
PO	Postojna (Adelsberg)
SG	Slovenj Gradec (Windischgrätz)

Sonderkennzeichen:

P	Polizei (blaue Schrift)
CMD	(in Grün) Botschaftsfahrzeug
CC	Konsularischer Corps
CD	Diplomatischer Corps
SV	Slovenska Vojska (auf schwarzem Schild): Militär

Spanien

Land: Es mögen die Superlative sein, die Spanien zu der Deutschen liebstem Urlaubsland werden ließ. Einst das Reich der „Allerkatholischsten Könige", in der Neuzeit das Land einer unerbittlichen Diktatur, aber auch der nie endenden Rebellion, Zentralismus und Föderalismus im permanenten Kampf wie in keinem anderen europäischen Land – und nicht zuletzt der eifersüchtige Wettstreit zweier eitler Primadonnen: Madrid und Barcelona. In der Ebene von La Mancha die Hauptstadt, mediterran an der Costa Brava, schrill und avantgardistisch die andere. Spanien ist einfach königlich, kaum einen anderen Namen hätte man also Europas berühmtestem Fußballclub, Real Madrid, geben können. Und königlich sind die Strände, das endlose Meer, über dem die Sonne majestätisch ...

Kennzeichen: Die Adaption des „Modells Europa" und die Vereinfachung des kreis- bzw. provinzüberschreitenden Gebrauchtwagenverkaufs führten im Jahr 2000 dazu, dass Spaniens seit dato vergebenen Kennzeichen nun ohne geografische Zuordnung sind. Im linken blauen Feld mit Sternenkranz und weißem **E** sind in Regionen mit ausgeprägtem Autonomie-Bestreben auch Buchstabenfolgen wie CAT (Catalunya) oder ARA (Aragón) anzutreffen. Diese sind jedoch nicht zum offiziellen Schild gehörende illegale Aufkleber. Von links nach rechts folgen auf vier Ziffern nun drei Buchstaben (keine Vokale, um keine „schlimmen" Worte zu kreieren).
Bei den traditionellen Schildern, die weiter im Verkehr sind, verweisen die ersten beiden (bei staatlichen Fahrzeu-

gen drei) Buchstaben auf die Herkunft. Daran schließen sich eine Zahlenkombination und ein bis zwei Buchstaben an.

Zulassung vor September 2000:

A	Alicante
AB	Albacete
AL	Almeria
AV	Ávila
B	Barcelona
BA	Badajoz
BI	Bilbao (Vizcaya)
BU	Burgos
C	Coruña
CA	Cádiz
CC	Cáceres
CE	Ceuta
CO	Córdoba
CR	Ciudad Real
CS	Castellón
CU	Cuenca
GC	Gran Canaria
GE	Gerona
GI	Girona
GR	Granada
GU	Guadalajara
H	Huelva
HU	Huesca
IB	Islas Baleares
J	Jaén
L	Lérida
LE	León
LO	Logrono
LU	Lugo
M	Madrid
MA	Málaga
ML	Melilla
MU	Murcia
NA	Navarra (Pamplona)
O	Oviedo (Asturien)
OR	Orense
P	Palencia

PM	Palma de Mallorca
PO	Pontevedra
S	Santander
SA	Salamanca
SE	Sevilla
SG	Segovia
SO	Soria
SS	San Sebastián
T	Tarragona
TE	Teruel
TF	Tenerife
TO	Toledo
V	Valencia
VA	Valladolid
VI	Vitoria (Álava)
Z	Zaragoza
ZA	Zamora

Amtliche/staatliche Kennzeichen:

CNP	Cuerpo de Policía Nacional (nationale Polizei)
CME	Cuerpo Mossos d'Esquadra (katalanische Polizei)
E	geschwungenes E, baskische Polizei
ET	Ejército Tierra (Heer)
FA	Fuerzas Aéreas (Luftwaffe)
FN	Fuerzas Navales (Marine)
MOP	Ministerio Obras Públicas (Bauarbeiten in staatlicher Hand)
PGC	Parque Guardia Civil (Fahrzeug der Guardia Civil)
PME	Parque Móvil del Estado (staatlicher Fuhrpark)
PMM	Parque Móvil Ministerios (Regierung(en))

PTT	Correos y Telégrafos (Post)
CD	Diplomatischer Corps (rote Schilder mit weißer Schrift)

Tschechien

Land: Tschechien präsentiert sich im Erzgebirge und westlichen Böhmen gebirgig, wo Mineralquellen den legendären Kurbädern Karlsbad und Marienbad ihr Lebenselexier spenden, flach in der Teichlandschaft Südböhmens, wildromantisch in Brünns Umgebung in Südmähren. Unumstrittenes Highlight Tschechiens ist Prag, die „Goldene Stadt", durch die sich wie eine silbergraue Schleife die Moldau zwischen den Talhängen des Hradschins, der Burg und dem Dom auf der einen Seite, und der prächtigen Josefsstadt (Judenviertel) auf der anderen hindurch schlängelt. Überall erheben sich verspielte Türme und patinierte Kuppeln, und nach umfassendem Facelifting blühen Prager Kultur und Lebenslust der Boheme kräftiger denn je.

Kennzeichen: Im Juli 2001 wurde in Tschechien das Kfz-Kennzeichen-System reformiert (u.a. eine Einteilung in Bezirke statt Kreise. Die alten Kennzeichen sind jedoch nach wie vor im Umlauf (bei diesen zeigen die ersten beiden Buchstaben von links die Herkunft). Die neuen Schilder bestehen aus einem alpha-numerischen 3er-Block links, beginnend mit 1 Ziffer, danach 1 Buchstabe und 1 Ziffer oder alternativ 2 Buchstaben. Rechts steht eine 4-stellige Zahl. Der erste Buchstabe von links verweist auf den Anmeldebezirks des Fahrzeugs. Geblieben ist die charakteristische grün-rote Plakettenkombination in der Mitte. Erstzulassungen seit 2004 (Beitrittsjahr Tschechiens zur EU) sind außerdem mit dem vertrauten blauen EU-Feld links mit Sternenkranz und dem Länder-Code **CZ** versehen.

Die „Neuen" (Regional-Codes):

A	Praha (Prag)
B	Brno (Brünn, Südmähren)
C	Budějovice (Südböhmen)
E	Pardubice
H	Hradec Králové (Königgrätz)
J	Jihlava (Iglau)
K	Karlovy Vary (Karlsbad)
L	Liberec (Reichenberg)
M	Olomouc (Olmütz)
P	Plzeň (Pilsen)
S	Umgebung Prag (Mittelböhmen)
T	Ostrava (Mähren-Schlesien)
U	Ústí nad Labem (Aussig)
Z	Zlín

Zulassung vor Juli 2001:

A...	Praha (Prag)
BE	Beroun (Beraun)
BI	Brno-venkov (Brünn, Gebiet)
BK	Blansko (Blanz)
BM	Brno-město (Brünn, Stadt)
BN	Benešov (Beneschau)
BO	Brno-venkov (Brünn, Gebiet)
BR	Bruntál (Freudenthal)
BS	Bruno-město (Brünn, Stadt)
BV	Břeclav (Lundenburg)
BZ	Brno-město (Brünn, Stadt)
CB	Budějovice (Budweis)
CE	Budějovice (Budweis)
CH	Cheb (Eger)
CK	Krumlove (Krummau)
CL	Lípa (Böhmisch Leipa)
CR	Chrudim
CV	Chomutov (Komotau)
DC	Děčín (Tetschen)
DO	Domažlice (Taus)
FI	Frýdek-Místek
FM	Frýdek-Místek
HB	Havlíčkův Brod (Deutschbrod)
HK	Hradec Králové (Königgrätz)
HO	Hodonín (Göding)
HR	Hradec Králové (Königgrätz)
JC	Jičín (Jitschin)
JE	Jeseník (Freiwaldau)
JH	Jindřichův Hradec (Neuhaus)
JI	Jihlava (Iglau)

JN	Jabolec nad Nisou (Gablonz)	**PM**	Plzeň-město (Pilsen, Stadt)
KA	Karviná	**PN**	Plzen-město (Pilsen, Stadt)
KD	Kladno	**PR**	Přerov (Prerau)
KH	Kutná Hora (Kuttenberg)	**PS**	Plzeň-sever (Pilsen Nord)
KI	Karviná (Karwin)		
KL	Kladno	**PT**	Prachatice
KM	Kroměříž (Kremsier)	**PU**	Pardubice
KO	Kolín	**PV**	Prostějov (Proßnitz)
KR	Karlovy Vary (Karlsbad)	**PY**	Praha-východ (Prag Ost)
KT	Klatovy (Klattau)		
KV	Karlovy Vary (Karlsbad)	**PZ**	Praha-západ (Prag West)
LB	Liberec (Reichenberg)		
LI	Liberec	**RA**	Rakovnik (Rakonitz)
LN	Louny (Laun)	**RK**	Rychnov nad Kněžnou (Reichenau an der Knieschna)
LT	Litoměřice (Leitmeritz)		
MB	Mladá Boleslav (Jungbunzlau)		
		RO	Rokycany (Rokitzan)
ME	Mělník	**SM**	Semily (Sewmil)
MO	Most (Brüx)	**SO**	Sokolov (Falkenau)
NA	Náchod	**ST**	Strakonice
NB	Nymburk (Nimburg)	**SU**	Šumperk (Mährisch Schönberg)
NJ	Nový Jičín (Neutitschein)		
		SY	Svitavy (Zwittau)
OC	Olomouc (Olmütz)	**TA**	Tábor
OL	Olomouc	**TC**	Tachov (Tachau)
OM	Olomouc	**TP**	Teplice (Teplitz)
OP	Opava (Troppau)	**TR**	Trebíč (Trebitsch)
OS	Ostrava-město (Ostrau, Stadt)	**TU**	Trutnov (Trautenau)
		UH	Uherské Hradiště (Ungarisch Hradisch)
OT	Ostrava-město (Ostrau, Stadt)		
		UL	Ústí nad Labem (Aussig)
OV	Ostrava-město (Ostrau, Stadt)		
		UO	Ústi nad Orlici (Wildenschwert)
PA	Pardubice		
PB	Příbram (Pibrans)	**US**	Ústí nad Labem (Aussig)
PC	Praha-západ (Prag West)		
		VS	Vsetín (Wesetin)
PE	Pelhřimov (Pilgrams)	**VY**	Vyškov (Wischau)
PH	Praha-východ (Prag Ost)	**ZL**	Zlín
		ZN	Znojmo (Znaim)
PI	Písek	**ZR**	Žďár nad Sázavou (Saar)
PJ	Plzeň-jih (Pilsen Süd)		

Sonderkennzeichen

in dunkelgrüner Schrift:

A amtliches Fahrzeug, Behörden

V veterán (Oldtimer)

In nachtblauer Schrift:

CD Diplomatischer Corps

HC Honorarkonsulate

XX Diplomatische Missionen technisches Personal

Türkei

Land: Endet Europa am Bosporus, in der Abend- oder Morgendämmerung in Istanbul an der Hängebrücke vor der Moschee von Ortaköy, oder – kulturhistorisch – erst im westlichen Kleinasien, das voller antiker Städte ist, wie die faszinierende Ruinenstadt Tetrapylon, in der Antike das Tor zum Heiligtum der Aphrodite. Spuren der Griechischen Klassik, die unbestritten die Wiege des Abendlandes ist, finden sich dort jedenfalls zuhauf. Ist die Türkei also ein Land zwischen zwei Kontinenten, ein Land zwischen Koran und Moderne, und steht die Entscheidung, nämlich Europäische Union oder Islam, die in erster Linie die Regierung in der Hauptstadt Ankara zu treffen hat, noch aus? Für abertausende ausländische Besucher jedoch verkörpert die Türkei Jahr für

Jahr ganz eindeutig (und Kontinente verbindend?) die relativ einfach erreichbare Exotik zwischen Minarett und Moschee, zwischen Gebirge und Meer, die sonnengebadete Ferienträume und eine faszinierende Kultur bestens vereint.

Kennzeichen: Wendet sich die Sehnsucht auch gen Mekka, so fahren die türkischen Autos bzw. ihre Kennzeichen kräftig „unter Flagge" der EU. Wenigstens wurde der blaue Streifen mit eingeprägtem **TR**-Schriftzug am linken Schilderrand adaptiert. Anstelle des Sternenkranzes muss man sich bisher allerdings mit gelb-oranger Prüfplakette bescheiden. Das weiße Feld beginnt links mit dem Regional-Code, gebildet aus einer zweistelligen Zahl von 01–81 in alphabetischer Ordnung der Provinznamen bis 67 mit einer Ausnahme im europäischen Teil (33 = Mersin, früherer Provinzname İçel) sowie die Nummern 68–81, die für neu hinzukommende resp. neu gebildete Kreise in zeitlicher Folge verwendet wurden. Durch zeichenlose Abstände getrennt, folgen rechts ein bis zu dreistelliger Buchstabenblock und schließlich eine zwei- oder dreistellige Zahl.

Die Regional-Codes des europäischen Teils der Türkei sowie Kleinasiens:

01	Adana
03	Afyon
05	Amasya
06	Ankara
07	Antalya
09	Aydin
10	Balikesir
11	Bilecik
14	Bolu
15	Burdur
16	Bursa
17	Çanakkale
18	Çankiri
19	Çorum
20	Denizli
22	Edirne Ilceler
26	Eskişehir
32	Isparta
33	Mersin (ehem. İçel)
34	İstanbul
35	İzmir
37	Kastamonu
38	Kayseri
39	Kirklareli
40	Kirşehir
41	Kocaeli
42	Konya
43	Kütahya
45	Manisa
46	Kahraman Maraş
48	Muğla
50	Nevşehir
51	Niğde
52	Ordu
54	Sakarya
55	Samsun
57	Sinop
58	Sivas
59	Tekirdağ
60	Tokat
64	Úşak
66	Yozgat
67	Zonguldak
68	Aksaray
70	Karaman
71	Kirikkale
74	Bartın
77	Yalova
78	Karabük
80	Osmaniye
81	Düzce

Sonderkennzeichen

Provinzregierung: rote Schrift auf weißem Grund

Polizei: weiße Schrift auf blauem Grund

Diplomatischer Corps: grüne Schrift auf weißem Grund

Diplomatischer Corps, Mitarbeiter: weiße Schrift auf grünem Grund

Behörden und Gemeinden: weiße Schrift auf schwarzem Grund – ist die Schrift golden, handelt es sich um ein Fahrzeug eines wichtigen Regionalpolitikers.

T = Taxi; das T steht einzeln in der Mitte (landesweit mit Ausnahme Istanbul) oder als Beginn des mittleren Buchstabenblocks (in Istanbul).

Ukraine

Land: Heiß im Sommer, kalt im Winter ist die immer wieder von Flüssen und Hügeln unterbrochene Steppenlandschaft der Ukraine, die von Galizien im Westen mit den Karpaten bis zum

Donbass, dem Donezk-Becken mit seinen Steinkohlebergwerken, und der Schwarzmeerküste reicht. Trotz einiger urbaner Schmuckstücke wie Sophienkathedrale, Taras-Schewtschenko-Boulevard oder das Höhlenkloster Lawra steht die Hauptstadt Kiew am Dnepr deutlich im Schatten der Ostmetropolen Moskau und St. Petersburg. Seit jeher liegt die Halbinsel Krim im Brennpunkt des nationalen und Weltgeschehens. „Krim" bedeutet in der Tatarensprache Festung, und so wurden über die Jahrhunderte hier Schlachten geschlagen, wurde erobert und gekämpft, geschworen und verraten, und schließlich bei Jalta im Februar 1945 Deutschland von den Siegermächten (vertreten durch Churchill, Roosevelt und Stalin) geteilt. Vor knapp hundert Jahren avancierte das mondäne Refugium der russischen Aristokratie im 19. Jh. per Dekret Lenins zum „Sanatorien- und Luftkurort der Werktätigen", dessen Spuren in Beton und ihrer abgelebten Patina aus Pastellkreide bis heute unübersehbar sind.

Kennzeichen sind weiß mit schwarzer Schrift. Bei Erstzulassungen bis ins Jahr 2004 befindet sich am linken Rand die Abbildung der blau-gelben Nationalflagge der Ukraine über einer zweistelligen Zahl. Diese reicht von 01 bis 27 und war der Regional-Code, der die Zulassungsregion (insgesamt 27) des Fahrzeuges preisgibt und einer Oblast (Gebiet, Provinz, Bezirk), einer Verwaltungseinheit (ähnlich einem Bundesland) zuzuordnen ist. Diese Zahl war wesentlich kleiner geprägt als die siebenstellige Seriennummer, die aus einer dreistelligen Zahl, gefolgt von einem Bindestrich und rechts einer zweistelligen Zahl, an die sich ohne Trennfeld zwei Buchstaben anschließen, bestand. Des Kyrillischen Mächtige konnten auch aus diesem Buchstabenpaar den jeweiligen Regionalbezug ablesen.

Im Jahr 2004 wurden System und Erscheinungsbild ukrainischer Kfz-Kennzeichen gravierend modifiziert. Den linken Rand teilen sich nun das ukrainische Nationalwappen auf hellblauem Grund (oben) mit dem Länder-Code **UA** in Schwarz in einem gelben Feld (unten). Die alpha-numerische Kombination besteht nun aus einem Buchstabenpaar links, das dem Regional-Code entspricht, einer vierstelligen Zahl und einem weiteren Buchstabenpaar (rechts).

Die aktuellen Regional-Codes:

AA	Kyiv (Kiew, Stadt)
AB	Vinnyzja (Oblast)

Ukraine: St.-Michael-Kloster in Kiew

AC	Volyn (Wolhynien, Oblast)	**CB**	Tschernihiw (Oblast)
AE	Dnipropetrowsk (Oblast)	**CE**	Tscherniwzi (Czernowitz, Oblast)
AH	Donezk (Oblast)	**CH**	Sewastopol (Stadt)
AI	Kyjew (Kiew, Oblast)	**П**	gesamtstaatlich
AK	Krim (Autonome Republik)		

AM Schytomyr (Oblast)

AO Sakarpatja (Transkarpatien, Oblast)

Regional-Codes bis 2004:

AP	Saporischschja (Oblast)	**01**	Krim (Autonome Republik)
AT	Iwano-Frankiwsk (Oblast)	**02**	Vynnyza
AX	Charkiw (Oblast)	**03**	Volyn (Luzk)
BA	Kirowohrad (Oblast)	**04**	Dnjpropetrovsk
BB	Luhansk (Oblast)	**05**	Donezk
BC	Lwiw (Lemberg, Oblast)	**06**	Shytomir
BE	Mykolajiw (Oblast)	**07**	Sakarpatja
BH	Odessa (Oblast)	**08**	Saporishshja
BI	Poltawa (Oblast)	**09**	Ivano-Frankivsk
BK	Riwne (Oblast)	**10**	Kyiv (Kiew, Gebiet)
BM	Sumy (Oblast)	**11**	Kyiv (Kiew, Stadt)
BO	Ternopil (Oblast)	**12**	Kirovohrad
BT	Cherson (Oblast)	**13**	Luhansk
BX	Chmelnyzkwj (Oblast)	**14**	Lwiw (Lemberg)
CA	Tscherkassy (Oblast)	**15**	Mykolajiv
		16	Odessa
		17	Poltava
		18	Rivne
		19	Sevastopol
		20	Sumy

21	Ternopil
22	Charkiv
23	Cherson
24	Chmelnyzk
25	Tscherkasy
26	Tschenihiv
27	Tschernivzi

Gelbe Grundfläche mit gleicher Beschriftung wie herkömmliche Kennzeichen: **öffentlicher Transport und Taxis**

Blaue Grundfläche mit Wappen (links) und weißer Schrift: **Polizei**

Ungarn

Land: Ungarn umfasst das Stammland der im 9. Jh. als kriegerisches Reitervolk unter Fürst Arpád eingewanderten Magyaren. Die „fröhlichste Baracke des Ostblocks" (Enzensberger) setzt seit dem Ende der kommunistischen Ära alles daran, um zum in die EU integrierten „Volk des Westens im Osten" zu werden. Die endlose Steppenweide der Puszta, nur ab und an von schilfgedeckten Tanya-Höfen mit Ziehbrunnen unterbrochen, ist längst legendenverwertet und mit folkloristisch verwegenen Reiterspielen angereichert. Hotels bieten Piroschka- und Gulaschfahrten an. Feurige Zigeunermusik kontrastiert mit der Alltagstristesse der Sinti und Roma. Die Strände des Plattensees sind im Sommer hoffnungslos überfüllt. Von dem mittelalterlichen Königspalast Visegrad bietet sich ein herrlicher Blick auf das Donauknie. Erstrangiges Ziel ausländischer Besucher ist die Hauptstadt Budapest mit ihren prächtigen Burgschlössern, Donaubrücken und eleganten Boulevards.

Kennzeichen ohne jegliche geografische Zuordnung bestehen in der Standardausführung aus drei Buchstaben (links), drei Ziffern (rechts) und in der Mitte einem Bindestrich in Schwarz auf weißem Grund. Taxi- und Lkw-Schilder haben gelbe Grundflächen. Im kleinen Feld am linken Rand wurde bis 2004 die Nationalflagge über dem ungarischen Länder-Code H eingeprägt. Seit dem EU-Beitritt Ungarns im selben Jahr wird nun an dieser Stelle das blaue EU-Feld mit Sternenkranz und weißem **H** verwendet.

Sonderkennzeichen: Die Buchstabenkombination **DT** (Diplomáciai Testület – weiße Schrift auf blauem Grund) kennzeichnet Fahrzeuge des Diplomatischen Dienstes, **RB** oder **RK** die Polizei (Rendörség), **RR** die Zollbehörden.

Vatikanstadt und Souveräner Malteserorden

Der Sitz der Nachfolger Petri, die Vatikanstadt in Rom, gilt allgemein als kleinstes Staatsgebiet (44 ha) Europas. Dass es ebenfalls in Rom ein noch winzigeres souveränes Völkerrechtssubjekt auf exterritorialem Boden gibt, ist nur wenigen bekannt. Im Palazzo di Malta in der Via Condotti 68 sowie in der Villa Malta am Platz der Malteserritter auf dem Aventin (insgesamt ca. 1 ha) residiert der Souveräne Malteserorden (vollständig „Souveräner Ritter- und Hospitalorden vom Hl. Johannes zu Jerusalem, genannt von Rhodos, genannt von Malta", kurz Johanniterorden, womit wir uns immerhin eines geläufigen Namens erinnern). Dessen Wurzeln gehen auf ein Pilgerhospital in Jerusalem zurück. Seine Mitglieder militarisierten sich im Zuge der christlichen „Befreiung Palästinas" im 13. Jh., hüllten sich in rote Mäntel mit einem weißen achtspitzigen Kreuz (Malteserkreuz) und zogen sich nach schwindendem Kriegsglück zuerst nach Zypern, dann Rhodos und schließlich Malta zurück. Mit der Eroberung Maltas durch Napoleon Bonaparte 1798 erfolgte eine erneute Diaspora. Seit der

„katholischen" Erneuerung des Ordens im 19. Jh. residiert er in Rom, und ist seit einem guten halben Jahrhundert (Malteser Hilfsdienste) auch karitativ tätig.

Vatikan

CV 00230

Kennzeichen: Die berühmtesten Fahrzeuge des Vatikanstaats, die Papamobiles, sind keine 2CVs, sondern gepanzerte Karrossen mit Schaubühne und den Kennzeichen **SCV1** bis **SCV9** in Weiß mit roter Schrift (Farbmuster in alter Kreuzrittertradition?). Die Dienstfahrzeuge der Kurie beginnen mit der Buchstabenkombination **SCV** (Stato della Città del Vaticano), an die sich rechts die fünfstellige Seriennummer anschließt (bei knapp vierhundert Dienstfahrzeugen dürfte diese Einteilung bis zum Jüngsten Gericht ausreichen), privat ist man schwarz auf weiß mit einem Buchstaben weniger, also **CV,** und einer bis zu fünfstelligen! Zahl unterwegs.

Das Nationalitätszeichen **V** wird nicht zuletzt wegen der Konzentration „aller Wege, die wohl nach Rom führen", nur selten angebracht.

Malteserorden

SMOM · 20

Kennzeichen: Die exklusive Buchstabenkombination der knapp einhundert registrierten Fahrzeuge des Malteserordens ist **SMOM**, traditionell auch **S.M.O.M.** (links), neuere Kennzeichen zusätzlich mit dem kleinen rot-weißen Wappen, einem achtspitzigen Johanniterkreuz. Auf der rechten Seite befindet sich die zweistellige (selten dreistellige) Seriennummer. Wie die traditionellen Farben des Johanniterordens sind die Schilder weiß mit roter Schrift, die Seriennummer auch mit schwarzen Ziffern.

Weißrussland

Land: Fast so umstritten wie die Autokratie des Präsidenten ist die Herkunft der Bezeichnung Weißrusslands: „Belarus" wird mit weiß übersetzt, als Norden, frei oder Weiße Rus gedeutet, was im Mittelalter die ostsla-

wische Bezeichnung für die Kiewer Rus war, der das Gebiet des heutigen Weißrusslands angehörte. Eine weitere Deutung ist „Waldland". Immerhin ist Weißrussland bis heute das Gebiet mit den größten zusammenhängenden Waldflächen Europas.

Waldig und eben (Osteuropäische Ebene, höchste Erhebung: Dzjarschinskaja Hara, 345 m) ist das Land im Einzugsgebiet von Memel, Düna, Dnepr und Pripjet, wo sich im Süden die flache Sumpfregion Polesien erstreckt. Die Hauptstadt Minsk zählt nicht zu den Primadonnen der osteuropäischen Metropolen wie Moskau oder St. Petersburg, kann aber mit einer sehenswerten Altstadt um die Kathedrale, dem historischen Viertel in der Vorstadt Traezkae und dem innerstädtischen Prachtboulevard Skariny aufwarten. Die bekannteste weißrussische Persönlichkeit des kulturellen Lebens ist Marc Chagall.

BY 1489 BB-5

Kennzeichen waren für Erstzulassungen bis April 2004 weiß mit roter Schrift und roter Umrandung. Es waren (und sind noch) zwei Varianten im Verkehr. Die damals neuere (1996–2004): An die vierstellige Seriennummer links schließen sich in der Mitte Siegel (Ährenrauten auf Rad, in der Mitte der Schriftzug **BELARUS**) und zwei bis drei Buchstaben (rechts) an. Die ersten beiden oder einzigen Buchstaben entsprechen dem Regional-Code. Es werden nur Buchstaben verwendet, die sowohl im kyrillischen (Kyrillica) wie lateinischen Alphabet vorkommen, also A, B, C, E, I, K, M, H, P, O, T, X (ähnlich der bulgarischen Kennzeichnung, jedoch ohne Verwendung des Y). In der älteren Variante (1992–1996) ist der Regional-Code links, die Seriennummer rechts, dazwischen das weißrussische Nationaklwappen.

Seit Mai 2004 erhalten weißrussische Fahrzeuge bei Erstzulassungen die neuen Schilder. Diese tragen eine schwarze Schrift auf weißem Grund, am linken Rand befindet sich über dem Nationalitäts-Code **BY** die weißrussische Nationalflagge. Die alpha-numerische Kombination der Seriennummer besteht von links nach rechts aus einer vierstelligen Zahl, einem Buchstabenpaar und durch einen Bindestrich abgetrennt eine Ziffer (rechts, von 1–7). Diese Ziffer entspricht dem aktuellen Regional-Code der sechs weißrussischen Bezirke (Woblaszi) und des Hauptstadtbezirks:

1   Brest
2   Vitebsk
3   Homel
4   Hrodna

5   Minsk
        (Woblast/Gebiet)
6   Mahiljou
7   Minsk (Stadt)

Die Regional-Codes bis April 2004:

AA–AX Brest, Mahiljou/
          Mogilov
BA–BX Vitebsk
CA–CX Hrodna
EA–EX Homel
HA–HX Homel
IK–IX Vitebsk
KA–KX Minsk (Stadt)
MA–MX Minsk (Stadt)
OA–OX Minsk (Land)
PA–PX Minsk (Land)
TA–TH Brest
XA–XH Hrodna
XK–XX Mohiljou/Mogilov

Sonderkennzeichen

jeweils rotes Schild mit weißer Schrift:
Konsularischer Corps: **CC**
Diplomatischer Corps: **CD**

Polizei: vier Ziffern plus Buchstabenpaar (letzteres entspricht dem Regional-Code des jeweiligen Woblast)

Militär: schwarzes Schild mit weißer Schrift und gleichem Kennzeichenaufbau wie Polizeikennzeichen

Taxi: gelbes Schild mit schwarzer Schrift, die Ziffer links entspricht dem Regional-Code des jeweiligen Woblast, in der Mitte folgt der Schriftzug **TAX.**

Zypern

Land: Längst selbstständig, oft besetzt, schließlich geteilt (seit der Besetzung des Nordteils durch türkische Truppen 1974) und wieder auf dem Weg der Vereinigung (trotz Scheitern des Volksmemorandums im April 2004), wird die Insel im östlichen Mittelmeer von der Touristikbranche als „Ort, an dem die Götter Urlaub machen", angepriesen. Schließlich ist sie die Insel der Aphrodite, die nach Hesiod bei Petra tou Romiou als schaumgeborene „Göttin, die hehre, herrliche", an Land gestiegen sein soll und unter ihren Schritten die Blüten sprießen ließ. Heute sind Inselgäste und deren Motive profaner, also Sonne, Meer und Strände. Immerhin können Spuren der Jahrtausende alten Kultur Zyperns bestaunt werden, angefangen von der Antike Griechenlands über Ikonen und Malereien der orthodoxen Kirche bis zur Stadtkultur der sich modernisierenden Hauptstadt Nikosia.

Kennzeichen sind weiß (hinten gelb) mit schwarzer Schrift, nach EU-Muster gestaltet (am linken Rand mit blauem Feld und Sternenkranz über dem **CY**-Schriftzug, dies ist jedoch erst seit dem EU-Beitritt Zyperns im Jahr 2004 offiziell) und ohne geografische Zuordnung. Die chronologisch fortlaufende Vergabe der alpha-numerischen Kombinationen aus drei Buchstaben (links) und drei Ziffern (rechts) begann mit AAA 001 und wird bei ZZZ 999 enden.

Sonderkennzeichen

Taxi: der üblichen Seriennummer ist ein **T** vorangestellt

Lkw: links vierstelliger Ziffernblock, rechts Buchstabenpaar

Diplomatischer Corps: Muster: 12 AB 34 (die linke Zahl entspricht dem Länderschlüssel des Herkunftslandes)

UNO-Fahrzeug: **UN** mit Bindestrich und dreistelliger Zahl (weiße Schrift auf blauem Grund)

Zypern: „Büyük Han" in Nikosia

Von der Karosse des Schlachtenlenkers zum DIN- und FZV-genormten Kraftfahrzeug-Schild

Die Ursprünge des Autokennzeichens – Historisches und allerlei Kurioses

Die Karriere des (Kfz-)Kennzeichens ist eng verknüpft mit der abendländischen Verkehrsgeschichte. Als ihr Urahne werden von Experten die an römischen Streitwagen angebrachten Nummern angesehen. Diese vereinfachten Planung und Manöver der Streitwagen, die „antiken" Panzern gleich, mit Speer- und Bogenschützen vollbesetzt, Angst und Schrecken verbreiteten. Der Ursprung also (wie so oft?) im Strategisch-Militärischen. Wie das Römische Reich sind auch die Streitwagen, obschon sie von keltischen Schlachtenlenkern noch einmal eine Renaissance erlebten, längst Geschichte – und mit ihnen ihre Nummernschilder. In der frühen Neuzeit wurden im England des 17. Jh.s Kutschen mit Nummerntafeln (keltisches Erbe?) samt Wappen versehen.

Hierzulande dürfen Fahrräder für sich in Anspruch nehmen, das erste Gefährt mit Nummerierung bzw. Kennzeichnung zu sein. Und – wie nicht anders zu erwarten? – ihre Einführung erfolgte aus Gründen der Kontrolle und Sanktionierung, schließlich wurde im neugegründeten II. Deutschen Reich (1871) vermehrt über nicht vorschriftsmäßig fahrende oder fahrerflüchtige Radfahrer berichtet. Zwischen 1870 und 1890 setzten diverse örtliche Behörden fest, dass Fahrräder mit Schildern, deren Farbe von Ort zu Ort variierte, mit einem Buchstaben und einer fortlaufenden Zahl zu markieren waren. Skurril auch die gläsernen, nachts beleuchteten Nummernschilder der Kaiserzeit, die wie Laternen an Karossen befestigt waren.

Im Großherzogtum Baden bekam 1896 das erste Automobil seine Nummer, und zwar eine schlichte „1". 1906 war es schließlich soweit, dass per Gesetz eine einheitliche und für das gesamte Reichsgebiet geltende Regelung der Vergabe von Nummernschildern erlassen wurde. Links folgte zunächst für die Länder des Deutschen Reichs eine römische Ziffer (I = Preußen, II = Bayern, III = Württemberg, IV = Baden ...), dann für den Verwaltungsbezirk ein Großbuchstabe (z.B. I A = Berlin, II A = München, III A Stuttgart = ...) und rechts eine Ziffernfolge. Die freien Städte und einige Regionen verwendeten nur Buchstaben (A = Anhalt, B = Braunschweig, HH = Freie und Hansestadt Hamburg, SL = Schaumburg-Lippe, W = Waldeck) plus Ziffern zur Unterscheidung und Sachsen nur römische Ziffern (I–V) plus eine mehrstellige Zahl.

Während des Dritten Reiches, insbesondere während dessen Expansionspolitik vor und im Zweiten Weltkrieg war die Kennzeichenvergabe zudem ein bürokratischer und sichtbarer Ausdruck deutscher Okkupation. In den besetzten Ländern sowohl im Osten wie im Westen wiesen Kfz-Kennzeichen direkt auf das jeweilige Reichsprotektorat bzw. Militärbefehlshaber hin – z.B. für das Reichsprotektorat Böhmen und Mähren PA = Böhmen, PB = Mähren, PD = Prag oder für den Bereich der Militärbefehlshaber MB = Belgien und Nordfrankreich, MD = Dänemark, MF = Frankreich.

Die Vergabe der Kfz-Kennzeichen vollzog sich in der Nachkriegszeit in einem schnellen, regionalen und sogar lokalen Wandel und diese wurden zum automobilen Zeichen aktueller, oft provisorischer, sich im Übergang befindlicher Machtverhältnisse und hatten nicht selten den Charakter von willkürlichem Wildwuchs. Zunächst wurde bei bestehenden Kennzeichen einfach nur das Hakenkreuz aus der Prüfplakette entfernt, oder die Alliierten gaben an jedem Ort ganz eigene, von anderen Orten in der Systematik sich gänzlich unterscheidende Kennzeichen aus. 1946 erfolgte eine systematische Erneuerung. Die Kennzeichen-Beschriftung wurde in allen Besatzungszonen schwarz, doch die Schilder bekamen in jeder Zone eine andere Farbe: blau (Britische Besatzungszone), rot (Französische Besatzungszone), orange (US-amerikanische Besatzungszone) und weiß (Sowjetische Besatzungszone). Die einzelnen Verwaltungsbezirke erhielten ihre eigenen Erkennungsbuchstaben und schließlich wurden Buchstabenpaare gebildet, die am linken Rand auf das Gebiet schließen ließen (AB = US-amerikanische Zone, BR = Britische Zone Rheinland etc.).

Nach der Gründung der beiden deutschen Staaten wurden neue „moderne" Kfz-Kennzeichensysteme ins Leben gerufen. Als erstes führte die DDR 1953 ein eigenes Kfz-Kennzeichen-System ein, das wie bereits in der Sowjetischen Besatzungszone weiße Schilder in schwarzer Schrift und Rand verwendete, nun aber mit Regional-Codes und erstmals mit DIN-Schrift gestaltet war. Deutlich später, am 14. März 1956, machte die Bonner „Verordnung zur Änderung von Vorschriften des Verkehrsrechts" für die Bundesrepublik Deutschland inklusive West-Berlin auch den Weg frei für ein bundesdeutsches Kfz-Kennzeichensystem, das – mit Modifikationen – im Wesentlichen bis in unsere Gegenwart Bestand hat. Hauptsächlich hatten die späteren Modifikationen politische Gründe, so im Westen die große Gebietsreform von 1973 mit neugestalteten Landkreisen und somit (auch auslaufenden und neuen) Kennzeichen, die deutsche Wiedervereinigung von 1989, jüngere Kreisreformen wie in Sachsen-Anhalt 2007 sowie Sachsen 2008 und schließlich die neue Fahrzeugzulassungsverordnung (FZV, 2008).

Sämtliche Kfz-Kennzeichen-Puristen können sich im Erzgebirge in einem kleinen, aber feinen Museum zu allem rund um das Thema Nummernschilder, Verkehrs- und Zulassungsgeschichte informieren. Auf Initiative der Nummernschilder e.V. und von Sven Rost, der seine umfangreiche Privatsammlung dem Museum zur Verfügung stellte, ist dieses weit und breit einzigartige Museum seit 2001 im Aufbau und präsentiert mehr als 3000 Nummernschilder, haufenweise Informationen und viel Kurioses, auch zu artverwandten Themen wie „Historische Fahrschule" oder „alte Strafzettel":

Nummernschildmuseum

Grünauer Str. 3
09432 Großolbersdorf
Tel. 037369 87448, Fax 037369 87449
E-Mail: info@nummernschildmuseum.de
und sven@rost.de
Di.–Sa. 9–17,
So. und Feiertag 10–17 Uhr
(und nach Vereinbarung, Gruppenführungen möglich)